L'EUROPE DES LUMIÈRES
sous la direction de Michel Delon,
Jacques Berchtold et Christophe Martin
81

Croire aux vampires au siècle des Lumières

Ouvrage publié avec le soutien de la Faculté des lettres
de Sorbonne Université, du Centre d'étude de la langue
et des littératures françaises (CELLF – UMR 8599),
de l'École doctorale de littératures françaises
et du Conseil scientifique de Sorbonne Université

Stella Louis

Croire aux vampires au siècle des Lumières

Entre savoir et fiction

PARIS
CLASSIQUES GARNIER
2022

Stella Louis, diplômée d'un doctorat en littérature française et comparée, et ayant suivi le double cursus en cinéma, enseigne ces deux matières à l'université. Sa recherche et ses publications s'intéressent notamment à l'évolution des mythes dans la littérature, le cinéma et les séries télévisées ; à l'évolution de la figure du monstre et de ses représentations, ainsi qu'aux liens entre les différents arts.

ISBN 978-2-406-11897-8 (livre broché)
ISBN 978-2-406-11898-5 (livre relié)
ISSN 2104-6395

À ma famille,
que je remercie pour tout.

Veritas est adæquatio intellectus et rei
Thomas D'AQUIN[1]

[…] pour les fascinations ou les illusions des sens, il semble qu'il est malaisé de n'en pas admettre quelques-unes, comme lorsqu'on croit voir ce qui n'est pas, ou qu'on ne voit pas ce qui est présent à nos yeux, ou qu'on croit entendre ce qui ne frappe pas nos oreilles, ou au contraire.
Dom Augustin CALMET[2]

Je ne crois pas aux fantômes, mais j'en ai peur…
Attribué à Madame DU DEFFAND (1697-1780)

1 « La vérité est l'adéquation de la chose et de l'intellect » (D'Aquin, 2008 [1257], p. 6-7).

2 Calmet, 1751b, p. 305-306. Nous allons nous référer à deux éditions de la *Dissertation sur les revenants en corps* de Dom Augustin Calmet : l'édition de 1746 et la réédition augmentée de 1751. Le texte est publié pour la première fois en 1746, en un seul ouvrage appelé *Dissertations sur les apparitions des anges, des démons et des esprits, et sur les revenants et vampires de Hongrie, de Bohême, de Moravie et de Silésie* (Paris, Chez Debure l'aîné). Cette ouvrage est partagé en deux dissertations : *Dissertation sur les apparitions des âmes, des démons, et des âmes des défunts*, et la *Dissertation sur les revenants en corps, les excommuniés, les oupires ou vampires, brucolaques, &c.* En 1751, l'ouvrage est réédité (revu, corrigé et augmenté par l'auteur) sous la forme d'un *Traité* constitué de deux tomes : *Traité sur les apparitions des esprits et sur les vampires ou les revenans de Hongrie, de Moravie, &c.* (Avec une lettre de M. le marquis de Maffei sur la magie (Nouv. éd. rev., corr. et augm. par l'auteur) par le R. P. Dom Augustin Calmet, Paris, Chez Debure l'aîné), 2 t., 1751. Ces deux tomes séparent les deux dissertations. Nous préciserons dans le courant du texte si nous nous référons aux tomes du *Traité* de 1751 sous la forme *Traité I* ou *Traité II*, ou bien à la *Dissertation* de 1746 sous la forme *Disserations.*

Il est derrière les portes, dans l'armoire fermée, sous le lit, dans tous les coins obscurs, dans toutes les ombres. Si j'ouvre la porte, si j'ouvre l'armoire, si je baisse ma lumière sous le lit, si j'éclaire les coins, les ombres, il n'y est plus ; mais alors je le sens derrière moi. Je me retourne, certain cependant que je ne le verrai pas, que je ne le verrai plus. Il n'en est pas moins derrière moi, encore.
Guy DE MAUPASSANT[3]

« On ne voit rien », murmure cet homme venu, avec d'autres, à la recherche de la tombe de Mlle Christina dans les souterrains de son château, « on ne voit rien et pourtant c'est là. »
Mircea ÉLIADE[4]

3 Maupassant, 1927 [1883], p. 119.
4 Éliade, 1981, p. 276.

INTRODUCTION

> – Monsieur, lui dis-je, vous vous êtes écrié tout à l'heure « Ah bien, oui, les vampires ! ils se donnent bien toutes ces peines-la ! » Vous vous êtes écrié cela, n'est-ce pas ? Je ne me suis pas trompé ?
> – Non.
> – C'est qu'en employant cette forme de langage, vous paraissez parler des vampires comme s'ils existaient réellement ?
> – Sans doute qu'ils existent.
> – En auriez-vous vu, par hasard ?
> – Certainement que j'en ai vu !
> – Au microscope solaire ? hasardais-je en riant.
> Alexandre DUMAS[1]

Dans cet échange sur les vampires, Alexandre Dumas met en scène deux attitudes qui concernent ces créatures : ceux qui ont vu, qui y croient et qui affirment, et ceux qui n'y croient pas, en rient mais posent malgré tout des questions à leurs propos. Cet échange qui introduit notre étude présente toute une variation de la modalité du discours (caractéristique du discours sur les vampires), mais aussi une illustration parfaite de la notion de croyance définie au sens large par Paul Ricœur (1968, p. 171-176) qui parle d'une échelle de degrés (allant du doute à la certitude) et de valeurs (allant de l'opinion à la foi) ; et enfin, il annonce la « forme de langage » que cet ouvrage se propose d'étudier.

Le texte de Dumas date certes de la seconde moitié du XIXe siècle et le siècle des Lumières, celui de la raison autonome, libérée des préjugés et de la superstition, peut paraître déjà bien loin. Si nous remontons le temps de quelques décennies et lisons les premières lignes d'une autre *fiction* de

1 Dumas, 1863, p. 173-174.

vampires, l'une des toutes premières, il est possible d'observer, non sans étonnement peut-être, un même phénomène d'écriture. Dans sa nouvelle *Le Vampire* en 1819, John Polidori raconte, en effet, l'histoire d'Aubrey, un jeune homme qui rencontre un jour un personnage mystérieux et étrange, Lord Rutheven. Fasciné et interrogé par cet homme, il se lie à lui et souhaite le comprendre. Un voyage qu'il accepte d'entreprendre à ses côtés révèle bientôt une réalité macabre sur Lord Rutheven, « le Vampire » des tous derniers mots de la nouvelle. Cette fascination et cette interrogation de la part d'un spectateur que représente Aubrey, le voyage qu'il entreprend dans des contrées lointaines de l'Europe centrale et orientale, l'enquête qui a lieu malgré tout, et le cheminement d'une pensée qui doute et puis croit, nie et (enfin) affirme (significativement en nommant le Vampire), résument la croyance aux vampires du siècle qui précéda, du siècle qui inspira : le siècle des Lumières.

La nouvelle écrite par John Polidori est publiée en 1819, traduite en français par Henri Faber en 1819, adaptée au théâtre par Charles Nodier en 1819. Nous observons la rapidité de la circulation, de la diffusion du texte. Un phénomène de transmission est à prendre en compte. L'ancrage qui scelle dans le marbre la continuité, l'héritage, voire la filiation d'un siècle où foisonna un nombre incalculable de textes, récits, discours (critiques ou non), réside dans les toutes premières lignes de la préface qui introduit la nouvelle. Cette préface est un extrait d'une lettre en provenance de Genève, qui fait apparaître les pensées intimes de John Polidori, sur le lieu où il est, une maison que connut Jean-Jacques Rousseau : "*here is the bust of Rousseau, here is a house with an inscription denoting that the Genevan philosopher first drew breath under its roof*[2]." (Polidori, 1819, p. VII). Il n'est pas hasardeux, nous allons le voir, de faire apparaître ce nom, ni d'avoir créé une histoire sous le toit qui abrita le philosophe des Lumières qui s'interrogeait quelques décennies plus tôt sur la question vampirique et de l'autorité qui l'atteste. Polidori met ensuite en valeur la commune de Ferney, non loin de Genève, qui abrita un autre penseur des Lumières et critique de la question vampirique : Voltaire, résident et bienfaiteur de cette commune française située

2 « voici le buste de Rousseau, voici une maison avec une inscription indiquant que le philosophe genevois a d'abord grandi sous son toit. » Nous résumons et traduisons cette préface de Polidori qui n'apparaît pas dans l'édition traduite en français par Henri Faber. Je remercie très chaleureusement Diego C. de m'avoir aidée à traduire tous les extraits en anglais de cet ouvrage. Je le remercie pour son attention et sa bienveillance.

à la frontière suisse. On fait le tour du quartier pour enfin se fixer sur la villa Diodati qui abrita "*our English Poet*" (*ibid.*, p. IX)[3], Lord Byron. En quelques lignes, Polidori définit la fiction vampirique, passée et à venir, dont le fondement résulte d'un significatif cheminement allant et venant perpétuellement entre savoir et fiction.

Le présent ouvrage propose donc d'étudier cette « forme de langage », et particulièrement le moment où une structure formelle de la croyance aux vampires s'est mise en place[4].

Une forme vampirique au sens d'une écriture formelle se met en place au XVIIIe siècle. Elle circule et se répète selon le principe qui consiste à interroger la croyance d'un destinataire-récepteur. Le vampire est une forme vide (un cadavre disséqué à son balbutiement) que l'imagination a rempli de fictions afin de « faire croire », même quand il s'agit de remettre en cause le jugement par le doute et l'hésitation, voire de l'interrompre : c'est toujours la croyance qui est examinée, questionnée à l'intérieur d'un écrit ou d'une fiction, et à l'extérieur, par ceux qui génèrent ou produisent ces écrits et ceux qui les lisent. Dès l'origine, des images s'assemblent pour *réaliser* le vampire, et elles circuleront selon le principe vampirique de la contamination.

En effet, une structure de croyance, entièrement dirigée vers un auditeur, un spectateur, un lecteur, des origines du vampirisme, et dont elle dépend, se déplace et se diffuse. Émerge alors la question de la contamination d'un destinataire, moins par un sujet que par une forme. Par structure de croyance, nous entendons une construction formelle par laquelle le vampirisme a émergé, s'est propagé et a perduré. Cette structure formelle évolue telle une maladie qui se répand, qui contamine, elle-même de façon vampirique.

Le vampirisme, c'est-à-dire la croyance aux vampires, s'est construit sur la tentation d'une réalité. La réalité du vampire nous permettra, en fonction des différents supports de notre corpus (rapports officiels,

---

3 Nous traduisons : « notre Poète anglais ».

4 Cet ouvrage s'inscrit dans le cadre d'une recherche doctorale dont l'objet principal a été d'identifier et de définir une structure formelle de croyance aux vampires (naissant à la fin du XVIIe et au début du XVIIIe siècle) examinée selon les notions de vérité, de réalité et de fiction, et de voir comment elle s'est transposée et a circulé jusqu'aux œuvres cinématographiques d'aujourd'hui (un autre ouvrage, issu de ma thèse, sera spécifiquement consacré à cette transposition et cette circulation).

études critiques, textes littéraires, poétiques) d'interroger la vérité du discours vampirique, sur la croyance aux vampires. Ces supports sont différents et se distinguent entre le document qui atteste d'une réalité dans le monde réel et la fiction qui atteste d'une réalité dans le monde de la fiction. Le récit littéraire se situe aussi, nous le verrons, du côté du discours et donc de la vérité. La vérité sera pensée comme construction discursive autour de faits ou de ce qui est donné comme tel dans la fiction ; et donc elle sera pensée comme effet de réel. La croyance dépendra donc de deux approches : au niveau des écrits qui cherchent à faire croire (ou à faire douter), et au niveau d'un récepteur dont les émotions trahiront la croyance. Et la mise en place d'une écriture de la croyance aux vampires distingue des réalités (faits, mots, objets, pratiques), des discours construits autour des faits (réalités) et donc situés du côté de la vérité, et les effets de réel qu'offrent ses discours et qui favorisent aussi la croyance aux vampires, son écriture et la circulation épidémique de cette écriture. Ces réalités et ses effets sont déjà des éléments du récit et de la fiction vampiriques qui ont mythifié le vampire, canonisé le récit de vampires et fait du vampire une figure archétypale du romantisme et du fantastique.

Le vampire prend, assimile, digère, s'incorpore et puis projette, diffuse, transmet. Il est un objet de transmission qui procède par va et vient sur chaque élément qui précède une de ses manifestations. Le vampirisme est une empreinte. Notre travail s'intéresse alors moins à la particularité d'un exemple qu'à la généralité d'un corpus canonique et sans cesse répété, symptomatique d'une contamination formelle de la croyance. Et notre corpus est donc fondé sur la répétition d'un modèle principalement formel.

Avant tout, et bien que de nombreux ouvrages traitent des origines du vampire – des écrits foisonnants et stimulants d'Antoine Faivre jusqu'aux remarquables thèses d'Estelle Valls de Gomis (2003)[5] et Daniela Soloviova-Horville (2006)[6] – il est nécessaire pour notre étude de remonter une nouvelle fois aux « balbutiements » du vampirisme. Nous situons ces balbutiements au XVIIIe siècle, au siècle des Lumières,

5 Publiée en 2005, sous le titre *Le vampire au fil des siècles : Enquête autour d'un mythe*, Le Coudray-Macouard, Cheminements Éditions.

6 Publiée en 2011, sous le titre *Les vampires. Du folklore slave à la littérature occidentale*, Paris, L'Harmattan.

c'est-à-dire au moment du foisonnement des écrits sur les vampires, qui diffusent le mot et l'image du vampire ; quand des motifs non seulement apparaissent mais aussi se répètent pour former un canon, tous fondés sur des réalités, ce dernier point étant l'objet de notre intérêt. Nous nous appuierons alors davantage sur la thèse de Jean-Claude Aguerre *La naissance du vampire au* XVIII*e siècle*[7] que sur les études consacrées aux récits dits légendaires, d'une époque indéterminée, approximativement vampiriques, qui relèvent uniquement de superstitions et d'un folklore (mais qui seront aussi pris en compte pour le siècle qui nous intéresse).

On insistera d'emblée sur le fait que les termes de légende, rumeur, conte, mythe, fantaisie, sont les mots qui introduisent souvent les études sur les vampires. Pour certains, le vampirisme ne semble pas « exister » en dehors de la légende et du mythe. Cela voudrait dire que tous les écrits dits « officiels », les études philosophiques et scientifiques sur la question, tous les témoignages d'un phénomène qui s'est étendu très largement sur un territoire relèveraient d'une même nature que les récits merveilleux aux fondements historiques que sont les légendes, aujourd'hui confondus avec les mythes ou les histoires dont le sujet n'a jamais été prouvé. Notre ouvrage est quant à lui introduit par le mot de croyance, et donc indirectement par ceux de réalité et de vérité. Nous insistons aussi sur le fait que le vampire est d'abord un mot écrit et entrant dans le cadre d'une structure grammaticale, et surtout rhétorique, dont le principe est celui de la croyance : parler de la croyance aux vampires et inviter le lecteur à croire aux vampires. En nous appuyant sur les écrits d'autres spécialistes des vampires comme Jean Marigny (2010, p. 23), nous verrons que les superstitions et les croyances accompagnées de rites propres, telles qu'elles apparaissent dans les témoignages, nous fournissent des « preuves » historiques de cas de vampirisme, « confirmant » une certaine existence du vampire. Louis Vax remarquait aussi dans son *Aspects du classicisme et de la spiritualité*, que « les preuves de l'existence des vampires sont plus fortes que celles des miracles de l'Ecriture » (Vax, 1995, p. 434), car ces témoignages sont plus proches (dans le temps, mais aussi dans l'espace) et plus explicites. La question de la *réalisation* du vampire intervient (bien avant le cinéma) quand son identité est déterminée, délimitée.

---

7 *La naissance du vampire au* XVIII*e siècle : en quoi l'évolution de la pensée au* XVIII*e siècle a-t-elle permis l'apparition d'un mythe comme celui du vampire*, thèse soutenue sous la direction de François Chatelet, le 29 juin 1981.

Le XVIIIe siècle est une époque fondamentale à cet égard car c'est le moment où le vampirisme devient une écriture formelle de la croyance, une parole rapportée et diffusée à travers différents discours qui se veulent tous porteurs de « réalité(s) », que celle-ci soit la manifestation d'un désir de faire croire, ou qu'elle soit contestée. Tous valident la réalité de la croyance, tous valident, nous allons le voir, le vampirisme.

Notre travail, qui met en valeur cette écriture formelle de la croyance aux vampires (d'un fond vampirique), commence par étudier le vampirisme, son origine, sa source, jusqu'à son évolution dans la littérature, à partir d'un corpus de textes écrits. Ce corpus de textes écrits part des premiers supports de la croyance comme les rapports et transcriptions de rapports, selon un transfert géographique, médiatique, puis culturel. Trois types de textes sont considérés et marquent cet aspect évolutif de transfert : les rapports médicaux, les discours sur ces rapports, les écrits littéraires qui s'inspirent et s'appuient sur ces discours et ces rapports. Ce corpus de textes qui sont produits par des savants (médecins, philosophes, théologiens, historiens, etc.) et des intellectuels dégage la question de savoir si nous pouvons dès les premiers écrits trouver une fiction ou parler d'une fiction du vampire, si c'est la forme qui a vampirisé le sujet ou le sujet qui a vampirisé la forme. Nous distinguerons, plus largement, les rapports officiels sur la réalité et les textes de fiction qui reposent sur un effet de réel. Entre les deux se situent les discours qui rapportent, discutent, contestent, mais qui toujours valident la croyance comme phénomène réel, tout en définissant des référents à effets de réel.

Le vampire n'est pas français mais la France, alors berceau des Lumières, est un centre de questionnements sur le vampirisme, et contribue à produire des textes, récits, études, critiques sur le vampirisme. *Le Mercure galant*, *Le Glaneur historique, moral, littéraire et galant* ou *Glaneur hollandais*[8] (« périodique français en Hollande ») rapportent les témoignages autochtones et les rapports de témoignages. Des noms sont associés aux discours comme l'écrivain philosophe Jean-Baptiste de Boyer, marquis d'Argens, qui parle du vampirisme en 1736 dans les *Lettres Juives ou Correspondance philosophique, historique & critique, entre un juif voyageur en differens etats de l'Europe, et ses correspondans en divers endroits*. Des ouvrages entiers discutent et tentent de comprendre le vampirisme, comme les écrits philosophiques et historico-religieux des théologiens

8 Diminutif du périodique.

Michaël Ranft et sa dissertation *De masticatione mortuorum in tumulis* (1725-1728), et Dom Augustin Calmet et ses *Dissertations sur les apparitions des anges, des démons et des esprits et sur les revenans et vampires de Hongrie, de Boheme, de Moravie et de Silesie* (1746) ; et font entrer le vampire dans les dictionnaires savants. Les formats de discours varient parallèlement : Jean-Jacques Rousseau s'interroge et ironise dans sa *Lettre à Monseigneur Christophe de Beaumont* (1762-1763) ; Dom Calmet essaye de comprendre et de justifier le phénomène, et ce faisant, il contribue à *fixer* la définition du vampire dans son ample dissertation, qui constitue aussi une anthologie testimoniale. Voltaire le prend pour cible dans son article « Vampire ». Tous se sont très vite emparés des rapports de croyance allemands pour en offrir traduction, diffusion, et discussion. La croyance *aux* vampires devient l'étude de la croyance *dans* les vampires. Les supports initiaux font principalement preuve de critiques et de contestations, conformément à une époque qui se veut être l'anti-obscurantisme moyenâgeux. Les discours sont spécifiques à chaque domaine de savoir mais dégagent tous une réflexion principalement philosophique car phénoménologique. Nous croiserons ces discours et ces articles avec des textes théoriques contemporains pour proposer une interprétation du phénomène de la croyance aux vampires et relever des motifs, des identités du vampire ou une structure narrative de récits vampiriques qui reviendront dans un premier temps dans les textes littéraires.

Le vampirisme est l'histoire de questionnements qui ont tenté de trouver une réponse au phénomène dans et par la fiction.

Le corpus littéraire sera quant à lui constitué d'œuvres fortement inspirées, voire contaminées par les discours savants du moment. Ces œuvres littéraires seront de différents formats : poème, ballade, nouvelle. Le format grandit pour attester l'écriture formelle de la croyance au vampire et faire croire le lecteur au vampire. Le vampire se déplace géographiquement et renforce une écriture du « faire croire » qui contamine. Ce corpus est constitué des poèmes de Heinrich Augustin von Ossenfelder, de Gottfried August Bürger et de Johann Wolfgang von Goethe, respectivement *Der Vampyr* (1748), *Lenore* (1774) et *La Fiancée de Corinthe* (1797). Des poèmes anglais de John Stagg, *The Vampyre* (1810), et de Lord Byron, *Le Giaour* (1813). Ce dernier introduit un processus d'« extension » du format d'écriture pourrait-on dire, en écrivant un *Fragment* de nouvelle en 1816 qui est la base de la nouvelle de John Polidori, *Le Vampire*.

Notre travail est divisé en trois chapitres et suit le mouvement évolutif du corpus hybride précédemment énoncé. Chacun de ces chapitres se concentre sur un état évolutif de la croyance aux vampires et dans les vampires selon notre période de recherche qui concerne tout le XVIIIe siècle et selon quelques degrés de croyance allant des certitudes, qui peuvent être superstitieuses et fanatiques, au doute et à l'hésitation qui interrompent le jugement, selon qu'il s'agisse de la croyance en tant que sujet et la croyance en tant que procédé d'écriture formel ; qu'elle concerne celle de témoins-spectateurs, de rapporteurs, de patients et malades, de personnages fictifs.

La croyance aux vampires s'est mise en place à un moment précis de l'Histoire de la pensée humaine et individuelle. Mettre en place le vampirisme, c'est d'abord le définir. Autrement dit, la croyance aux vampires se met en place, fondée sur des réalités (qui concernent des évaluations médicales, le mot « vampire », des appellations de vampires, des pratiques rituelles violentes etc.) et émergent des éléments du récit vampirique, qui serviront à la fiction à créer des effets de réel. La croyance aux vampires et la croyance dans les vampires se sont développées à cause d'un effet de masse, selon des faits de violence sacrée, et surtout selon un principe de contamination. La parole circule, on en fait état et on la transmet par l'intermédiaire des discours qui interrogent la croyance aux vampires. Les rapports collectent les témoignages de « vampirisés » et incidemment, contribueront à attester la croyance. Puis, suivant la contamination vampirique vers les capitales occidentales, nous parcourons les principales théories savantes relatives à la croyance aux vampires à partir de textes de références rédigés sur ces derniers, les plus hésitants et les plus scandaleux, c'est-à-dire ceux qui alimenteront le processus de contamination formelle.

Les chapitres qui suivent dégagent et définissent la notion de contamination comme un processus d'expansion-transmission de la croyance aux vampires au XVIIIe siècle selon un mouvement allant d'un groupe d'individus (la masse autochtone) vers une autorité (médicale, politique, militaire, royale) qui peut la contester mais qui chaque fois la valide, de cette autorité (qui peut aussi être massive) vers le lieu d'où elle vient et qui l'a envoyée (principalement le monde occidental, industrialisé, moderne). L'expansion-transmission est géographique, médiatique (les rapports sont récupérés et retransmis par divers médias avec plus ou moins de fidélité), mais également (à peu près au même moment) touche tous les domaines du savoir, ainsi que les arts et le vampirisme devient sujet de peinture et de littérature.

La littérature vampirique est l'aboutissement d'un processus de fictionnalisation qui a fait du vampirisme un phénomène qu'on allait répéter, un discours qu'on allait diffuser en explorant chaque fois ses plus sombres réalités. Une « littérature de la croyance » se forme : nous proposerons une lecture successive des textes choisis car nous souhaitons montrer une circulation, un modèle qui s'impose de plus en plus dans la chronologie. On adopte la rhétorique du témoignage dès les premiers poèmes qui sont la première forme d'expression du vampirisme littéraire : on parle du vampire, on prévient d'une menace absente mais imminente et le vampire ne parle pas, à la fois présent et absent. Le vampire est peu à peu « domestiqué » et intégré à la culture, non pas d'un pays, mais du territoire occidental. Un imaginaire de la croyance aux vampires s'élabore et se met en place, pour donner lieu à un véritable mythe littéraire.

Construit, créé, apparu, dans un questionnement sur la croyance et la capacité de l'esprit humain à pouvoir créer et croire en un être aussi irrationnel, le vampire est un être de doute, posant la question de la disposition de l'esprit humain à croire en l'irrationnel.

DES FAITS, DES MOTS ET DES ACTES

Naissance d'une fiction

> J'ai souvent entendu dire par des témoins dignes de foi que l'on a trouvé des cadavres qui sont non seulement restés longtemps incorrompus, souples et rouges [...], mais aussi qui remuaient la bouche, la langue et les yeux, qui avaient avalé le linceul dans lequel ils avaient été inhumés et avaient même dévoré des parties de leur propre corps [...]. Entre-temps s'est répandue la nouvelle d'un tel cadavre qui est sorti de son tumulus, a erré par les carrefours et devant les maisons, se montrant tantôt à celui-ci, tantôt à celui-là, attaquant plus d'un pour l'étrangler. S'il s'agit du cadavre d'un homme, les gens le nomment *upier*, de celui d'une femme, *upierzyca*, c'est-à-dire à peu près « corps emplumé, léger et se mouvant avec agilité[1] ».

Un discours hésitant est déjà là, qui évolue selon une recherche de significations et une tentative de définition, mais il s'agit surtout d'un discours « rapportant » ce qui a *dans un premier temps* été entendu, vu, rapporté. La naissance du vampire, qui est ici « upier » ou « upierzyca », dépend d'abord de témoignages « dignes de foi » puis de leur(s) transmission(s). Cela concerne non seulement le passage des témoins aux premiers rapporteurs, puis de ces rapporteurs par la suite eux-mêmes rapportés ailleurs (dans un autre pays), puis de ces « reportés » récupérés dans les arts. Il est très difficile de dater et de sélectionner une origine, un élément déclencheur du vampirisme. La guerre, les invasions, les découvertes

1 Rzaczynski, 1721, p. 365. Traduction par Lecouteux, 1999, p. 83-84.

mystiques ou conquérantes, les pérégrinations, la mort, la maladie et autres épidémies, les fantasmes prépsychanalytiques s'assemblent pour alimenter ce qui deviendra par la suite un mythe. Tout ce que nous savons provient de ce qui a été littéralement *rapporté* par des témoins, écrit dans des livres ; provient d'interprétations plus ou moins fidèles sur le vampirisme et ses origines, et a relevé d'un long processus de « transmissions-contaminations ».

En 1818, Jacques Collin de Plancy donne dans son *Dictionnaire infernal*, une définition fidèle sinon la plus complète du vampire :

> Des hommes morts et enterrés depuis plusieurs années, ou du moins depuis plusieurs jours, qui revenaient en corps et en âme, parlaient, marchaient, infestaient les villages, maltraitaient les hommes et les animaux, et surtout qui suçaient le sang de leurs proches, les épuisaient, leur causaient la mort [définition R.P.D. Calmet]. On ne se délivrait de leurs dangereuses visites et de leurs infestations qu'en les exhumant, les empalant, leur coupant la tête, leur arrachant le cœur, ou les brûlant.
>
> Ceux qui mouraient sucés devenaient habituellement vampires à leur tour. Les journaux publics de la France et de la Hollande parlent, en 1693 et 1694, des vampires qui se montraient en Pologne et surtout en Russie. On voit dans le *Mercure Galant* de ces deux années que c'était alors une opinion répandue chez ces peuples que les vampires apparaissaient depuis midi jusqu'à minuit ; qu'ils suçaient le sang des hommes et des animaux vivants avec tant d'avidité, que souvent ce sang leur sortait par la bouche, par les narines, par les oreilles. Quelques fois, ce qui est plus fort encore, leurs cadavres nageaient dans le sang au fond de leurs cercueils.
>
> On disait que ces vampires, ayant continuellement grand appétit, mangeaient aussi les linges qui se trouvaient autour d'eux. On ajoutait que, sortant de leurs tombeaux, ils allaient la nuit embrasser violemment leurs parents ou leurs amis, à qui ils suçaient le sang en leur pressant la gorge pour les empêcher de crier. Ceux qui étaient sucés s'affaiblissaient tellement qu'ils mouraient presque aussitôt. Ces persécutions ne s'arrêtaient pas à une personne seulement : elles s'étendaient jusqu'au dernier de la famille ou du village (car le vampirisme ne s'est guère exercé dans les villes), à moins qu'on n'en interrompît le cours en coupant la tête ou en perçant le cœur du vampire, dont on trouvait le cadavre mou, flexible, mais frais, quoique mort depuis très longtemps. (1863, p. 677-683)

Cette définition d'un ancien élève de Voltaire, qui s'inspire et résume des écrits du siècle précédent, des écrits de ceux qui ont écrit sur les vampires, est érudite et romanesque, elle définit et raconte en même temps. Cette définition fait coexister les faits et les discours, par la référence.

Nous comprenons en tout cas que le vampire trouve ses caractéristiques, sa nomination, son identité (ou ses identités), voire sa place et sa réalité au XVIIIe siècle, et, de ce fait, est l'objet de plusieurs écrits de ce siècle des Lumières. La croyance aux vampires est un évènement historique.

Ce premier chapitre concerne la « réalité » du et dans le vampirisme. La croyance est le fait de croire en la vérité de quelque chose, d'être convaincu de l'existence de quelque chose. Le vampirisme est une forme de pensée collective qui existe par sa transmission, sa diffusion, qui est donc par cette nature contaminatrice, elle-même vampirique. Le vampirisme en tant que superstition et la superstition en tant que croyance de nature vampirique sont déjà chargés d'une puissance de création fictionnelle : des histoires, des images, des référents qui produiront des effets de réel. Cette fiction est construite sur une réalité et un désir (des villageois témoins et des autorités qui ont diffusé leurs témoignages) de vérité. La notion de réalité[2] est au cœur même d'une pensée de et sur la fiction.

La fiction du vampire s'est construite sur des réalités qui sont des faits, des mots, des actes et des pratiques.

RÉALITÉ DES FAITS ET NAISSANCE D'UN SAVOIR SUR LES VAMPIRES : LES RAPPORTS DE TÉMOIGNAGES

CIRCONSTANCES INTÉRIEURES ET CIRCONSTANCES EXTÉRIEURES

La croyance dépend de circonstances intérieures et de circonstances extérieures : une masse témoigne et une autorité valide ce témoignage, identifie le vampire et fait circuler l'information (contamine). La croyance aux vampires se fonde sur des circonstances extérieures qu'incarnent principalement les différentes autorités et leurs rapports sur les vampires,

2 Dans *Le Petit Larousse illustré* (*Grand Format*, 2005), à l'entrée « Réel », nous pouvons lire : « Qui existe ou a existé véritablement ; qui est bien tel qu'on le dit ; authentique, véritable ; ce qui existe effectivement, ce qui arrive en fait. » À l'entrée « Vrai » : « Conforme à la vérité, à la réalité ; qui est réellement ce qu'il paraît être. » (p. 909).

autorités venues de l'extérieur, des terres européennes centrales, et qui font naître le vampire « plusieurs fois ».

Le vampirisme ressort comme une histoire *attestée* : attestée par des témoins-spectateurs, et ensuite par des autorités locales qui rapportent et attestent les témoignages. Les témoignages, écrits ou oraux, sont étymologiquement des « attestations juridiques », et leurs signatures constituent des preuves de croyance. La question du regard, impliquée par la notion même de témoignage, est importante également. Le témoignage, qui existe, fait la réalité du vampire. Si le vampirisme se définira par un ensemble de dispositions mentales, psychiques ou religieuses intérieures à l'homme, les faits apportent une preuve, ils alimentent ces dispositions, en venant offrir au vampire une réalité.

La croyance se met en place, elle est révélée par et se fonde sur des témoignages collectés. Nous distinguons alors ceux qui *témoignent* (les villageois) mais dont la parole est rapportée, et ceux qui *rapportent* – littéralement, au sens où non seulement ils les reçoivent mais aussi les emportent avec eux dans leur pays – ces témoignages (les autorités locales, principalement des officiers royaux, militaires, et des médecins, que nous désignons comme immédiatement liées à un contexte géographique ou de guerre[3]). Il y a donc les témoignages et les rapports de témoignages ; ceux qui témoignent et ceux qui rapportent les témoignages pour eux-mêmes en témoigner ailleurs. Ces témoignages rapportés se font principalement l'écho de la parole autochtone, qu'ils transmettent *plus ou moins fidèlement*, et sont postérieurs à un discours déjà naissant sur le vampirisme qui commente, rarement critique mais surtout s'étonne de la « réalité » du phénomène et qui occasionne l'envoi de ces rapporteurs de témoignage. Ce qui importe ce sont moins les témoignages que les textes qui les rapportent, et qui vont de façon « vampirique » se propager à travers le monde.

Une historicisation de faits est nécessaire pour comprendre la part de réalité que contient et qui *fait* la croyance aux vampires, pour mettre en évidence des référents du monde qui se définissent petit à petit en motifs de récits vampiriques et qui créent des effets de réels. Des faits, rapportés et certifiés, mettent en valeur l'importance du vampirisme dans les esprits de cette époque des Lumières, son foisonnement et

3 Et que nous distinguons de ceux qui « rapportent les rapports », présentés au chapitre suivant sur les discours.

son exportation au-delà des frontières balkaniques ; permettent de concevoir l'impact de ces récits (et la question de savoir s'ils sont vrais ou faux) sur cette forme de croyance déviante et superstitieuse qu'est le vampirisme ; et permettent de constater la préparation d'un terrain de récits fabuleux qui alimenteront contes et nouvelles horrifiques jusqu'à nos jours : l'histoire de la fiction ne fera pas l'impasse sur la réalité. Du XVIIe au XIXe siècle, la croyance aux vampires, et la figure du vampire, se construient et dépendent de plusieurs espaces différents, de plusieurs espaces où sont constatés des *faits*. La réalité du vampire dépend à l'origine, aussi, de la puissance d'un phénomène progressif de foule, c'est-à-dire de la constitution progressive d'une masse. Cette notion de masse s'ajoute au terme d'« espaces[4] » car c'est la masse, la communauté, qui fait l'espace. La croyance aux vampires est celle d'une communauté interprétative.

Le pasteur protestant luthérien et philosophe allemand Michaël Ranft, contemporain du vampirisme des Lumières, qui est notre première référence sur le vampirisme, définit le premier espace de la croyance aux vampires et de son rayonnement superstitieux qui est le cercle restreint de la famille[5]. La famille est le tout premier espace communautaire de diffusion du vampirisme : les morts reviennent d'abord auprès des leurs, pour leur réclamer des objets[6] et/ou du sang et donc leur offrir la mort. La communauté s'étend rapidement du domaine familial au domaine du village. La deuxième masse concernée et qui constitue aussi les premiers témoins dont la parole est rapportée, ce sont donc les villageois autochtones de l'Europe centrale. Si les villageois sont généralement les premiers témoins, chaque villageois entendu témoigne de la vampirisation d'un membre de sa famille et raconte sa rencontre *post-mortem* avec lui. Parallèlement, un autre groupe apparaît, peut-être plus important puisqu'il est à l'origine de la contamination au-delà des

4 Distingués pour la première fois par Antoine Faivre dans son article « Du vampire villageois aux discours des clercs (Genèse d'un imaginaire à l'aube des Lumières) » (1993, p. 45). Cet article et son travail nous ont été très précieux pour développer ce qui suit.

5 Michaël Ranft considère cette affirmation comme un préjugé, et plus exactement il écrit : « Il y a certes quelque vraisemblance, car nous lisons que les morts mâcheurs ont quelquefois chassé toute leur famille du monde des vivants. Mais nous croyons qu'il ne s'agit là que d'une coïncidence accidentelle ». En fait, pour Ranft, les masticateurs dans leur tombeau ne causent pas seulement la mort de leurs proches mais de tous les vivants (1995, p. 69).

6 Lire plus loin le récit de Peter Plogojovitz.

frontières de la zone géographique originelle : les médiateurs ou relayeurs. Il s'agit d'une autre masse et sont soit directement en contact avec les autochtones et rapportent leur témoignage, soit récupèrent les rapports de témoignages et les diffusent dans différents médias. De fait, cette masse propose diverses formes de discours, savants ou non, et sa voix se transmet non seulement plus vite mais surtout au plus grand nombre.

Il est possible de distinguer différents lieux de discours et de circulation de cette voix : les journaux ou les gazettes (notamment allemands, français, anglais) qui publient environ à partir de 1690 des articles consacrés à des faits vampiriques qui auraient été constatés en Europe centrale – et qui donc à la fois occasionnent les rapports et (ré)amorcent les discours ; puis les experts tels que les médecins ou les officiers royaux, qui sont envoyés par les autorités viennoises pour enquêter dans les villages et établir des rapports informatifs qui seront alors récupérés par les médias. L'un et l'autre suscitent bientôt comme toute affaire désormais publique l'émergence d'un troisième champ de réflexion discursive du côté des savants et penseurs qui rapportent les rapports de témoignages et les discutent, troisième champ que nous étudierons plus précisément dans le chapitre suivant. La croyance se répand et une structure formelle de la croyance aux vampires émerge, qui est une rhétorique dont le but est de valider la croyance : selon une attitude paradoxale consistant à la fois à combattre cette croyance superstitieuse et en même temps à la valider, à lui donner une réalité, à l'installer et à la fixer définitivement en lui fournissant des supports solides et réels, à savoir les textes qui relatent des faits.

Une toute première occurrence du fait vampirique en tant que témoignage rapporté se présente dans un pays tout à fait « occidentalisé » : la France. Le vampire tel que nous le connaissons aujourd'hui, le vampire qui va fasciner ou inquiéter le siècle des Lumières, fait son entrée en France à la toute fin du XVIIe siècle, en mai 1693[7], puis en 1694 dans un article du Seigneur du Plessis Marigner, avocat au Parlement de Paris, publié dans le *Mercure Galant* de février (p. 13-119). Le rapport est constitué de près de cent-sept pages, et cette longueur fait de Marigner, un homme de loi, la première autorité, le premier spécialiste et certificateur du vampirisme, de son émergence et de sa contamination, reconsidérant la croyance non pas dans une perspective rationaliste (bien

7 *Mercure Galant*, 1693, p. 62-69.

que l'interrogation soit forte), ni théologique, mais plutôt en se référant au domaine de la magie et de la Physique avec un long développement sur le mécanisme et les limites du spirituel et du corporel de la nature humaine, et en conférant aux faits « quelque chose de surnaturel qui y est meslé » (*ibid.*, p. 117). La question du sang est surtout posée et mise en avant : « Ces Stryges sont communs & frequens parmy les habitans de cette Province. Ils les appellent Upierz, & croyent que ce sont des Demons qui viennent la nuit leur succer le sang pendant leur sommeil » (*ibid.*, p. 13-14). Dans un rapport que Marigner insère entièrement dans son article, il est question de démons décrits comme des esprits de personnes décédées, venues aspirer « une certaine humeur, que le commun Peuple, aussi bien que plusieurs personnes savantes, dit estre du sang » (*ibid.*, p. 15) de quelques vivants : il est confirmé que ces victimes sont des membres de la famille ou du bétail. Les notions de propriété et de « familiarité » entretenues au moment du vivant traversent l'autre côté de la mort. Ces « esprits » injectent ensuite le sang dans les cadavres assoiffés :

> [...] le Démon tire ou succe des corps de quelques personnes vivantes, ou de quelques bestiaux, & le porte dans ce corps mort, parce qu'on dit que ce Démon sort de ce cadavre en certains temps, [...] en sort depuis midi jusques à minuit ; après il retourne dans ce cadavre & y met ce sang qu'il a amassé, lequel sang se trouve dans ce cadavre par la longueur du temps en si grande quantite que si l'on n'y met ordre, il sort par la bouche, par le nez, et principalement par les oreilles en telle abondance que ce cadavre nage dans son cercueil ; & le cadavre a une telle faim qu'il mange les linges qui sont autour de luy ; & en effet on les trouve dans sa bouche. Ce Démon qui sort du cadavre, va la nuit trouver en dormant ceux avec lesquels le cadavre pendant sa vie avoit eu le plus de familiarité, & leur fait beaucoup de peine, leur présentant la figure du corps mort, quand il estoit vivant ; & comme s'il les embrassoit, il les serre & affoiblit de telle manière, qu'ils s'éveillent et crient au secours auquel temps on dit que ce Démon leur succe le sang pour porter dans le cadavre, & eux qui sentent ces vexations, viennent maigres & atténué mesme en meurent ; & ce Démon continue jusques à ce que tous ceux de cette Famille meurent l'un après l'autre. Il faut aussi sçavoir qu'il y a deux sorte de ces Espritst & que les uns aux bestes, & les autres aux hommes, & y succent le sang, & le portent dans les cadavres humains, & ces bestiaux aussi en meurent ; ce qui causeroit un grand ravage tant les hommes que sur les bestes on n'y apportoit pas de remede. Or le remede dont on se sert c'est de porter avec soy du pain, mesme d'en manger, frais pestri & cuit avec le sang qui sort ces cadavres, & l'on s'en trouve soulagé, & préservé de ce mal.

> Il est à remarquer que quand on fait la visite, ou la reveut de ces corps morts, qui representent la figure de ceux qui ont paru en songe, on les trouve dans leurs cercueils mols, flexibles, enflez & rubiconds [...] (*ibid.*, p. 15-19)[8]

Comment ne pas voir se dessiner déjà là la fiction vampirique populaire ? Ces démons serrent leurs victimes comme s'ils les embrassaient[9], dans un élan de tendresse intéressée et mortifère, vidant progressivement leur corps de leur sang : le sang c'est la vie – y compris pour les victimes qui doivent en constituer leur pain pour se prémunir du *upierz* –, une réalité substantielle attestée par les textes sacrés (lire plus loin). D'autres descriptions de faits font référence au linceul dévoré dans le cercueil, à la mastication des morts dans leur tombeau, et préfigurent aussi une littérature abondante. Marigner écrit que ces phénomènes se produisent principalement en Russie « et nous entretient aussi de palingénésie » (Faivre, 1993, p. 46-47), fondant la caractéristique de la renaissance et de l'éternel renouveau du vampire. La réalité du vampire se discute géographiquement, par le rapport en Occident de faits qui se sont déroulés en Orient ; nous sommes en Russie, mais le texte est établi en France, par un français : quelle est donc la valeur de son autorité ?

Les témoignages se multiplient au cours des années suivantes et des traités essayent d'expliquer l'existence des vampires. Les autorités impériales diligentent bientôt des enquêtes. Les domaines militaire, juridique, mais également médical contribuent à favoriser un intérêt pour le vampirisme. Le vampire est donc localisé mais il n'est pas encore identifié, nommé (comme le note Jean-Claude Aguerre), ni décrit.

Parallèlement à l'espace de la masse et de la communauté (on rapporte *un ensemble* de *plusieurs* témoignages réunis dans *un* texte), l'attention des « rapporteurs » se focalise sur des cas particuliers. Si le mot « vampire » n'offre pas encore une réalité définie et déterminée au vampire, des vampires sont peu à peu nommés (lire plus loin). Et leur nom recouvre alors une origine, une identité, parfois peut-être même une réalité politique contextuelle. En effet, en 1718, en Haute Hongrie, dans le village de Liptov, une enquête officielle attire l'attention sur un vampire hongrois nommé Michael Casparek (Bohn, 2009, p. 78-83). Cette même année,

---

8 Distinguons la thèse sur les vampires de Jean-Claude Aguerre qui proclame la naissance du mot « vampire » au XVIIIe siècle : ici c'est le mot de « stryges » et le mot de « upiers » qui apparaissent dès la première page de ce rapport.

9 Image qui sera précisément figée par le peintre norvégien Edvard Munch en 1893.

le traité de Passarowitz est signé et met fin à la guerre entre l'Empire ottoman et la République de Venise. Ce serait en lien avec cet événement politique que le vampirisme engage un mouvement géographique :

> [C]ette année-là, le royaume de Serbie est enlevé – en vertu de ce traité de paix – aux Turcs par le prince Eugène de Savoie et incorporé à l'Empire de Charles VI. L'administration du pays se trouve du même coup placée sous la direction du Conseil de guerre impérial et de la cour de Vienne [l'empire d'Autriche qui s'était rallié à la République de Venise pendant la guerre], sous l'autorité du prince Charles Alexandre de Wurtemberg et de son suppléant, le marquis Botta d'Adorno. Ce rattachement de la Serbie à l'administration autrichienne est important [...], car celle-ci, chargée de surveiller les populations, d'enquêter en cas de troubles, va solliciter l'envoi à la Chancellerie viennoise de rapports concernant des cas de vampirisme. (Faivre, 1993, p. 48)

Dans ce contexte politique de guerre, ce que nous pouvons appeler un processus d'identification du vampire, autrement dit, le constat d'apparitions de « vrais » vampires avec un nom et un prénom ou le désir, réconfortant et rassurant, de pouvoir désigner du doigt le vampire, semble confirmer une future analyse sur le vampire bouc émissaire. Comme le rappelle Phillip Cole, le vampirisme montre le même schéma qu'une panique antérieure qui ciblait les sorcières entre les XVIe et XVIIe siècles, née dans un même contexte politique et religieux, où il était question d'une lutte pour le pouvoir. Plus précisément, la chasse aux sorcières coïncide avec la période de la Réforme et de la Contre-Réforme, et s'endurcit entre 1560 et 1630 lorsque la guerre entre Catholiques et Protestants explose à travers l'Europe, chacun identifiant leurs ennemis comme étant les complices de Satan (Cole, 2010, p. 284-285). Cette époque est une période de grande peur et de grande insécurité : la société, en proie à la panique, alors se focalise sur un stéréotype de l'ennemi intérieur qui, une fois identifié crée son propre folklore (Roper, 1978, p. 120). Après les sorcières, le vampire devient celui qu'on pointe du doigt, et à partir de ce moment-là le vampirisme est installé et peut servir de réceptacle à tous les maux qui surviennent et qui sont liés notamment à un contexte de maladie et de guerre religieuse, de frontières et de territoires : les noms sont associés à des faits, le vampire est identifié par des faits, le vampirisme est validé par des faits et par des noms. C'est ce que nous constatons entre 1725 et 1732. Entre sa prochaine réapparition et l'origine de sa réapparition, il y a des épidémies très violentes qui font rage sur le bétail des villages d'Europe centrale : les vampires sont les boucs émissaires responsables de ce fléau. De nouveaux cas isolés surviennent. En 1725, le soldat serbe Pandor devient vampire après sa mort, pour avoir mangé de la viande d'un mouton mordu par un serpent vampirisé (Faivre, 1993, p. 49) : c'est toute une histoire de transmission, de faits qui s'accumulent, touchant également les animaux, et qui grossissent peu à peu le spectre vampirique, qui le précisent ou du moins essayent de le préciser, ajoutant chaque fois quelques éléments supplémentaires.

L'année 1725 installe la maladie de l'imaginaire, la contamination vampirique. Une autre personnalité, un vampire particulier, une anomalie vampirique, nommée dans les plus célèbres des écrits philosophiques et théologiques, impose définitivement la réalité des caractéristiques futures du mythe du vampire : Peter Plogojovitz. Peter Plogojovitz (Petar Blagojević en serbe), originaire de Kisilova (district de Gradiska en Serbie) est revenu de sa tombe pour demander ses souliers à sa femme, et fait l'objet, la même année, de la principale réflexion du traité philosophique sur les vampires de Michaël Ranft[10]. Le représentant du gouvernement impérial Ernst Frombald fait un rapport[11] au gouvernement autrichien après avoir assisté à l'exhumation et à l'exécution du vampire demandées par les villageois. Dans ce rapport appelé « Rapport Frombald » ou « Rapport de Hongrie », nous pouvons lire notamment que « [d]epuis dix semaines, au village de Kisilova, dans le district de Rahm, un sujet du nom de Peter Plogojovitz est mort et a été enterré à la manière des gens de Raetz » (Ranft, 1995, p. 25) ; et que ce sont passés les événements suivants :

> dans le village de Kisilova, neuf personnes, des vieillards et des jeunes gens, après une maladie qui a rapidement évolué en 24 heures, sont mortes dans un intervalle de temps de huit jours seulement et, gisant encore vivants sur leur lit de mort, ils ont témoigné que le susdit Plogojovitz (mort depuis dix semaines) était venu pendant leur sommeil, s'était couché sur eux et leur avait serré la gorge si fort qu'ils allaient maintenant rendre l'âme. (*ibid.*, p. 25-26)

10 Sur le même principe et dans la continuité du travail de Philippus Rohr, lire de ce dernier, *Dissertatio historico-philosophica de masticatione mortuorum* (Lipsiae, typ. M. Vogtius, s. d., Augusti 1679). Ou encore Christian Friedrich Garmann, *De miraculis mortuorum* (Lipsiae, Weidmann, 1687).

11 Le rapport semble avoir été établi dans les premiers mois de l'année 1725. Le 21 juillet 1725, il fait l'objet d'une publication dans le *Das Wienerische Diarium*, l'un des deux principaux journaux de Vienne. Notons également que le nom de Peter Plogojovitz s'y trouve orthographié Plogojoviz. Nous trouverons d'autres orthographes du nom au cours des différents textes.

Les villageois affligés « ont été renforcés dans leurs craintes », ou, pourrions-nous dire, dans leur croyance, « car la femme de Peter Plogojovitz, interrogée par eux, a avoué que son mari était venu lui réclamer ses souliers afin de quitter Kisolova et de se rendre dans un autre village. Il se trouve que chez de telles personnes, qu'on nomme aussi *vampyri*, il existe différents signes de non-décomposition du corps » (*ibid.*, p. 26). S'ensuit alors la description de ces signes qui valident la réalité du vampire : « ainsi on peut constater que leur peau, leurs cheveux, leur barbe et leurs ongles continuent à pousser », et après que les habitants aient ouvert la tombe de Plogojovitz « afin de voir si les signes susdits étaient présents » :

> ils se sont adressés à moi pour me mettre au courant et me demander si je pourrais assister à cette visite avec le Pope (l'homme d'Église). Je leur ai répondu qu'une telle démarche requérait d'abord l'approbation de l'Administration, et que je me chargerais de la demande, mais ils n'en voulurent rien savoir. Ils me donnèrent cette réponse péremptoire : je devais faire ce que je voulais et puisque je ne voulais pas qu'une telle visite se fasse sans permission des autorités, ils se sentiraient obligés de quitter leurs maisons parce qu'en attendant de recevoir l'accord de Belgrade, tout le village (comme cela s'était produit du temps des Turcs) courait le risque d'être anéanti par les mauvais esprits. (*ibid.*)

Frombald confesse qu'il ne put « empêcher ces gens de mettre leur projet à exécution, ni par de bonnes paroles ni par des menaces », et de ce fait il rapporte qu'il se rendît avec le Pope de Gradiska dans le village de Kisolova et qu'il visita le corps déterré de Peter Poglojovitz :

> J'ai ainsi trouvé ce qui suit et je le rapporte avec la plus grande sincérité : du corps lui-même et de la tombe n'émanait pas la moindre odeur particulière aux morts ; le corps, à part le nez qui était tombé, se trouvait tout frais, les vieux cheveux, la barbe, les ongles même étaient tombés et avaient repoussé à neuf, la peau ancienne qui était blanchâtre avait pelé et produit une nouvelle peau toute fraîche [...]. (*ibid.*, p. 27)

La description se termine par une vision général du corps de Plogojovitz reconnaissant que toutes les parties comme le visage, les pieds et les mains « étaient tels qu'on n'aurait pu les imaginer plus parfaits de son vivant », et par la découverte, « [n]on sans étonnement », d'un peu de sang frais dans sa bouche « qui, selon ce que j'ai entendu dire, proviendrait de la succion des sujets tués par Peter Plogojovitz. *Tout compte fait, j'ai trouvé tous les indices que présentent en général les étranges personnes dont j'ai parlé*[12]. » (*ibid.*)

Le rapport se conclut par le désengagement d'une individualité étrangère hésitante, celle dudit Ernst Frombald, dont l'autorité est dépassée, voire surpassée par les actes d'une foule furieuse et effrayée :

> Le Pope et moi-même regardions ce spectacle quand la populace, de plus en plus furieuse et déterminée, a aiguisé un pieu avec l'intention de transpercer le corps du mort. Ils le lui ont enfoncé dans le cœur et cet empalement a entraîné un écoulement très abondant de sang tout frais, aux oreilles et à la bouche, mais aussi d'autres signes *sauvages* que je ne mentionnerai pas, par pudeur. Mais ils ont, selon la coutume en vigueur, brûlé ce corps tant de fois mentionné, acte pour lequel *j'implore le pardon s'ils ont fait une erreur en le commettant.* Je demande *qu'on ne m'impute pas* cette faute mais *qu'on en rende responsable la foule* que la peur et la colère ont mise hors d'elle-même.
> Signé : l'Officier Impérial du district de Gradiska[13]. (*ibid.*)

Nous avons par ce fait, un nom et des actes précis, sacrés : ce n'est pas un hasard si le mot est à ce moment-là employé pour la première fois dans la forme arrêtée que nous connaissons aujourd'hui[14] (lire plus loin). Et le fait que Peter Plogojovitz souhaite quitter Kisolova manifeste clairement l'idée d'un départ et d'un voyage, d'une propagation vampirique. Celle-ci est confirmée en 1732[15]. Le fait que le vampire réapparaisse cette année-là prouve la réalité de sa croyance, bien installée, à l'échelle de l'Europe. Mais nous le répétons : ce sont moins ceux qui témoignent que ceux qui rapportent les témoignages qui contribuent à la mise en place de la croyance mais également d'une fiction du vampire et d'un mythe, mythe au sens où Roland Barthes le définit en 1957 comme un discours qui circule :

> Qu'est-ce qu'un mythe, aujourd'hui ? Je donnerai tout de suite une première réponse très simple, qui s'accorde parfaitement avec l'étymologie : *le mythe est une parole.* (2010, p. 225)

---

12 Nous soulignons.

13 Nous soulignons.

14 Dans *Das Wienerische Diarium* : *„dergleichen personen (so sic Vampyri nennen)*"(de telles personnes, qu'on nomme aussi *vampyri*). Traduit par Danielle Sonnier dans Ranft, 1995, p. 26.

15 Entretemps, le vampire serbe Sava Savanović aurait aussi commis quelques méfaits dans le village de Zarožje (et en commetrait d'ailleurs de nouveaux depuis 2012) selon l'historien Milovan Glišić (dans *Posle devedeset godina / 90 ans plus tard*, 1880).

Le mythe est une parole, un langage qui contient des « conditions particulières[16] » de production, de diffusion pour devenir mythe. L'exemple du « rapport Flückinger » en 1732 surajoute au précédent et en est révélateur.

LES RAPPORTS GLASER ET FLÜCKINGER

Établi à propos d'une quinzaine de vampires qui auraient sévi dans un village serbe, le rapport étend, répand le vampirisme au-delà des frontières et trouve, voire met en place, une foule (de lecteurs, d'auditeurs) passionnée : le vampirisme dépend bien et d'une autorité qui le valide et de la masse. À la fin des années 1731, des habitants du village de Medwegya, en Serbie, au bord du fleuve de la Morava, près de la frontière turque, se plaignent de plusieurs morts mystérieuses dues au fait que ces morts ont été molestés par des vampires et un vampire en particulier, à la source de tout cela, Arnold Paole (orthographié « Arnont Paole » dans le rapport). Alors qu'une compagnie militaire autrichienne stationne non loin de cet endroit, son lieutenant-colonel Schnezzer a bruit de cette affaire par les villageois et décide d'envoyer Glaser, un *contagion-medicus*, médecin viennois en fonction à Parakin (proche de Medwegya, territoire turc de Serbie), pour enquêter sur ce qui s'est passé. Il arrive au lieu concerné le 12 décembre 1731 et fait son enquête. Puis il rédige un rapport très confus[17] pour Belgrade, qui semble rendre compte de sa propre confusion, du trouble et de la frayeur des habitants. Il enverra une copie à son père, médecin et correspondant viennois du *Commercium Litterarium*, qui le publiera en 1733. Dans son rapport, il n'est pas question de parler des exhumations des cadavres. D'ailleurs, il conclut principalement en expliquant le vampirisme par des symptômes de malnutrition causée par le jeûne des villageois orthodoxes et ne trouve aucune preuve de « maladie » naturelle épidémique contagieuse dans le village. Ce qui ressort de ce rapport ce sont les témoignages des villageois effrayés au point de se rassembler en masse dans des maisons pour y passer la nuit *ensemble* (devenant donc symboliquement un seul et même témoin), affirmant qu'au cours des six dernières semaines, treize villageois seraient décédés et se seraient trouvés en état de vampirisme[18].

---

16 L'histoire de la fiction sera la répétition de la réalité qui se dégage (ou non) de ces rapports (il y a une réalité aux vampires, mais il y a aussi des témoignages douteux).

17 Yovanovitch, 1911, p. 312.

18 Lire également : Mérimée, 1827, p. 138 et suivantes (qui citent Dom Augustin Calmet). Juste après la citation, Mérimée (écrivain-voyageur) raconte « un fait du même genre,

Botta d'Adorno, alors un des principaux administrateurs de la Serbie, intervient et participe par son statut à asseoir le vampirisme en Europe, en attestant comme ses prédécesseurs la véracité des témoignages et des faits, malgré toute l'invraisemblance qu'ils peuvent comporter. Même si certains réfutent la croyance aux vampires dans leurs propos, la simple démarche qui consiste à la rapporter prouve sa réalité *et* participe à sa diffusion. En 1732, Adorno ordonne une enquête médicale. Il procède à une sorte de visite identique à celle de Glaser et demande l'exhumation et l'examen des cadavres désignés, dont celui d'Arnold Paole, le 7 janvier 1732. Le chirurgien militaire Johann Flückinger est nommé par Adorno à la tête de cette commission qui se trouve appuyée par d'autres officiers. La « masse » d'autorité « attestante » gonfle jusqu'à devenir autoritaire et se conclut le 26 janvier par le rapport *Visum et Repertum* (*Vu et rapporté*) ou « rapport Flückinger » (car rédigé par ses soins)[19]. Signé par plusieurs autorités une fois l'enquête terminée, le rapport fait état de la terreur de la population, ainsi que d'une certaine réalité (où les cadavres-vampires s'accumulent) alarmante. Le point de départ est la mort, cinq ans auparavant, d'Arnold Paole, un habitant de ce village, qui se brise le cou en tombant d'une charrette de foin et qui racontait à plusieurs reprises au cours des années précédentes avoir été victime d'un vampire près de Cassowa dans la Perse Turque et où il aurait mangé de la viande contaminée. L'absence de précision définitive et l'entretien de l'hésitation inspirent l'horreur de l'événement. Vingt ou trente jours après sa mort, des gens se plaignent que le nommé Arnold Paole vient les tourmenter dans leur sommeil et qu'il a fait mourir quatre personnes, affligeant le village de sa malédiction : « 20 ou 30 jours après sa mort plusieurs personnes se sont plaintes d'avoir été tourmentées par le même Arnont Paule, et 4 ont été tuées par lui[20]. » Pour

---

dont [il a été] témoin, et qu['il] abandonne aux réfléxions de [s]es lecteurs. » Mérimée raconte avoir été témoin en 1816 dans le Vorgoraz, d'un phénomène vampirique lors d'un séjour chez un ami morlaque prénommé Vuck Poglonovich (la sonorité interpelle) qui lui offrit l'hospitalité. Un hurlement alerte un soir le narrateur et son hôte, la fille de ce dernier venant d'être attaquée par un vampire nommé Wiecznany. – Et Hock, 1900, p. 55. Où les mots *Vampyr* et *sich vervampyren* (devenir vampire) sont employés.

19 Notre analyse s'appuie principalement sur la retranscription modernisée du rapport par Klaus Hamberger, dans *Mortuus non mordet : kommentierte Dokumente zum Vampirismus 1689-1791* (1992, p. 49-54). Par ailleurs, nous possédons également la copie du rapport original manuscrite. Nous proposons une traduction complète de ce rapport en Annexe.

20 Nous traduisons. Texte original : *„In 20 oder 30 Täg nach seinem Todtfahl haben sich einige Leüth geklaget, daß sie von dem gedachten Arnont Paule geplaget würden ; wie dan auch*

mettre fin à ce danger, le heiduque conseille aux habitants de déterrer le vampire : quarante jours après la mort de celui-ci, on le trouve en parfait état de conservation, les chairs non décomposées, les yeux injectés de sang frais qui lui sort également par les oreilles et par le nez, salissant sa chemise et son linceul. Ce récit de descriptions anatomiques ressemble beaucoup, au point d'être le même, à celui du rapport Frombald. Mais dans ce rapport, la précision, la clarté et le détail des descriptions, auxquels s'ajoute la liste des personnes exhumées, et de leur état, sont récit de réalités. La répétition des faits (d'un rapport à l'autre, d'une personne exhumée à une autre) ne peut que pousser à croire.

Johann Flückinger définit méticuleusement les conditions qui permettent de conclure qu'un corps est soupçonné de vampirisme. L'écriture clinique commence par situer le lieu et définir le vampirisme. Suit le détail anatomique très précis des corps soupçonnés sous la forme d'une liste qui énumère treize cas de vampires et qui donne presque à chaque fois les noms. Flückinger développe d'abord le premier cas, ou cas zéro pourrait-on l'appeler, celui d'Arnold Paole – cela expliquant sans doute pourquoi son nom restera dans la postérité –, puis, de façon plus condensée, il développe la liste des treize cas suivants, qu'il numérote. Si nous nous arrêtons sur le détail anatomique c'est parce que le vampire est d'abord un corps, palpable, qu'il faut autopsier pour le définir, dont il faut voir l'intérieur pour en saisir la forme globale :

> 40 jours après sa mort, il [Arnont Paole] a été déterré et on trouvé qu'il était entièrement parfait et non décomposé ; que de même, du sang frais lui coulait des yeux, du nez, de la bouche et des oreilles ; que son drap, sa chemise et son cercueil étaient plein de sang ; que les anciens ongles des mains et des pieds, ainsi que la peau, étaient tombés et de nouveaux avaient poussés[21].

Ils trouvent donc des corps entiers et non décomposés avec du sang, autre matière visible devenant définitivement indissociable du vampire,

---

würcklich 4 Persohnen von ihme umbgebracht worden." (*ibid.*, p. 50). Je remercie grandement M. Bernard Franco, professeur à Sorbonne Université, qui m'a aidée à traduire cet extrait et les suivants en français.

21 Nous traduisons. Texte original : „*40 Täg nach seinem Todt ausgegraben, und gefunden, daß er ganz vollkommen und unverwesen seye ; auch ihme das frische Bluht zu den Augen, Nasen, Mund, und Ohren herausgeflossen, das Hemmet, Übertuch, und die Trugel ganz blutig gewesen ; die alte Nägl an Händen und Füssen, sambt der Haut abgefallen, und dargegen andre neue gewachsen seyn.*" (*ibid.*, p. 50).

qui coule de différents orifices, de leurs yeux, de leur nez, de leur bouche et de leurs oreilles. L'intérieur du cercueil est également couvert, sinon rempli de sang. Les ongles des pieds et des mains sont tombés et ont repoussé. L'accumulation de faits anatomiques post-mortem confirme la réalité vampirique, et la décision prise de décapiter et de brûler les corps, *selon la coutume*, valide la croyance et l'entretient. Nous sommes en 1732 et une visualisation très précise traduit puis transmettra une croyance. Ce texte médical et juridique ne se présente pas comme un texte qu'il faudrait lire au second degré : c'est un rapport qui a pour rôle d'établir et de recenser *médicalement* les cas de vampirisme et qui ne parle pas du tout de superstition. Cela est confirmé à la fin du rapport : le rapport est signé et attesté par la formule juridique « en tout et chaque point conforme à la vérité[22] ».

Dans ce rapport s'opère un glissement du « on dit que… » à la description anatomique précise : on commence par un début narratif qui résume les faits et donc justifie la présence de ce groupe médical, puis on détaille ces faits, les noms des personnes mortes. La précision descriptive est proche d'une sorte de portrait-robot du vampire, image qui sera récupérée et répétée à l'identique jusqu'à ce jour. Par exemple, la référence au sang s'ajoute à la présence incontestable du motif du cou : Arnold Paole meurt en se cassant le cou et puis attaquera, et les vampires après lui aussi, en mordant au cou. On décrit parallèlement les victimes (humaines et animales) de vampirisme et du vampire, des crises de panique qui surviennent le soir chez des jeunes personnes souffrantes. Leur description apporte l'ambiguïté d'un discours qui annonce la définition du cauchemar : une jeune fille en pleine santé nommée Stanacka est réveillée d'un sommeil profond à minuit, hurlant, pleurant, tremblant et se plaignant d'avoir été étranglée au cou par un heyduque nommée Milloe, mort neuf semaines plus tôt[23]. Après cela, elle souffre d'une forte douleur dans la poitrine, son état empirant d'heure en heure, avant de mourir le troisième jour. Alternent donc des descriptions précises et des énoncés qui semblent incomplets. Ce rapport est en lui-même une source de scènes dramatiques qui deviendront topiques.

La validation se fait par le nombre de rapporteurs, représentant une autorité *rationnelle* et un savoir compétent, réunis pour évaluer la réalité

22 Nous traduisons. Texte original : „*in allem und jedem der Wahrheit gemäß*". (*ibid.*, p. 54).
23 *Ibid.*, p. 50.

des faits, *et* de vampires « reconnus » : cinq rapporteurs dont trois médecins-chirurgiens, L.S. Johannes Fluchinger, L.S. J.H. Siegel, et L.S. Johann Friedrich Baumgarten, et deux lieutenants et officiers, L.S. Büttener, L.S. J.H. von Lindenfels, qui ont signé le 26 janvier 1732 à Belgrade, le document, pour près d'une quinzaine de vampires exhumés, « observés et examinés » („*visitet und examiniret worden*"[24]). Du côté des vampires, plusieurs prénoms de personnes se succèdent et alternent avec de rares anonymes (le fils de tel heyduque, un enfant de huit ans, etc.) dont le commentaire appuie la répétition de l'état précédent. Le rapporteur associe à chaque prénom l'âge, puis la description anatomique de l'état de vampirisation et les conditions de la mort. Le vampire est ouvert et autopsié et s'ensuit une description des organes et du système de circulation sanguine – dont on remarque toujours la vivacité – du cadavre *ouvert* :

> Après l'ouverture du corps, on trouva une certaine quantité de sang extravasé frais dans la poitrine. Les vaisseaux, artères et veines, ainsi que les ventricules du cœur n'étaient pas, comme c'est habituellement le cas, remplis de sang coagulé ; et tous les viscères, c'est-à-dire les poumons, le foie, l'estomac, la rate et les intestins étaient très frais, comme chez une personne en bonne santé. L'utérus était cependant très gros et très enflammé extérieurement, parce que l'arrière-faix et les lochies y étaient restés, ce qui avait causé un pourrissement. La peau de ses mains et de ses pieds, ainsi que les anciens ongles, étaient tombés d'eux-mêmes, mais d'un autre côté, en plus d'une peau fraîche et vive, des ongles complètement nouveaux étaient apparus[25].

L'emploi du latin (dans le texte original – voir note) pour énumérer les organes internes du corps, autopsiés, atteste de et ajoute à la validation de la valeur scientifique du rapport. Une non-contestation des faits dans

---

24 *Ibid.*, p. 54.

25 Nous traduisons. Texte original : „*Nach Eröfnung des Cörpers zeigete sich in Cavitate Pectoris eine Quantität frisches extravasirtes Geblüeth ; die Vasa als Arteriae et Venae nebst denen Ventriculis Cordis waren nicht, wie sonst gewöhnlich, mit coagulirten Geblüeth impleiret ; die sambtliche Viscera als Pulmo, Hepar, Stomachus, Lien et Intestina waren darbey ganz frisch, gleich bey einen gesunden Menschen ; der Uterus aber befand sich ganz groß, und externe sehr inflammiret, weillen Placendam, als auch die Lochias bey ihr geblieben, dahero selbiger putredine ware. Die Haut an Händen und an Füssen, sambt den alten Näglen fiellen von sich selbsten herunter ; herentgegen zeigeten sich nebst einer frischen und lebhafften Haut ganz neüe Nägl.*" (*ibid.*, p. 51). Dans le cas de Stana, nous remarquons une dimension genrée de la description de son corps : « L'utérus était cependant très gros et très enflammé extérieurement, parce que l'arrière-faix et les lochies y étaient restés, ce qui avait causé un pourrissement. » Nous remarquons une caractérisation sexuelle de la femme vampire. Stana, contaminée par un vampire, venait d'accoucher d'un bébé mort qui est devenu un bébé vampire.

le cas de ce rapport de Flückinger en est finalement déduite à la fin : les médecins procèdent à la mise à mort du vampire telle que la coutume le veut et par cet acte, ils participent et valident la croyance en la réalité du vampire : « L'examen de ces corps terminé, les têtes des vampires ont été coupées par les gitans locaux et ont été brûlées avec leurs corps, puis les cendres ont été jetées dans la rivière Morova. Les corps pourris ont été replacés en revanche dans leurs premières tombes[26]. »

Tandis que Frombald se détachait de tout acte « sauvage », Flückinger fait décapiter tous les vampires par les gitans, brûler les corps et jeter les cendres dans la Morava. Il est étonnant que ces scientifiques, médecins et officiers effectuent ce que nous verrons être les « actes de la croyance » mais sans doute qu'ils y croyaient à ce moment-là et n'avaient pas d'explications à donner au phénomène, ou souhaitaient apaiser la population. Les faits sont là, les noms apparaissent, les enchaînements et la conclusion scellés, enfin, le mot « vampire » naît et est diffusé dans l'Europe et le monde, par l'intermédiaire d'Adorno.

En effet, une fois qu'Adorno reçoit le rapport et en prend connaissance, il le transmet au Conseil militaire de Vienne. Les autorités qui transmettent leur rapport entament une diffusion de la croyance. Le rapport est publié en plusieurs langues et diffusé dans toute l'Europe par des médias qui rendent l'affaire publique, provoquant un débat à grande échelle dans certaines parties de l'Europe. Les gazettes, très importantes à cette époque, tant dans la noblesse que dans la bourgeoisie[27], contribuent à cette expansion-contamination géographique :

> Des mésaventures d'Arnold Paole à l'avènement de ce mythe, le chemin parcouru est le suivant : le vampirisme présent dans les rapports d'enquêteurs apparaît à Medwagya, de là passe à Belgrade, puis arrive à Vienne, ensuite gagne l'Allemagne (Leipzig, Berlin, etc.) avant de se répandre en France, en Angleterre et en Italie, véhiculé par des gazettes et des traités ou articles savants. Tout cela en l'espace de quelques mois. (Faivre, 1993, p. 51)

26 Nous traduisons. Texte original : „*Nach geschehener Visitation seynd denen Vampyren die Köpf durch die dasige Zigeuners herunter geschlagen, und sambt denen Cörpern verbrent, die Aschen davon in den Fluß Morova geworfen, die verwesene Leiber aber widrumb in ihre vorgehende Gräber geleget worden.*" (*ibid.*, p. 53).

27 Voir le *Mercure galant* puis le *Mercure de France*, dédié au Dauphin, puis au Roi, revue dont le nom fait référence au dieu Hermès/Mercure : le messager des dieux. La référence est déjà mythologique, et exprime le goût fantasmé de prolonger le travail des dieux, de transmettre une tradition.

Le rapport Flückinger ou *Visum et Repertum* est enregistré à Belgrade le 26 janvier 1732 et publié à Nuremberg quelques mois plus tard. L'affaire s'étend au-delà des frontières jusqu'au moins l'année 1746 où d'autres autorités la reprennent, comme le théologien Dom Augustin Calmet (lire plus loin). Une nouvelle masse manifeste très vite son intérêt : les cours royales et princières. M. de Bussy, ambassadeur de France à Vienne, à qui Louis XV avait demandé de se renseigner[28], envoie dès février 1732 des copies des rapports Glaser et Flückinger à Paris. Par l'intermédiaire de Calmet, nous apprenons également le vif intérêt de l'empereur Charles VI pour ces événements de Medwegya, puisqu'il prend connaissance de protocoles officiels sur d'autres cas similaires survenus en Moravie. L'empereur charge alors un célèbre professeur de médecine, Baier, directeur de l'*Academia Naturae Curiosorum*, autre autorité donc, de se prononcer sur la question problématique du vampirisme. Parallèlement, et ce dès le jour même où le *Visum et Repertum* est signé, un porte-étendard en service en Serbie, officier du prince Alexandre de Wurtemberg, le baron S. S. Von Kottwitz, écrit une lettre de Belgrade au professeur Michael Ernst Ettmüller à Leipzig où il demande une explication sur les phénomènes observés (Petersen, 2008a ; 2014). Joignant le rapport de Flückinger à son envoi, le baron rapporte dans sa lettre un autre cas de vampirisme. Il est question de deux frères hantés par un esprit vampirique ainsi que d'une relation charnelle entre un vampire et une femme en Serbie, à Kucklina[29], dont serait né

28 Selon Dom Augustin Calmet, Louis XV avait fait cette demande au duc de Richelieu avant que de Bussy s'en charge. Il écrit ainsi dans l'édition de 1746 de ses *Dissertations* : « j'ai appris d'un homme très éclairé [le marquis de Beauvau, mort en 1744] que le Roy Louis XV voulant savoir la vérité de ces faits, ordonna au duc de Richelieu son Ambassadeur à Vienne en Autriche, d'examiner exactement la chose, d'en voir les procès-verbaux et de lui en rendre compte. Le Duc se fit instruire de tout avec la dernière exactitude, et répondit au Roy que rien ne paroissoit plus certain que ce qu'on publioit des revenants de Hongrie. Les incrédules ne se rendirent pas et supplièrent le Roy d'ordonner de nouveau à son Ambassadeur de se transporter sur les lieux et de voir tout par lui-même. Il obéit et trouva dans tout ce qu'on disoit des vampires et des redivives, plus de prévention et d'imagination que de vérité » (p. 453-455). Le duc de Richelieu dément sèchement en octobre 1746 : « M. le duc de Richelieu, cité dans la [dissertation] [...] a souhaité qu'on avertit le Public, que jamais la Cour ne lui a donné d'ordres pour informer sur les Vampires ; que jamais il n'a rien écrit à la Cour sur cela ; qu'il n'a point fait de recherches à cet égard ; qu'en un mot il n'a donné aucune occasion à ce qu'on lui fait penser, dire ou écrire sur cette matière » (*Journal de Trévoux*, 1746, p. 579). Calmet fera prudemment disparaître le passage sur le duc dans les éditions suivantes. La vérité reste en suspend...

29 Nous apprenons que Kucklina est le village auquel se réfère von Kottwitz dans sa lettre sur les vampires. Ce dernier a envoyé sa lettre à un docteur en médecine à Leipzig,

un enfant monstrueux et mort-né (Petersen, 2008b). Les exemples de faits avec des noms s'accumulent. Mais encore, plus nous avançons dans le temps plus nous remarquons un rapport soit tronqué, soit résumé, soit traduit, et donc adapté.

Chronologiquement, ce rapport de mission est résumé, traduit approximativement en français, et publié par Jean-Baptiste de La Varenne dans *Le Glaneur historique, moral, littéraire et galant*, dès le 3 mars 1732. Son article titré « Question physique sur une espèce de prodige, dûment attesté » par un « appendice au vampyrisme », accrédite en 1732 en France l'existence des vampires. Le 11 mars *vampyres* est cité en Angleterre dans une colonne du *London Journal* qui, s'inspirant du *Glaneur*, offre une version écourtée du rapport sous le titre : "Extract of a Private Letter from Vienna." (p. 2), appuyée le 20 mai par un texte de dix pages dans un article[30] du n° 307 de *The Crafstman* qui publie une version du rapport Flückinger, qui cite l'article du *London Journal* comme référence, et qui ne fait apparaître que le début narratif du rapport sur Arnold Paole, suivie d'une polémique dirigée contre le gouvernement Whig alors dominé par Robert Walpole. La semaine suivante, le 27 mai, paraissent au même moment, un nouveau récit des événements de Medwegya, concernant Arnold Paole, dans le journal d'Appelbee, *Original Weekly Journal*, et un autre récit dans le *Gentleman's magazine*[31] ; soit deux articles qui sont une réponse à celui du *London Journal*, engageant un processus de répétition et d'intertextualité dans les journeaux londoniens. Le 29 mai, c'est au Danemark que le rapport est cité, dans *Nye Tidender om laerde og curieuse Sager.* Entre le 12 mars et le 10 septembre, la revue allemande *Wiener Diarium* publie près de 18 articles et lettres très documentés sur les vampires. Au mois de mai de cette même année 1732, le *Mercure de France* quant à lui publie une nouvelle traduction fidèle du rapport Flückinger sous la forme d'un essai de huit pages intitulée « Wampirs, fait singulier et des plus extraordinaires, s'il est vrai. » (HIPER., 1732, p. 890-898) L'article signé « HIPER- » suit la même structure de liste numérotée qui rapporte les différents cas de vampirisme et se termine

---

Michael Ernst Ettmüller (1673-1732), le même jour où Flückinger et son équipe ont signé le *Visum et Repertum*. Il a joint une copie du rapport et a fait référence à un autre cas qui s'est produit à Kucklina (ou Kukljin).

30 L'article est intitulé « Political Vampyres ». Lire plus loin sur le contenu allégorique de ces récits.

31 Sidney, 1732 et Urban, 1732, p. 750-752.

par la signature des médecins et officiers comme l'établit le rapport, sans que l'auteur ne donne son avis que le titre pose malgré tout.

Pour ce qui concerne la France, il semble qu'il faille attendre 1736 pour retrouver les vampires, dans le *Mercure historique et politique*[32]. Cet article français de 1736 qui suit un témoignage militaire (sous la forme d'une lettre) sur l'état des armées de Russie contre l'empire Ottoman, « reporte » les cas de vampirisme survenu à Kisilova et à Medreyga, soit les histoires de Peter Plogojovitz (non nommé) et celle d'Arnold Paole (la version *abrégée* du rapport Flückinger par Jean-Baptiste de La Varenne est inséré). L'auteur précise : « nous ne pouvons refuser de croire véritable un Fait attesté juridiquement, & par des Gens de probité ; outre qu'il n'est pas unique en ce genre » et informe qu'il joint une copie de « ce qui est arrivé en 1732, & que nous avons inséré alors dans le Glaneur du 3 Mars, N. XVIII[33]. » (1736, p. 200) Cet article sert de relais au passage du vampirisme en Italie qui voit également une publication du *Mercure historique et politique* en langue italienne.

À travers les revues et autres médias, il est ainsi possible de tracer non seulement un parcours géographique de la contamination, mais également un parcours chronologique.

TRANSMISSIONS ET PROCESSUS D(E RÉ)ÉCRITURE (MÉTAPHORIQUE)

Le vampirisme est une histoire de transmission, d'échanges, de références, comme la parole s'échange, se transmet. Dans plusieurs cas, tous les écrits se citent les uns les autres avec une préférence pour les rapports Frombald ou Flückinger, les deux références *princeps*. Le parcours réel du vampirisme se fait pratiquement sur une ligne droite : il commence *grosso modo* par les incidents de Peter Plogojovitz à Kisilova et d'Arnold Paole à Medwagya, puis il se déplace à Belgrade, ensuite à Vienne, et il gagne l'Allemagne qui commence, nous le verrons, à le poétiser. Il se répand donc, enfin, en Occident : la France, l'Angleterre principalement, et l'Italie, par l'intermédiaire d'articles qui entreprennent de *résumer* les rapports Frombald, Glaser ou Flückinger. Et tout cela est fait en l'espace de quelques mois, quelque mois qui constitueront le modèle

32 « De Hongrie », 1736, p. 199-203.

33 L'auteur de cette présentation serait le même que celui du *Glaneur* de 1732, à savoir Jean-Baptiste de La Varenne.

de déplacement géographique des futurs écrits de fiction vampirique, faisant du voyage aller Ouest-Est et retour Est-Ouest l'un des topoï les plus caractéristiques de l'histoire fictive des vampires.

Un autre versant, lié au pouvoir des autorités, de l'imagination vampirique touche l'emploi figuré et métaphorique des mots. L'article "Political Vampyres" du *Craftsman*, se présente dès l'année 1732 comme un premier exemple. Dans le cadre d'une conversation entre Mr D'Anvers (l'auteur de l'article, la voix qui rapporte la conversation), un médecin qui refuse les « histoires romanesque » (au sens de ce qui est fantaisiste) et une jeune femme adepte de sciences étranges et merveilleuses, une tendance à associer la femme au vampire pour dire l'éveil du désir et de la pulsion émerge à travers ce « rapport » qui note que pour l'un et l'autre des deux hommes il semble difficile de contredire une si jolie fille :

> Je vais maintenant restituer à mes lecteurs la substance de notre conversation concernant ce récit extraordinaire.
>
> L'essentiel du débat, lorsque je suis entré dans la pièce, se tenait entre un sérieux *Docteur en physique* et *une belle jeune Dame*, qui était une fervente adoratrice des événements étranges et merveilleux. Le Docteur tenta de ridiculiser de telles histoires romanesques, en les traitant comme de purs artifices utilisés par les *journalistes* pour remplir leurs papiers pendant la morte-saison, faute d'autres nouvelles. La *jeune Dame* confessa, avec beaucoup de modestie et de candeur, que de telles choses eussent fréquemment eu lieu ; mais restait cependant convaincue par la véracité de cette histoire, attestée par des *témoins indiscutables*. Elle fit la remarque que la *date*, le *lieu* et le *nom* de la personne concernée par cette affaire étaient notamment mentionnés ; qu'un authentique compte rendu semblait avoir été transmis à la Cour de *Vienne*, signé par pas moins de six personnes, dont quatre étaient des *Chirurgiens*, et les deux autres des *Officiers de l'Armée* ; que de tels gentilshommes étaient supposés avoir suffisamment de compétences pour ne pas être contraints dans une telle affaire, et trop d'honneur pour l'imposer à d'autres. À cela, le *Docteur* répondit, avec un léger dédain, que tous les *Chirurgiens* et les *Soldats* de l'univers ne pourraient lui faire croire qu'un *corps sans vie*, dont les puissances animales se seraient totalement éteintes, pourrait tourmenter les vivants, en *suçant leur sang*, ou en effectuant tout autre acte opérationel. Il ajouta, que cela était contraire à tout principe de philosophie, comme aux lois de la Nature ; et, selon moi, appuya quelque peu trop sur ce point contre une *jeune adversaire*, qui, par la couleur de ses joues, parut un peu bousculée et, avec un sourire méprisant, répondit : *bien bien, Docteur, vous pouvez dire ce qu'il vous plait ; mais aussi sage que vous prétendez être maintenant, il n'y pas si longtemps vous avez tenté de nous faire croire à une histoire, tout aussi ridicule et absurde. Vous n'avez certainement pas oublié,* Docteur, *dit-elle, la célèbre* Femme-lapin *de* Godalmin. – L'intelligence

> de cette réplique produisit chez la *Dame* un grand éclat de rire, et décontenaça quelque peu le *Docteur*. Puis, se tournant vers moi, avec un air de triomphe et de satisfaction : *Je suis sûre, dit-elle, Monsieur* D'Anvers, *que vous partagez mon opinion, et que vous croyez qu'il puisse exister de telles choses comme celles que l'on nomme les* VAMPYRES[34].

Le Doctor de la conversation considère cependant ces témoignages féminins comme des histoires ridicules, comme des artifices typiques de Nouveaux-Auteurs pour grossir leur papier et leur prestige à un moment de page blanche, de perte de souffle dans leur popularité. Après avoir cité un extrait du rapport *Visum et Repertum*, tel que le rapporta le *London Journal* deux mois avant, l'idée présentée sous la parole du médecin, rapportée par le journaliste du *Craftsman* (Mr. D'Anvers), est que nous sommes en terre orientale (il le souligne bien : « que le rapport, qui nous est présenté, vient de la partie Est du monde qui a toujours été remarquable pour son écriture dans le *style allégorique*[35] »),

34 Nous traduisons. Texte original : *"I shall now proceed to give my Readers the Substance of our Conversation upon this extraordinary Narrative. The Brunt of the Dispute, upon my entering the room, lay between a grave* Doctor of Physick *and* beautiful young Lady, *who was a great Admirer of strange and wonderful Occurrences. The* Doctor *endeavour'd to ridicule such romantick Stories, by treating them as the common Artifices of* News-writers *to fill up their Papers at a dead Season, for want of other Intelligence. The* young Lady *confess'd, with a good deal of Modesty and Candour, that she believed such Things were frequently done; but still infilled on the Truth of this Relation, which stood attested by such* unexceptionable Witnesses. *She observed that the* Time, *the* Place *and the* Name *of the Persons concern'd in this Affair were particularly mention'd; that an authentick Account of it appears to have been transmitted to the Court of* Vienna, *sign'd by no less than six Persons; four of whom where* Surgeons, *and the other two* Officers of the Army; *that such Gentlemen must be supposed to have too much Skill to be imposed up-on Themselves in such a Matter, and too much Honour to impose upon others. To this the* Doctor *reply'd, with some Disdain, that all the* Surgeons *and* Soldiers *in the Universe should never make Him believe that a* dead Body, *whose animal Powers were totally extinguish'd, could torment the living, by* sucking their Blood, *or performing any other active and operative Functions. He added, that it was contrary to all the Principles of Philosophy, as well as the Laws of Nature; and, in my Opinion, urged the Point somewhat too far against a* young, female Opponent, *who, by the Colour in her Cheeks, appear'd to be a little netded and, with a scornful Smile, return'd;* well, well, Doctor, you may say what you please; but as wise as you pretend to be now, it is not long ago that you endeavour'd to make us believe a Fact, equally ridiculous and abjurd. Surely, *Doctor*, said she, you cannot have forgot the famous *Rabbit-Woman* of *Godalmin*. – *The Smartness of this Reply produced an hearty Laugh on the* Lady's *Side, and put the* Doctor *somewhat out of Countenance. Then turning to me, with an Air of Triumph and Satisfaction,* I am sure, said she, Mr. *D'Anvers*, that you are of my Opinion, and believe there may be such Things as *VAMPYRES*." (*The Craftsman*, 1732, p. 122-123).

35 Nous traduisons. Texte original : *"that the Account, now before us, comes from the Eastern Part of the World, which hath been always remarkable for writing in the* allegorical Style" (*ibid.*, p. 124).

là où les Orientaux sont réputés pour leur *allegorical style*, leur tendance au conte, à la fable, mais qu'à travers cette imagination la réalité d'une souffrance et une critique apparaissent :

> D'ailleurs, nous devons considérer le fait que les États de Hongrie sont, à présent, sous la domination des *Turcs*, ou des *Allemands*, et sont gouvernés par un règne très dur ; ce qui les oblige à exprimer toutes leurs complaintes à travers des *caractères*, des *figures* et des *paraboles*. Je pense que vous ne douterez pas que cette histoire de *Vampyres* est à ranger parmi ces mêmes pièces, et qu'elle contient une satire secrète de l'administration de *ces pays*, lorsque vous tenez compte de ces détails[36].

Bien avant Voltaire et ses accusations envers les moines et les prêtres qui seraient les vrais vampires du Siècle (lire plus loin), si vampires il y a, ils sont métaphoriques. Le motif du voyage se précise et met en valeur l'importance de la « terre orientale » et de ses pouvoirs de fiction. Réalité politique et fiction culturelle se rejoignent pour parler du peuple placé sous une domination "vampirique", celle des Allemands et des Turcs qui deviennent des sangsues (*leech*) et des suceurs de sang (*blood-sucker*), et Arnold Paole qui aurait été employé comme agent de terreur par ses puissances ne serait qu'un instrument ministériel : « Il aurait pu être employé seulement comme outil ministériel, ou instrument d'oppression, sous le nom de grand Suceur de sang de l'État[37]. » On est soulagé qu'il n'ait été qu'un employé, car s'il avait été ministre il aurait vampirisé le monde.

Ce travail de métaphorisation du vampire, très vite (dès 1732) présent dans les écrits, constitue un des premiers travaux de réécriture, qui associe à l'image des titres du *Mercure Galant* ou du *Glaneur de Hollande* également appelé *Le Glaneur historique, moral*, [mais aussi tout ensemble] *littéraire, galant et calottin*, l'attrait galant, l'intérêt pour la galanterie. Le *Mercure Galant* appartient à la « littérature de cour ». La question qui se pose est celle de savoir comment le lecteur du XVIIIe siècle distingue

---

36 Nous traduisons. Texte original : "*Besides, it deserves our Consideration that the States of Hungary are, at present, under the Subjection of the* Turks, *or the* Germans, *and governed by Them with a pretty hard Reign; which obliges Them to couch all their Complaints under* Types, Figures and Parables. *I believe you will make no Doubt that this Relation of the* Vampyres *is a Piece of that Kind, and contains a secret Satire upon the Administration of* those Countries, *when you consider the following Particulars.*" (*ibid.*)

37 Nous traduisons. Texte original : "*He might have been employ'd only as a Ministerial Tool, or Instrument of Oppression, under some great Blood-Sucker of State.*" (*ibid.*, p. 125).

ce qui est de l'ordre de la réalité et du fictionnel, de l'attractif. Prenons l'exemple de la revue franco-hollandaise, le *Glaneur*.

Le récit du *Glaneur* serait une « traduction libre » en français ou plutôt une adaptation (Faivre, 1993, p. 52) du rapport Flückinger *Visum et Repertum* par Jean-Baptiste de La Varenne. Il serait un article ou alors une sorte de réponse sur une « Question » posée initialement en titre « sur une espèce de prodige, dûment attesté », et qui sera complétée le 17 mars par un « appendice au vampirisme ». D'abord l'emploi de l'adverbe « dûment » reste ambigu par sa nature même et peut attirer l'œil d'un lecteur sur l'aspect solennel que contient le mot. « Dûment » est un terme qui appartient au vocabulaire juridique et qui signifie « en bonne et due forme ». Il offre au sujet ou au verbe qu'il modifie le sens de ce qui est « comme il se doit (se devait) ; selon les règles, les formes requises par la loi », de ce qui, avec plus ou moins d'ironie, est « comme il convient (avec idée d'abondance) », de ce qui est « incontestable[38] ». Le sens ironique que peut avoir le mot peut jouer en la faveur de la fiction du vampirisme. Cette reprise, cette réécriture du *Visum et Repertum* peut être considérée comme un premier acte littéraire. Conformément à la structure formelle de la croyance aux vampires qu'on discute et valide, nous remarquons l'abondance répétitive de détails présents dans le rapport, qui rendent vivant le texte et offrent au lecteur un panorama des événements précédemment cités : par exemple, « Son Corps étoit vermeil ; ses Ongles, ses Cheveux & sa Barbe s'étoient renouvellés ; il étoit tout rempli d'un Sang fluide, & coulant de toutes les parties de ce Corps, sur le Linceul dont il étoit envelopé. » (La Varenne, 1732) Contrairement au rapport qui procède par énumération dramatique des événements mais surtout des noms des victimes, on ne s'attache qu'au nom d'Arnold Paole[39], qui devient une sorte de personnage principal, et à ceux des officiers et médecins « en charge » des vampires. En éliminant le nom des victimes, et en privilégiant à la fois le nom du vampire principal et ceux des scientifiques rapporteurs, une forme de narration se met en place selon un jeu sur le flou identitaire des victimes – qui peuvent être n'importe qui et dont l'absence de chiffres rend le malheur du vampire

38 Définition empruntée au Centre National de Ressources Textuelles et Lexicales (en ligne). Consultable sur http://www.cnrtl.fr/definition/d%C3%BBment [Dernière consultation : 12/01/2021].

39 Encore une autre graphie apparaît dans le *Glaneur*, qui ayant écrit pour la première fois le mot vampire, s'attache à franciser (à occidentaliser ?) toute forme étrangère.

beaucoup plus grand –, mais aussi selon un système manichéen du méchant vampire contre les gentils scientifiques. On parle de vampires et d'*heiduques*[40] dans ce récit au style alerte dénué de tout appareil critique. On remarque également l'importance de ce qui précède les cas de vampirisme : Arnold Paole avait déjà été vampirisé auparavant, il le raconte, il le répète, et nous pouvons supposer une forme d'emprise des esprits heiduques bien avant la propre vampirisation de Paole. En faisant véhiculer cette fiction du vampire, la hantise est donc contamination vampirique. La fiction du vampire dépend dans un premier temps de la voix, de la parole qui circule et fait circuler des « histoires » de vampires.

La fiction se propage de l'Orient à l'Occident, se fixe dans l'esprit des populations occidentales, et y fait germer des craintes et des peurs fantasmatiques comme la peur d'être enterré vivant par exemple. L'impact des récits *attestés* est considérable en France. Alors que la peur d'être enterré vivant se situe dans ces contrées, c'est en Occident qu'elle se développe, un Occident friand de ces récits d'enterrés non-morts qui se relèvent, et qui inspireront par la suite nombre d'écrivains[41]. À l'intérêt de la nouvelle masse que représentent les cours princières répond rapidement celui de la masse populaire (qui n'est plus autochtone) : les écrits ne sont plus réservés à la cour. Dans le cadre du XVIIIe siècle, les récits et les témoignages rapportés de revenants en corps associés aux discours médicaux participent d'une angoisse vampirisante, angoisse qui est croyance, dans l'esprit des lecteurs (par exemple ceux du *Mercure*). Il existe un « phantasme de l'enterré vif » qui est « signalé à la fin du XVIIIe siècle en France et en Prusse » et qui est rejoint par la démarche consistant à « [s]'assurer que le défunt est inoffensif lors de l'inhumation » (Oreskovic, 2010, p. 277-278). Pour nous, le vampirisme en est moins la conséquence que la cause, dans tous les cas il en est le symptôme. Mythe ou réalité, le vampirisme tel qu'il est apparu et s'est répandu durant

40 Le mot est marqué par une forte connotation de politique nationale mais il convient au lecteur de le savoir. Heiduque signifie : « 1. Membre d'une milice hongroise qui gardait la frontière de la Hongrie contre les Turcs, à la fin du XVe et au début du XVIe siècle. [...] 3. Patriote chrétien, serbe, bulgare ou roumain, membre des troupes irrégulières qui résistèrent au XIXe siècle contre l'occupant turc. » Définition empruntée au Centre National de Ressources Textuelles et Lexicales (en ligne). Consultable sur http://www.cnrtl.fr/definition/heiduque [Dernière consultation : 12/01/2021].

41 C'est le sujet principal de *L'inhumation prématurée / Premature Burial* une nouvelle d'Edgar Allan Poe datant de 1844. Le fait d'être enterré vivant devient un prétexte important de la fiction du XIXe siècle romantique et fantastique (popularisé notamment par Poe).

l'année 1732 en France est rejoint dix ans après par la *Dissertation sur l'incertitude des signes de la mort et l'abus des enterrements et embaumements précipités* de Jacques-Jean Bruhier d'Ablaincourt qui révèle et ajoute à l'émotion de peur du public ; émotion encore vive en 1752 et ce malgré la *Lettre sur la certitude des signes de la mort* par Antoine Louis[42]. Entre temps, Dom Calmet a publié sa *Dissertation sur les vampires* et, se référant à Bruhier d'Ablaincourt, écrit que les mouvements du corps sont expliqués par une mort incertaine, que des morts « de peste, de poison, de rage, d'ivresse & de maladie épidémique » sont sujets à revenir car on les enterre vite de peur que l'infection se propage ; que quelquefois on enterre ces morts alors qu'ils ne sont « pas bien morts » (1751b, p. 221). Dom Calmet tente de rationaliser le retour des morts mais, comme le remarque précisément Emmanuelle Sempère dans une étude consacrée aux *Dissertations*, « cette rationalisation ne fait que déplacer l'étrangeté » (2009, p. 74) qui demeure toujours, et selon nous, alimenter la croyance aux vampires. Puis en 1765, la question étant toujours très vivace, l'article « Mort » dans l'*Encyclopédie* de Denis Diderot offre un écho aux anecdotes issues du traité de Bruhier :

> Le traité important, quoique mal digéré, que M. Bruhier médecin a donné sur *l'incertitude des signes de la mort*, contient un recueil interessant et curieux d'observations, qu'il a pris la peine de rassembler et d'extraire de différents auteurs, qui prouvent que des *morts* mis sur la paille, dans la biere, & dans le tombeau même, en sont sortis vivans, après plusieurs jours.
>
> Mais ce qu'il y a de plus terrible, et qu'il est à propos de remarquer dans ces histoires, c'est que presque toutes ces résurrections naturelles sont l'effet d'un heureux hasard, ou d'un concours de circonstances inattendues. Ainsi une jeune fille morte de la petite vérole revint en vie, parce que le bedeau qui la portoit laissa tomber le cercueil, dont les vis mal unis se desassemblerent ; la secousse de cette chute fit donner à l'enfant des signes de vie ; on la rapporta chez elle, où elle revint en parfaite santé. *Traite de l'incertitude des signes de la mort,* § IV, *page 153. tome I.* Une femme du commun étant exposée sur la paille avec un cierge aux piés, suivant l'usage, quelques jeunes gens renversèrent en badinant le cierge sur la paille qui prit feu à l'instant : dans le même moment la morte se ranima, poussa un cri perçant, & vécut longtems après.

42 *Dissertation sur l'incertitude des signes de la mort et l'abus des enterrements et embaumements précipités*, écrite par Jacques-Bénigne Winslow, puis traduite par Jacques-Jean Bruhier d'Ablaincourt, 1742 ; Antoine Louis, *Lettres sur la certitude des signes de la mort, où l'on rassure les citoyens de la crainte d'être enterrés vivans. Avec des observations & des expériences sur les noyés*, 1752.

> *Ibid.* § IV. *page 68.* Plusieurs personnes enterrées avec des bijoux, doivent la vie à l'avidité des fossoyeurs ou des domestiques, qui sont descendus dans leurs tombeaux pour les voler ; les secousses, l'agitation, les efforts faits pour arracher les anneaux, pour les dépouiller, ont rappellé ces *morts imparfaits* à la vie. (1765, p. 719a)

Bientôt, la littérature s'empare de ces récits-témoignages macabres liés aux signes de la mort qui font débat au siècle des Lumières et contribue à *animer* l'obsession ambiante, à *faire croire* des lecteurs. Cette obsession « semble brusquement se manifester autour de 1755 dans les testaments de personnes nobles ou de bourgeois assez bien nantis pour exiger des précautions chirurgicales lors de la constatation du décès. » (Favre, 1978, p. 365-366) Il est question d'une forme de croyance, basculée du côté de la peur, validée par cette peur. Envisager d'être enterré vivant relève du même ordre, du même imaginaire, que le vampirisme ou la peur des vampires (qui signifient le retour des morts) qui considère cette possibilité et qui contient une très forte part de réalité.

Avant 1750, les preuves de cette peur sont très rares écrit Jean-Louis Bourgeon[43]. Or, à partir des années 1750, les mentalités évoluent notamment en ce qui concerne la religion : l'époque s'ouvre sur de nouvelles préoccupations[44]. L'irruption de l'irrationnel en plein cœur du siècle des

43 Bourgeon, 1983, p. 152 : « Nous pensons au contraire avoir démontré que cette demande (le report de funérailles de 48 h) relève en fait, jusque vers 1750, de mobiles variés et complexes, mais essentiellement religieux. Quant aux cas indubitables de peur, les pourcentages que nous suggérons pour la première moitié du 18e siècle (2 %) n'autorisent nullement à parler alors de "hantises" ou d'"obsession". » Ce fait d'être enterré vivant et la peur qui le concerne remonterait à la Renaissance. Ce qui est sûr c'est que nous en avons des traces importantes au XVIIIe siècle. Dom Calmet en fait une importante raison du phénomène vampirique (même si selon nous cela n'est pas suffisant à l'expliquer).

44 Michel Foucault nous apprend qu'à partir du XIXe siècle, quand « on a commencé à mettre les cimetières à la limite extérieure des villes », c'est une autre manifestation de cette hantise qui émerge, la place du cimetière dans la cité ou la ville : « Corrélativement à cette individualisation de la mort et à l'appropriation bourgeoise du cimetière est née une hantise de la mort comme "maladie". Ce sont les morts, suppose-t-on, qui apportent les maladies aux vivants, et c'est la présence et la proximité des morts tout à côté des maisons, tout à côté de l'église, presque au milieu de la rue, c'est cette proximité-là qui propage la mort elle-même. Ce grand thème de la maladie répandue par la contagion des cimetières a persisté à la fin du XVIIIe siècle ; et c'est simplement au cours du XIXe siècle qu'on a commencé à procéder aux déplacements des cimetières vers les faubourgs. Les cimetières constituent alors non plus le vent sacré et immortel de la cité, mais l'"autre ville", où chaque famille possède sa noire demeure. » Il remarque aussi une contradiction : « Au fond, il était bien naturel qu'à l'époque où l'on croyait effectivement à la résurrection des corps et à l'immortalité de l'âme on n'ait pas prêté à la dépouille mortelle une

Lumières accroît le nombre de testateurs anxieux en France (Bourgeon, 1983, p. 152)[45] qui, pour échapper à leur hantise et leur obsession laissent les recommandations nécessaires sur leur testament. Cette hantise concerne « surtout les milieux aristocratiques qui s'émeuvent, eux qui lisent, eux qui ont des caveaux funéraires et en auscultent les sourdes rumeurs, s'offrant parfois le luxe d'exhumations avec leur lot d'observations macabres. » (*ibid.*, p. 152) Si les lecteurs sont les milieux aristocratiques, nous serions alors à l'aube de la transformation du vampire qui de paysan deviendra un riche aristocrate. Le débat, le problème, la question des enterrés vivants ou en simple léthargie est très présente non seulement dans la seconde moitié du XVIIIe siècle (peu vraisemblable avant) mais également plus tard au XIXe, cela constituant le cauchemar à venir constitutif de la littérature fantastique (Delumeau, 1978, p. 84).

Un autre phénomène qui peut résulter de la contamination vampirique, d'une croyance préalable ou du processus du « faire croire » aux vampires du début du siècle, est le fait, qu'après 1760, nous trouvons encore des traces de témoignages, cette fois-ci de voyageurs qui partent non plus en tant qu'autorités allant constater les faits, mais en tant qu'explorateurs, visiteurs d'autres mondes qui ont leur propre croyance, leurs pratiques, leurs folklores. Dans les pays concernés par le vampirisme comme au Monténégro, les écrivains voyageurs soulignent la peur du retour du mort toujours actuelle au début du XIXe siècle et confirment cet élan vers la fabulation des habitants de ces contrées, la transmission par l'oralité et l'expansion de la peur. La littérature prendra le relais de ce mécanisme d'expansion de la croyance aux vampires. La question est de savoir à partir de quand intervient véritablement la littérature, si la notion de fiction en est sa principale définition et ce qui la distingue de ces autres écrits (une littérature dont le sens étymologique s'oppose à la réalité et devient péjoratif au XVIIIe siècle[46]).

Ces adaptations, traductions, résumés, interprétations et réécritures manifestent et expliquent sans aucun doute une nomination indéterminée

importance capitale. Au contraire, à partir du moment où l'on n'est plus très sûr d'avoir une âme, que le corps ressuscitera, il faut peut-être porter beaucoup plus d'attention à cette dépouille mortelle, qui est finalement la seule trace de notre existence parmi le monde et parmi les mots. » (Foucault, 1994, p. 758).

45 Nous devons toutefois éviter la généralisation car cela ne concerne pas l'ensemble de la population dont 90 % par exemple pour Paris meurent intestats.

46 Entrée « Littérature » (Rey, 2010, p. 1216).

du « vampire ». Au vampirisme on prête le nom de « curiosités », de l'allemand *curieuse*, dont le goût est très favorable à l'attrait des intellectuels de cette époque ; on parle de « striges » ou de « brucolaques » ; et notons la notion de « prodiges » chez les journalistes et autres critiques (comme plus tôt dans le *Glaneur*, ou les *Lettres juives*[47]).

RÉALITÉ(S) DES MOTS ET NOMS DU VAMPIRE

> Fragiles, instables, discutés, les mots que l'on fixait à l'au-delà diabolique fuient.
> Michel DE CERTEAU, *La Possession de Loudun*[48].

La question du « nom » des vampires a précédemment été abordée en mettant en valeur un processus d'identification du vampire qui démontre le fait qu'on donne de l'importance au phénomène, qu'on offre un effet de réel au vampire, ou qu'on prouve la réalité de la croyance aux vampires fondée sur des faits réels, à partir du moment où le vampire est nommé, qu'il a une identité. Définir le vampirisme n'est pas chose facile, même les étymologistes ne s'entendent pas sur l'origine du mot « vampire ». La part de réalité contenu dans le mot définitif manifeste et relève d'une multiplicité terminologique et d'une polysémie qui font du vampire un paradoxe, une ambivalence et une incertitude lexicales. Le vampirisme est une Histoire lexicologique. Une fois que le mot « vampire » est fixé, le vampire est né écrit Jean-Claude Aguerre dans sa thèse en 1981. Cette « naissance », imposée par l'apparition du mot, serait alors synonyme de « réalité ». L'apparition du mot s'accompagne du désir de le définir,

47 L'auteur des *Lettres juives* se montre assez sceptique et cherche à donner des explications psychologiques et « physiques » des phénomènes observés. Il est vrai que le marquis d'Argens déclare : « Je supposerai pour un temps qu'il meurt réellement plusieurs personnes du mal qu'on appelle du vampirisme » (Boyer d'Argens, 1736, p. 57), mais il fait tout pour prouver le caractère mystérieux de cette croyance.

48 Certeau, 1970, p. 67.

de lui donner un univers (de croyances mythologiques ou mystiques, géographique, religieux notamment), de le faire appartenir à un champ lexical ou à une famille lexicale : de le *réaliser.*

L'origine du mot « vampire » est obscure comme le remarque Katharina M. Wilson, en 1985, dans son article "The History of the Word 'Vampire'" : "*Like the legend of the living dead, so the origin of the word 'vampire' is clouded in mystery*[49]." (1985, p. 577) Aujourd'hui, pratiquement tous les chercheurs ou ceux qui ont pensé la question s'entendent à mettre en valeur (par précaution sans doute) cette obscurité terminologique. Katharina M. Wilson confirme cependant que le mot viendrait d'une origine slave et plus précisément du mot bulgare « Upir ». Elle distingue plusieurs « écoles étymologiques » : turque, grecque et slave notamment[50]. L'étymologie de ce mot est aussi très controversée et à ce jour, la question n'a jamais été vraiment départagée.

---

49 Nous traduisons : « Tout comme la légende des morts-vivants, l'origine du mot "vampire" est ainsi couverte de mystères ».

50 Katharina M. Wilson distingue donc trois groupes de théoriciens-linguistes (1985, p. 577-578). Le premier groupe de théoriciens qui a travaillé sur l'étymologie du mot "vampire", écrit-elle, est constitué de Franz Miklosich et ses adeptes, Montague Summers et Stephan Hock notamment, qui ont fait de lui une source autoritaire. Miklosich est un linguiste autrichien de la fin du XIXe siècle qui "suggests in his influential work *Etymologie der Slavischen Sprachen* that the word 'vampire' and its Slavic synonyms 'upior,' 'upier,' and 'upyr' are all derivaties of the Turkish 'uber' (witch)." (« suggère dans son ouvrage *Etymologie der Slavischen Sprachen* que le mot "vampire" et ses synonymes "upior", "upier" et "upyr" sont tous dérivés du turc "uber" qui en turc signifie sorcière. ») Le deuxième groupe se rapproche d'une origine classique du terme selon elle : "Summers, for instance, refers to an unidentified authority claiming the Greek verb πι to drink as a possible source for 'vampire.'" (« Summers par exemple se réfère à une autorité incertaine pour dire que le verbe grec πι qui signifie "boire" serait une source possible au mot vampire. ») Enfin, le troisième groupe défend une origine slave du mot. Il s'agit de la théorie qui a été admise comme la plus universellement fiable : "the root noun underlying the term is considered to be the Serbian word 'BAMIIUP'. Kluge, Falk-Torp, the Grimm brothers, Wick, and Vaillant all point to the Serbian origin of the word as do, for example, the *OED* (London, 1903), the German *Brockhaus*, the Spanish *Encyclopedia Universal Illustrada* (Madrid, 1930-1933), and the *Swensk Etymologisk Ordbok* (Lund, 1934-1954). Maszynski's suggestion that the Serbo-Croatian verb 'pirati' (to blow), contains the stem for 'vampire'. A quite convincing case for the Bulgarian origin of the word is made by A. Brückner in his 1934 article 'Etymologien.' He contends the Serbian term 'vampire' is only a borrowing from Bulgarian via Greek. Thus, the Serbian 'BAMIIUP', appears to have served merely as a transmitter, but is not the root of the term." (« Le mot viendrait de la racine du mot serbe "BAMIIUP". Kluge, Falk-Torp, les frères Grimm, Wick, et Vaillant, tous admettent l'origine serbe du mot comme le fera par exemple le *OED* (London, 1903), le *Brockhaus* allemand, l'*Encyclopedia Universal Illustrada* espagnol (Madrid, 1930-1933), et

Toute l'histoire de la naissance du vampirisme s'est créée sur des ambivalences, de mauvaises interprétations de mots et une polysémie de différents mots. Le vampire apparaît alors comme un conte horrifique qui aurait inspiré les frères Grimm, semblable à celui du nain tracassin Rumplestiltskin, où il est impératif de trouver le nom du kobol maléfique, de le nommer, pour le conjurer ou, dans notre cas, aggraver la situation (d'épouvante). Nous constaterons des dispositions de la réalité du mot. Le nom, le mot recouvrent plusieurs réalités très diverses. Le vampire est, nous allons le voir, figure inversée du Christ, et en tant que tel on pense le vampire comme indéterminabilité à travers les noms. On aura alors une approche métaphorique ou comparative, ou par traits caractéristiques (les stryges, ou les femmes avec des pieds de cheval) renvoyant à certaine vérité : la peur de l'homme effrayé par le désir féminin par exemple. Nous y venons.

Le penseur précurseur des Lumières Pierre Bayle s'interroge en 1682, dans le paragraphe 20 de la *Continuation des Pensées diverses à l'occasion de la Comète*, sur la considération des hommes pour les signes (en prenant l'exemple de la Grande Comète de 1680), et fait preuve d'une critique sans faille contre la religion et plus particulièrement le catholicisme qu'il considère comme une superstition ridicule, une croyance des hommes faibles mais entretenue par les plus Grands (les princes et les clercs). Il écrit :

> Il n'y a rien de plus facile que de connaître qu'il y a un Dieu, si vous n'entendez par ce mot qu'une cause première et universelle. Le plus grossier et le plus stupide païsan est convaincu que tout effet a une cause, et qu'un très grand effet suppose une cause dont la vertu est très grande… Il ne suffit, donc point de connaître qu'il y a un Dieu, il faut de plus déterminer le sens de ce mot et y attacher une idée, il faut, dis-je, rechercher quelle est la nature de Dieu, et c'est là où commence la difficulté. (1732, p. 79)

Il ne s'agit donc pas de savoir qu'il y a un Dieu, il faut déterminer le sens de ce mot et y attacher une idée, rechercher sa nature : il faut

---

le *Swensk Etymologisk Ordbok* (Lund, 1934-1954). Maszynski suggère que le verbe serbo-croate "pirati" (souffler), contient la racine de "vampire". Un exemple assez fiable qui expose une origine bulgare au mot est donné par A. Brückner dans son article de 1934 "Etymologien." Il soutient que le mot serbe "vampire" est seulement un emprunt du bulgare, par le grec. Ainsi, le serbe "BAMIIUP", apparaît comme ayant simplement servi comme transmetteur mais ne constitue pas la racine du mot. » Katharina Wilson fait référence notamment au texte « Die Vampyrsagen und ihre Verwertung in der deutschen Literatur » du théoricien Stephan (ou Stephen selon les versions) Hock (1900, p. 1-133).

le penser, le connaître raisonnablement, et seulement après Dieu peut exister. Si nous déplaçons ce commentaire au vampire, il semble en être de même pour le vampire ou Vampire. Le mot contient sa présence, son existence, mais cela seulement grâce à l'idée qu'on a de lui, à sa nature d'être. Le Vampire est donc un signe, un contenant également.

Le chapitre précédent mettait en évidence une géographie du vampire, en fonction des endroits où ses apparitions ont été signalées et décrites. Ce déplacement migratoire fait que le mot est récupéré par tous. Spectre, revenant, apparition, cadavre[51] : le vampire prend déjà par ces mots une forme hybride, complexe, incertaine. Les définitions compteront pour beaucoup dans cette complexité et cette hybridité, l'incertain étant contenu dans le mot… qu'il est finalement difficile de définir.

Nombreux sont les auteurs modernes à soutenir que le vampire existe depuis la nuit des temps, qu'on ne le rencontre pas seulement en Europe centrale. Les premières « rumeurs » qui évoquent des morts qui se relèvent de leur tombeau pour aller sucer le sang des vivants et dont le corps aurait été retrouvé intact dans leur cercueil dateraient du XIe siècle. La créature serait d'abord antérieure à son appellation selon certains chercheurs, ce qui ajoute une complexité supplémentaire, pour nous, de délimiter la croyance aux vampires. Mais cette complexité est cependant révélatrice d'une caractéristique inconsciente du vampire qui est une distinction entre le mot et l'être qui auraient donc originellement une vie, une présence dissociable. Le vampire est déjà une présence absence, un être « pas encore là », caractéristique qu'exploiteront les futures fictions. Jean Marigny note que bien que le vampire soit essentiellement rattaché aux croyances traditionnelles des pays slaves, son alliance avec le « mythe » du sang situe son origine dans la Haute Antiquité : « sa première trace tangible est un vase préhistorique découvert en Perse et orné d'un dessin : un homme aux prises avec un être monstrueux essayant de lui sucer le sang » (2010, p. 14). Roland Villeneuve quant à lui écrit qu'on peut le trouver à la Préhistoire, que « la croyance aux vampires remonte aux terreurs que l'homme des cavernes éprouvait à l'égard de l'au-delà » (1970, p. 85). Il est intéressant de noter une mésentente qui traverse les siècles : bien avant, Dom Augustin Calmet, au XVIIIe siècle, note dès le début de la préface de sa *Dissertation sur les revenans en corps* que « [l']Antiquité n'a certainement rien vû ni connu de pareil. Qu'on

51 Calmet, 1751b, p. 31-36.

parcoure les Histoires des Hébreux, des Égyptiens, des Grecs, des Latins ; on n'y rencontrera rien qui en approche. » (1751b, p. VI) Dom Augustin Calmet nie une croyance comparable au vampirisme dans l'Antiquité tandis que pour Antoine Faivre, historien du XXe siècle, « contrairement à ce que disait Voltaire dans son dictionnaire philosophique, la croyance au vampirisme existe depuis la plus haute antiquité. » (1962, p. 25)

Pour d'autres, il est possible que les morts-vivants suceurs de sang appartiennent à la Chine du VIe siècle avant J.-C. Pour d'autres, ce serait les îles Britanniques qui, dès le XIIe siècle, auraient connu les premières manifestations de vampirisme au sens propre du terme, c'est-à-dire l'apparition de morts-vivants qui reviennent matériellement et sucent le sang des vivants[52]. Avant d'être appelés « masticateurs » par Michaël Ranft, ou encore « revenants-en-corps » par Dom Augustin Calmet, ou même enfin vampires, ils étaient appelés à cette époque : *cadaver sanguisugus.* Ainsi, dans les deux ouvrages (pré-ranftiens), *De Nugis Curialium distinctiones quinque* de Gautier Map (1193) et *Historia Regis Anglicarum* de William de Newburgh (1196), nous lisons que des morts, excommuniés, sortent chaque nuit de leur cercueil « pour tourmenter leurs proches ou pour provoquer des morts suspectes en série. En ouvrant leur cercueil, on trouve le cadavre intact et maculé de sang, et le seul moyen de mettre fin au maléfice est de brûler le corps après l'avoir transpercé à l'aide d'une épée[53] ». Toutes ces tentatives investigatrices ne sont cependant *a posteriori* que vaines car dépendantes du seul rapport au sang (les furies, les empuses, les lamies, sont des divinités sanguinaires que nous verrons proches du vampire) et à la dévoration (le vampirisme se confond avec le cannibalisme également). Comme le remarque Jean-Claude Aguerre, de nombreux récits se sont enchaînés, mettant en scène des démons ayant peut-être beaucoup de similitudes avec le vampire, mais qui ne semblent pas lui correspondre. Ils ne sont pas encore « vampires ».

Le mot se répand à la fin du XVIIe siècle et se teint d'authenticité. Nous ne pouvons affirmer une première occurrence du mot vampire en allemand tant les écrits sur les vampires ont abondé, au moins depuis, sinon avant les années 1720, où le mot apparaît dans le rapport Frombald qui est publié dans le numéro 58 du *Wiener Zeitung*, le 21 juillet 1725

52 Marigny, 2010, p. 23-24.

53 Cité et traduit par Marigny (*ibid.*).

(cité précédemment)[54]. Ce qui est sûr, c'est que la première occurrence du vampire en France date de la fin du XVIIe siècle, et plus précisément de mai 1693. Deux remarques se présentent, qui sont deux points de développement, un sur l'étymologie et un sur l'association et la famille lexicale. D'abord, cette première occurrence on l'a dit n'est pas arrêtée à *vampire*, mais à *upierz*[55]. De plus, il est question de « Corps morts » et de « Striges » : l'auteur fait appel à un imaginaire déjà construit sur un être dans l'esprit des hommes. Le vampire s'est construit sur des éléments et des êtres qui existaient déjà. En 1694, on parle des « Stryges de Russie » pour désigner la *manifestation* vampirique, mais c'est l'année 1732 qui accrédite et reconnaît en France l'existence des vampires, et fait apparaître pour la première fois, nous l'avons vu, le mot *vampyre*, qui entre dans la langue française le 3 mars 1732, dans l'article du *Glaneur en Hollande*, « Question physique sur une espèce de prodige, dûment attesté » par un « appendice au vampyrisme » :

> Dans un certain canton de la *Hongrie*, nommé en latin *Oppida Heidonum*, au-delà du *Tibisque*, *vulgò Teysse* ; c'est-à-dire, entre cette Rivière qui arrose le fortuné Terroir de *Tockay*, & la *Transilvanis*, le Peuple, connu sous le nom de Heyduque, croit que certains Morts, qu'ils nomment *Vampires*, sucent tout le sang des Vivans ; en sorte que ceux-ci s'exténuent à vue d'œil, au lieu que les Cadavres, comme des Sangsués, se remploient de sang en telle abondance, qu'on le voit sortir par tous les Conduits, & même par les Pores. Cette opinion vient d'être confirmée par plusieurs faits, dont il semble qu'on ne peut douter, vu la qualité des témoins qui les ont certifiés. (La Varenne, 1732)

Les formes du mot se succèdent. En slave (russe, polonais, tchèque, serbe et bulgare), la forme est plus ou moins la même à quelques variantes près : *vapir*, *vepir*, en ukrainien *vepyr*, *vopyr*, *opyr*, en russe *upir*, *upyr*, en russe du sud *upuir* et en polonais *upier*. En slave, le mot se rattache à la racine *pi-* « boire » (par exemple le russe *pit'*, polonais *pic'*), plus précisément aux verbes dérivés russes *vy-pit'*, polonais *wy-pic'*, « boire tout, boire jusqu'au bout » ou polonais *u-pic'* « boire un peu », *upic'sie* « s'enivrer », russe *upit'sja* « s'enivrer » (Aguerre, 1981, p. 20). De là, il n'y a qu'un pas jusqu'au français *vampire*. Si le vampire est comme Dom Calmet le dit, un mort réputé pour grogner comme des porcs dans son tombeau, il est possible selon William Shedden Ralston de se rapprocher du lithuanien

54 Comme le remarque Jean-Claude Aguerre, il semble très étonnant que la France ait connu le mot « Upier » avant l'Allemagne (1981, p. 37-38).

55 *Mercure Galant* (1693, p. 62).

vempti qui signifie « boire » ou *vempti, vampiti* : grogner, gronder[56]. Mais rien n'est certain, comme si chaque auteur souhaitait être à l'origine de la découverte la plus plausible. La thèse de Jean-Claude Aguerre est sur ce point étymologique[57] particulièrement intéressante : l'apparition du mot *fait* l'apparition du vampire, sa naissance, et donc, pour nous, sa réalité (en tant que croyance, en tant que phénomène localisé, défini et déterminé) :

> Nous le répétons le vampire est strictement un phénomène du XVIIIe siècle. Que la terreur de l'au-delà soit éprouvée de tout temps et en tout lieu, même par l'homme préhistorique, nous ne le contesterons pas, mais nous refuserons l'assimilation en bloc de cette terreur avec le vampire. Nous refuserons de la même manière l'attribution du terme vampire à des entités qui lui ressemblent plus ou moins. Nous le séparerons nettement du loup-garou, en précisant les connexions qu'il possède malgré tout avec celui-ci. (Aguerre, 1981, p. 13)

D'autre part, nous soulignons cette tendance à mettre des guillemets à tous les noms possibles du vampire : une fois qu'une chose est nommée, elle est identifiée (ou inversement). Cette identité terminologique lui confère une réalité, une certaine existence qui consolide une croyance et crée des effets de réel.

---

56 Ralston, 1872, p. 410 : "*The name itself has never been satisfactorily explained. In its form of* vampír *[South-Russian* upuír, *anciently* upír*], it has been compared with the Lithuanian* wemptî *= to drink, and* wempti, wampiti *= to growl, to mutter, and it has been derived from a root* pî *[to drink] with the prefix* u = av, va. *If this derivation is correct, the characteristic of the vampire is a kind of blood-drunkenness. In accordance with this idea the Croatians call the vampire* pijawica*; the Servians say of a man whose face is coloured by constant drinking, that he is bloodred as a vampire; and both the Servians and the Slovaks term a hard drinker a* vlkodlak. *The Slovenes and Kashubes call the vampire* vieszcy, *a name akin to that borne by the* witch *in our own language as well as in Russian, The Poles name him* upior *or* upir, *the latter being his designation among the Czekhs also.*" Nous traduisons : « Le nom lui-même n'a jamais été expliqué de manière satisfaisante. Dans sa forme de *vampír* [Russie du sud *upuír*, anciennement *upír*], il a été comparé avec le lituanien *wemptî* = boire, et *wempti, wampiti* = gronder, murmurer, et il a été dérivé d'une racine *pî* [boire] avec le préfixe *u = av, va*. Si cette dérivation est correcte, la caractéristique du vampire est une sorte d'ivresse sanguine. Conformément à cette idée, les Croates appellent le vampire *pijawica* ; les Serbes disent d'un homme dont le visage est coloré par la consommation constante d'alcool, qu'il a le teint rouge sang comme un vampire, et les Serbes et les Slovaques appellent un grand buveur un vlkodlak. Les Slovènes et Kashubes appelent le vampire *vieszcy*, un nom semblable à celui porté par la sorcière dans notre propre langue aussi bien qu'en russe. Les Polonais le nomment *upior* ou *upir*, ce dernier étant sa désignation parmi les Czekhs également. »

57 Nous conseillons au lecteur, s'il s'intéresse à ce travail de recherche très scrupuleux et admirable, de se reporter à la totalité du chapitre sur l'étymologie du mot *vampire* de Jean-Claude Aguerre.

Les incertitudes des données (dates, lieux) participent à la création du mystère et à son entretien, cela faisant partie du vampirisme. Danielle Sonnier dans la préface au texte de Michaël Ranft dans l'édition de 1995 se demande : parle-t-on de Kisolova ou de Kisilova ? de Michaël Ranft ou de Rauft (Sonnier, 1995, p. 7) ? :

> Ces deux incertitudes de la tradition sont le symptôme inquiétant et un indice mineur qui permet de définir un des traits distinctifs du vampirisme : ne s'agit-il pas essentiellement d'une maladie orale ou plutôt d'une *maladie de l'oral*, ouvrant, par *l'approximation*, l'invention et le *goût du récit*, la voie à toutes les dérives ? (*ibid.*)

Le soupçon s'étend donc à l'existence même de l'auteur Michaël Ranft ou Rauft, qui trouve lui aussi son nom graphiquement écorché et diverge sous la plume de ses commentateurs. À travers ces soupçons graphiques, le sentiment de vérité s'atténue et les incertitudes originelles s'y mêlent, avec le risque, ou le désir, de brouiller les pistes, pour sans doute entretenir la croyance[58]. Les questions sur la réalité dans et de la croyance étaient notables bien avant et accentuaient l'identification géographique du vampire par le mot : dans le *Mercure de France* de mai 1732 on rapporte le cas d'Arnoud-Parte à Médugion (HIPER., 1732, p. 891), et chez Dom Calmet, il est question du cas d'Arnold Paul à Médreïga (1751b, p. 42). Dans les années 1950, Tihomir R. Dordević situe le « cas de Kisilova » ou Kisiljevo (Peter Plogojovitz[59]) à Kisileva en 1725, et le « cas de Medreiga » (Arnold Paole) que nous trouvons dans le rapport Flückinger avec la graphie Medvegÿa (dans le manuscrit originel) et Medwegya (retranscription par Klaus Hamberger[60]), dans le village Medveca en 1731/32[61]. Les incertitudes graphiques participent alors de la structure de croyance formelle aux vampires et de sa contamination : l'incertitude appelle l'enquête ou l'explication, répétée quand la première est insatisfaisante. Et ainsi de suite.

---

58 Lire également l'article de Álvaro García Marín, “Imperial Provisor Frombald's First Name – Discovered” (2020) sur l'enquête qui mena à découvrir le prénom de Frombald, découverte qui donna plus de poids au témoignage selon nous.

59 Voyslav M. Yovanovitch l'appelle du nom franco-slave Pierre Blagoyévitch.

60 « À propos des ainsi nommés Vampires ou suceurs de sang, comme cela s'est produit à Medwegya, en Serbie, sur la frontière turque, le 7 janvier 1732. » Rapport Flückinger retranscrit dans Hamberger, 1992, p. 49 („*Über die sogenannte Vampyrs oder Blutaussaugers, so zu Medwegya in Servien, an der türckischen Gräniz, den 7. Januarii 1732 geschehen.*“).

61 Dordević, 1953 (traduit par Köpeczi, 1980, p. 134).

Dans la perspective de prolonger l'investigation, Olivier Guy Tailleur dans les années 1950 tente également de trouver une origine au mot qui aurait été *fabriqué* par assemblage de mots au XVIIIe siècle (Aguerre, 1981, p. 20). Entreraient alors dans sa composition l'*oupir* slave et l'*empusa* grecque[62] (dont la racine *po-* signifie « boire », *cf. empotos* « potable »), et les slaves, trouvant chez l'empuse grecque des caractéristiques communes à leur revenant en corps, auraient fusionné les deux. D'autant plus qu'ils se servaient déjà du mot *oupir* (« boire », « s'enivrer ») pour désigner ces êtres comme le précise Dom Augustin Calmet[63]. Cette contraction permet ainsi d'expliquer le *m* (de vamp-) qui ne fait pas particulièrement partie des racines slaves (Aguerre, 1981, p. 22). Il y a donc une tentative d'expliquer l'apparition du mot *vampire* qu'il est impossible d'approfondir tant l'incertitude (aussi liée à la barrière de la langue) que comportent les explications des théoriciens sont larges, toutes aussi importantes les unes que les autres, même et surtout si certains auteurs comme Stephan Hock ne fournissent aucune référence permettant de vérifier la fiabilité ou la véracité de leurs propos (1900, p. 5)[64]. Les uns et les autres semblent se rejoindre dans une danse où la règle serait de dire soit autre chose, soit que c'est faux.

L'origine du mot étant très incertaine, on offre plusieurs appellations, on attribue plusieurs ancêtres, plusieurs parents, plusieurs identités au vampire. Les noms et les appellations se sont enchaînés[65] ou ont parfois cohabité pour prévenir ou annoncer le vampire : l'appeleur[66],

---

62 Spectre envoyé par Hécate, la Lune. Il rejoint Montague Summers à ce sujet.

63 « … on leur donne le nom d'Oupires ou de Vampire, ce qui signifie, dit-on en Esclavon une Sang-Suë. » (Calmet, 1751b, p. 2).

64 Également, Yovanovitch, 1911, p. 310.

65 Cette liste reprend celle établie et développée par Claude Lecouteux dans *Histoire des Vampires* (1999). Notamment les chapitres « Les précurseurs des vampires » et « Les dénominations des vampires ».

66 Mapes, 1850 [1193], p. 103. En 1703 (manuscrit), Charles-Ferdinand de Schertz expose et examine en tant que jurisconsulte les événèmenets liés à l'apparition d'un pâtre du village de Blow, près de la ville de Cadan (ou Kadam) en Bohême, qui parut pendant quelque temps, et qui appelait certaines personnes, lesquelles ne manquaient pas de mourir dans la huitaine. Nous consultons la version manuscrite de ce témoignage publié en 1704 dans *Magia posthuma per juridicum illud pro & contra suspenso nonnullibi judicio investigata à Carolo Ferdinando de Schertz, aerae salutiferae ubi paciscendum* (Olmütz). – Lire également l'ouvrage de l'avocat Joseph Bizouard, *Des rapports de l'Homme avec le démon, essai historique et Philosophique* (1864, p. 50). – En 1751, Dom Calmet cite un ouvrage de Léon Allatius qui écrivait au XVIe siècle que dans l'île de Chio, les habitants ne répondent pas lorsqu'on les appelle deux fois, car ils ont en tête que les broucolaques ne peuvent les appeler qu'une seule fois, et que si une personne répond, le spectre disparaît mais elle

le frappeur[67], le visiteur[68], l'affamé[69], le nonicide[70], l'appesart[71] ; le cauchemar, l'incube ou le succube[72] ; l'étrangleur[73], le mâcheur[74], le revenant à forme animale[75]. Il est aussi appelé : vârkolac[76], grobnik[77],

---

meurt au bout de quelques jours. On raconte la même chose des vampires de Bohême et de Moravie. (1751b, p. 125).

67 Klapper, 1909, p. 88.

68 Boyer d'Argens, 1736. Il parle d'un visiteur (p. 61) et d'un étrangleur (p. 59).

69 Les précurseurs des morts-vivants. Voir une première occurrence chez Philostrate et la notion d'*empuse*, dans *Vie d'Appollonios de Thyane* IV (1963, p. 1158). Les empuses étaient « identifiées avec les lamies dès l'Antiquité » nous dit Roger Caillois, lamies dont « la représentation moderne la plus courante [...] est celle d'un démon féminin aimant à se repaître de chair humaine et dont les membres inférieurs sont l'un en airain, l'autre comparable à ceux des ânes, comme ceux par conséquent de l'Empuse antique et des Néréides actuelles à Zacynthe. » Pour Roger Caillois « ce détail [manger la chair humaine], à l'origine relevant du vampirisme, ne traduit plus actuellement que la fonction de "croquemitaine" de Lamia ». (1937a, p. 75). Caillois parle de dévoration en ce qui concerne les empuses (1937b, p. 155). – Vers 1092, à Polotsk, dans *Chronique dite de Nestor* (ou *Chronique des temps passés*), Nestor nous dit qu'à cette époque-là les habitants étaient la cible de démons invisibles qui les attaquaient montés sur des chevaux et les piétinaient de leurs sabots ; que « les habitants de Polotsk sont dévorés par les morts » Cité par Claude Lecouteux selon la traduction de Jean-Paul Sémon (1999, p. 71).

70 Le nonicide est une âme errante, un revenant qui prend neuf vies parmi ses proches (en provoquant leur mort). Peter Plogojovitz, qui fit mourir neuf personnes, serait un nonicide (« Rapport Frombald », Ranft, 1995, p. 25-27).

71 Ou apesart. Ancienne désignation (en ancien français) du cauchemar et de l'incube (Jean-Baptiste de La Curne de Sainte-Palaye, Georges-Jean Mouchet, *Glossaire de l'ancienne langue françoise, depuis son origine jusqu'au siècle de Louis XIV*, 1775-1777). Selon Claude Lecouteux, le mot viendrait de l'allemand *Aufhocker, Huchupp* en dialecte. Plus précisément, selon une croyance européenne, l'appesart serait une sorte d'esprit, donné pour mort, « qui se jette sur les hommes passant en certains lieux cimetières, carrefours, chapelles abandonnées, forêt, marais –, se juche sur leur dos et se fait porter sur une bonne distance pour ne les abandonner qu'au moment où ils arrivent chez eux. » (2001, p. 236). Lire également Hieronimus Cardanus (Jérôme Cardan), 1597, p. 56.

72 Dont la représentation archétypale apparaît sur le tableau de Johann Heinrich Füssli, *Le Cauchemar*, 1781.

73 *Cf.* Jean-Baptiste de Boyer d'Argens. Dans les récits qui posent cette occurrence, il est question d'étouffer sa victime. Nous pouvons alors également le rapprocher du cauchemar, incubes et succubes ou de l'appesart. Dans le *Visum et repertum*, Stanoïka aurait été étranglée par un vampire.

74 Chez Michaël Ranft et Dom Calmet. Voir notamment notre partie « Le discours de Michaël Ranft ».

75 Chez Dom Calmet. Lire plus loin.

76 Principalement au XIXe siècle en Yougoslavie. Désigne un « spectre composé d'un cadavre et d'un démon ». (Lecouteux, 1999). Cet être repose pendant sept ans dans son tombeau, avant d'en sortir sous la forme d'un petit enfant noir pour aller sucer le sang des vivants.

77 En Bulgarie. Composé de *grob* « la tombe » et *tenec* dérivé de *ten* « ombre ». (*ibid.*)

opyr[78], vourdalak[79], broucolaque[80], nosferat[81], murony[82], strigoï[83], moroiu[84],

78 Avec la graphie « oupire » chez Joseph Sheridan Le Fanu (1872, p. 120).

79 Chez Alekseï Konstantinovitch Tolstoï dans *La famille du Vourdalak*, 1839.

80 Le terme est préexistant au vampirisme selon Dom Calmet. Originaire de Grèce, le broucolaque relève des mêmes témoignages écrits que ceux sur le vampire. Collin de Plancy d'ailleurs dans son *Dictionnaire infernal* renvoie le lecteur au mot *Vampyre* pour le définir. Le mot désigne un mort-vivant ou un revenant qui s'en prend au bétail. Collin de Plancy écrit que c'est en 1721 chez Pierre-Daniel Huet, évêque d'Avranches, qu'on trouve une étymologie du terme et sa plus précise définition : « On trouve ce qui suit dans le *Hueliana*, ou *Pensées diverses* de M. Huet, évêque d'Avranches, touchant les broucolaques et les tympanites des îles de l'Archipel. "C'est une chose assez étrange que ce qu'on rapporte des broucolaques des îles de l'Archipel. On dît que ceux qui, après une méchante vie, sont morts dans le péché, paraissent en divers lieux avec la même figure qu'ils portaient pendant leur vie ; qu'ils font souvent du désordre parmi les vivants, frappant les uns, tuant les autres ; rendant quelquefois des services utiles, et donnant toujours beaucoup d'effroi. Ils croient que ces corps sont abandonnés à la puissance du démon, qui les conserve, les anime et s'en sert pour la vexation des hommes. Le Père Richard, jésuite, employé aux missions de ces îles, il y a environ cinquante ans, donna au public une relation de l'île de Saint-Erini ou de Sainte-Irène, qui était la *Thera* des anciens, dont la fameuse Cyrène fut une colonie. Il a fait un grand chapitre de l'histoire des broucolaques. Il dit que, lorsque le peuple est infesté de ces apparitions, on va déterrer le corps, qu'on trouve entier et sans corruption, qu'on le brûle, ou qu'on le met en pièces, principalement le cœur ; après quoi les apparitions cessent el le corps se corrompt. Le mot de *Broucolaques* vient du Grec moderne *Bourcos* qui signifie *de la boue*, et de Laucos qui signifie *fosse, cloaque*, parce qu'on trouve ordinairement, comme on l'assure, les tombeaux où l'on a mis ces corps, pleins de boue. Je n'examine point si les faits que l'on rapporte sont véritables, ou si c'est une erreur populaire ; mais il est certain qu'ils sont rapportés par tant d'auteurs habiles et dignes de foi, et par tant de témoins oculaires, qu'on ne doit pas prendre parti sans beaucoup d'attention. Il est certain aussi que cette opinion, vraie ou fausse, est fort ancienne, et les ailleurs en sont pleins. Lorsqu'on avait tué quelqu'un frauduleusement et par surprise, les anciens habitants croyaient ôter au mort le moyen de s'en venger en lui coupant les pieds, les mains, le nez et les oreilles. » (1863, p. 346.)

81 En Roumanie. Il désignerait le « non-né ». Mais encore, le terme *nosferatu* serait dérivé des mots roumains *nesuferitu* qui veut dire « insoutenable », « répugnant » et *necuratu* qui veut dire un « esprit contaminé, sale », « esprit impur » (Laurianu et Massimu, 1871-1876, p. 31, 297, 388, et p. 173). Le n*osferatu* renvoie par ailleurs en roumain à une espèce lubrique, luxuriante, d'un folklore local, enfant illégitime né de parents tout aussi illégitimes (Gerard, 1888, p. 185). Après sa mort, il quitte sa tombe pour non seulement aller sucer le sang des vivants, mais aussi engager avec eux un contact sexuel. Une autre origine le fait venir du grec *nosos feru* – *νοσος φερω* qui veut dire « celui qui transporte la maladie »

82 En Valachie, le *murony* « est le fruit illégitime de deux enfants illégitimes, ou l'esprit néfaste d'une personne tuée par un vampire. » (Lecouteux, 1999, p. 91).

83 En Roumanie. Étymologiquement, il renvoie aux Striges et dans son acception féminine il désigne la « sorcière ». Au masculin, il signifie « revenant ».

84 Un appesart.

stafia[85], pamgri[86], enfin vampir[87]. Nous ajoutons à cette liste, des noms postérieurs à l'apparition du mot « vampire » et nous citons le Hidebehind[88], le Ça[89], le Horla[90], le Doppelgänger[91]. Le terme se fixe et s'arrête finalement sur celui de « vampire », qui se mêlera, par métonymie, à celui de « Dracula » à partir de la fin du XIXe siècle. Mais finalement, jusqu'à ce jour, il est nommé par une pluralité d'appelations.

Cette sélection repérée dans différents ouvrages, à différentes époques, souligne la persistance du vampire, même après 1732, encore aujourd'hui, et insiste sur ce doute qui émane du vampirisme et qui le compose, ainsi que sur ce lien entre superstition, croyance, mythe et fiction. Les récits littéraires sur les vampires commencent à émerger dès le XVIIIe siècle, à alimenter ou à se mêler aux témoignages qui peuvent encore persister : la fiction brouille les pistes du savoir si l'on peut dire.

Prenons l'exemple du broucolaque, pré-vampire qui cohabite avec les sorcières. Au XVIIIe siècle, deux ouvrages semblent déjà nous parler de vampires. L'historien anglais Paul Rycaut, qui fut également voyageur et agent diplomatique, qui vécu dans l'Europe de l'Ouest (notamment en

85 Le mot « stafie » est féminin en roumain. Il faudrait dire « la Stafie ». Il s'agit d'une « entité maléfique qui voit le jour de la façon suivante » : « [l]orsque des maons mesurent secrètement l'ombre d'un homme ou d'un animal tombant sur un bâtiment et enterrent la mesure dans les fondations de l'édifice afin qu'il ne s'effondre pas, ces êtres meurent quand le bâtiment est achevé ou peu après avoir perdu leur ombre. Ils deviennent *stafii* et, contrairement aux revenants, ils ne possèdent pas de corps, pas de queue et sont liés à ce lieu, apparaissant uniquement là où leur ombre est emmurée. » (*ibid.*, p. 94).

86 Vampire hongrois (Zopf, 1733, p. 6.)

87 Dans cette forme et Outre-Rhin (et nous ne parlons plus de l'*upierz* russe/slave), la première occurrence du mot daterait de 1732 chez W.S.G.E. (1732a, p. 85), et J. Chr. Pohle et J.-G. Hertel (1732). Puis chez Johann Heinrich Zopf : « Ces vampires sont supposés être les cadavres de personnes décédées, animés par des mauvais esprits, sortant de leurs tombes la nuit et suçant le sang de bien des vivants, ce qui les tue. » (1733, p. 6 ; trad. Lecouteux, 1999, p. 95.)

88 Créature nocturne légendaire du folklore américain qui habite dans les forêts nord-américaines et se nourrit des voyageurs égarés, y compris les bûcherons.

89 Personnage éponyme du roman d'horreur de Stephen King, *It (Ça)* publié en 1986. Apparaissant principalement sous la forme d'un clown, son existence repose sur les peurs les plus profondes, non indépendantes de la croyance, des enfants de la ville de Derry aux États-Unis.

90 Présence éponyme de la nouvelle de Guy de Maupassant. Le « Hors-là » est une présence invisible qui va peu à peu hanté et angoissé un homme au point qu'il devient fou. Il est celui qui ne se reconnaît pas dans le miroir.

91 Mot germanique pour dire le double et qui pourrait peut-être qualifier une certaine littérature qui réunirait Percy Bysshe Shelley, Lord Byron, Goethe ou encore Edgar Allan Poe.

Hongrie) et au Proche-Orient (notamment à Constantinople et à Smyrne) écrit une *Histoire de l'État présent de l'Église grecque*, publié en 1696. Au chapitre XIII, il expose la façon dont l'Église grecque joue avec la peur de l'excommunication des hommes et la met souvent en pratique pour tenir les Grecs obéissants. Paul Rycaut a pu s'interroger : « Les Grecs mettent si souvent l'excommunication en pratique, qu'il semble qu'elle devroit perdre de sa force, & devenir méprisable. » Mais,

> soit que les paroles terribles de la sentence pénétrent vivement le cœur, soit qu'il y ait quelque chose de vray, dans les accidens funestes, que l'on rapporte estre arrivez, non-seulement aux vivans excommuniez, mais meme aux Carcasses de ceux, qu estoient morts sous l'excommunication ; ce Peuple ne s'est point encore relâché de la crainte & de la vénération, qu'il a toujours euës, pour les Arrests de son Église, qui conserve par-là son aurtorité[92]. (1696, p. 274)

Ces accidents funestes sont rapportés un peu plus loin dans le texte comme des « exemples si évidents des effets, que cette terrible sentence produit, qu'il ne se rencontre personne, qui les conteste, ou qui les révoque en doute », et prennent la forme d'un cadavre terrifiant, maudit et condamné à demeurer indissoluble, « entier et incorruptible » (*ibid.*, p. 279)[93] pendant des siècles, le corps et le visage marqués, gémissant et tremblant, vain :

> [...] ils estiment, qu'un mauvais esprit entre dans le corps des Excommuniez, qui sont morts en cet estat, & qu'il les péserve de la corruption, en les animant, & en les faisant agir, à peu-près comme l'ame anime & fait agir le corps. Ils s'imaginent outre cela, que ces Carcasses mangent pendant la nuit, se proménent, font la digestion de ce qu'elles ont mangé, & se nourrissent réellement : Ils affirment, qu'on en a trouvé, qui estoient d'une complexion rougeastre, & dont les veines, encore tenduës, par la quantité du sang, quoyque 40 jours après la mort de ces misérables, ont jetté, lors qu'on les a ouvertes, un russeau de sang, aussi bouïllant & aussi frais que seroit celuy d'un jeune homme, d'un tempérament sanguin. Cette créance est si généralement reçuë par le peuple, qu'à peine se trouve-t-il un Village, dont les habitant ne fournissent de pareils exemples, soient qu'ils les ayent reçûs de leurs Meres & de leurs Nourrices, ou qu'ils prétendent estre les témoins oculaires de ce qu'ils avancent. (*ibid.*, p. 279-280)

---

92 Sur la question de l'autorité, lire plus loin la partie qui concerne le discours de Jean-Jacques Rousseau.

93 Paul Rycaut fait la distinction avec l'Église catholique pour qui l'incorruptibilité n'est pas une malédiction.

Bien que Rycaut parle d'histoires racontées « à peu prés de la mesme maniére, que le commun peuple raconte celles des sorciers & des enchanteurs », ou de « contes du vulgaire », il rapporte ici un cas précis que lui a raconté un homme « d'honneur » qui a « protesté avec serment, que ce qu'il me disoit estoit vray, & qu'il n'en parloit, que sur la foy de ses propres yeux. » (*ibid.*, p. 280-281) Cette créature qui se promène la nuit et épouvante les paysans par des « visions étranges » et des « phantosmes étranges » n'est pas nommée et reste mystérieuse, simplement le symptôme d'une croyance. La description est proche de celle qui définira le vampire dans les rapports d'autopsie, de témoignages, à venir. Les hommes estiment, s'imaginent, affirment ; la parole se diffusent ou le regard vit directement l'expérience de l'excommunié.

Peu d'années après, le botaniste français Joseph Pitton de Tournefort, à l'occasion d'un voyage au Levant entre 1700 et 1702, commandité par Louis XIV, et qu'il raconte dans *Relation d'un voyage du Levant* publié après sa mort en 1717, témoigne de l'histoire d'un paysan de Mycone :

> [...] après qu'on l'eut inhumé dans une chapelle de la ville, le bruit courut qu'on le voyait la nuit se promener à grands pas, qu'il venoit dans les maisons reverser les meubles, éteindre les lampes, embrasser les gens par derrière, & faire mille petits tours d'espiégle. [...] Le dixième jour on dit une Messe dans la chapelle où étoit le corps, afin de chasser le démon, que l'on croyoit s'y être renfermé. Ce corps fut déterré après la Messe, & l'on se mit en devoir de lui arracher le cœur. [...] On ne crioit que *Vroucolacas* dans la chapelle & dans la place qui est au devant : c'est le nom qu'on donne à ces prétendus revenants. Le bruit se répandoit dans les rues comme par mugissemens, & ce nom sembloit être fait pour ébranler la voute de ma chappele. (1717, p. 159-160)

Tournefort témoigne des inhumations trop rapides, sans avoir vérifié qu'un mort ne soit pas encore en vie, certains étant revenus.

Le *broucolaque* serait donc la variante grecque autochtone des vampires, définis comme des chrétiens excommuniés qui, selon la doctrine orthodoxe, ne peuvent pas trouver le repos, la terre ne pouvant les accueillir[94]. Alors, ils ressuscitent. Mais le broucolaque, dont on admet une origine commune au vampire, se rangerait du côté des lamies, des striges, des empuses et des onocentautres, qui appartiennent à la mythologie grecque et à l'Antiquité.

---

94 Lire Calmet, 1751b, chap. XXIV, XXXI, XXIX.

Le terme de *strige* est employé pour désigner les sorcières, et plus tard, le vampire au féminin. Le *Mercure Galant* de février 1694 localise ces créatures en Russie, et rapporte que les habitants de cette « Province » « les appellent Upierz », décrivant alors comme on l'a vu des Démons suceurs de sang. Mais plus précisément, ces « vampires » décrits par ce peuple russe sont comparés à des « Oiseaux carnassiers & nocturnes, que nous appelons Chevesche ou Oifraye, & en Latin, *Strix*, qui fait au plurier *Striges*[95]. » (Marigner, 1694, p. 13-14) Ces créatures sont les « Vestiges prétendus du Vampirisme dans l'Antiquité » pour Dom Calmet : « Les Lamies, les Striges, les Sorciers qu'on accusait de sucer le sang des vivans & de les faire mourir, les Magiciennes qu'on disoit faire périr les enfans nouveaux nés par des charmes & des maléfices, ne sont rien moins que ce que nous entendons sous le nom de Vampires ». Il ajoute que « ces termes se trouvent dans les versions de la Sainte Écriture » et donne l'exemple de « Isaïe décrivant l'état où devoit être réduite Babylone après sa ruine, [disant] qu'elle deviendra la demeure des Satyres, des Lamies, des Striges (en Hebreu *Lilith*) » (Calmet, 1751b, p. 74-75 et suivantes). Les Striges et les Lamies sont, aussi bien chez les Hébreux, les Grecs et les Latins, des sorcières ou magiciennes qui cherchent à faire périr les nouveaux-nés (à les dévorer ou sucer leur sang jusqu'à les faire mourir).

Le mot est donc associé à la mythologie et entre dans une acception plus réaliste, considérée à une époque qui ne connaît pas encore les vampires. Même si l'approche et les caractéristiques des deux noms les éloignent (sauf à l'époque des Lamies), ce qui est notable est que la sorcellerie a fait preuve d'une croyance identique au vampirisme, à savoir : des témoignages et autres textes de loi qui approuvent une même condamnation par destruction (la loi salique par exemple). Tout se passe comme si le vampire circulait et traversait différentes mythologies (avant d'en devenir une lui-même) ; tout se passe comme si le vampire était coincé entre deux voire plusieurs mythologies, construisant petit à petit sa propre réalité. Il est né à la période des Lumières, dans des conditions mystérieuses et difficiles, mystères et difficultés qui s'incarnent dans le terme.

---

95 Les chevesches sont des oiseaux de la famille des strigidés dont ils sont une sorte de descendants, notamment pourrait-on dire car le rapport au sang est le même. Les striges appartiennent cependant à l'Antiquité, faisant partie d'une famille démoniaque comprenant les goules et les lamies.

L'incertitude se déplace d'une pluralité nominale du vampire vers une pluralité de sens et d'images qui définira le vampire selon une approche métaphorique. Particulièrement, quand le monde ne croit pas ou plus à un vampire qui revient en corps, le mot résiste et, rappelant la définition de Dom Augustin Calmet, devient synonyme de sangsue[96]. Comme nous l'avons vu précédemment, en mai 1732, un compte-rendu concernant les attaques d'un vampire hongrois se révèle être une satire contre le premier ministre anglais Robert Walpole dont on disait de sa politique économique qu'elle drainait le sang vital de la nation : il est alors traité de « vampire » (*The Craftsman*, 1732, p. 120). Voltaire en fait autant avec les moines et favorise le renversement des figures religieuses par le vampire. Le mot entre dans le domaine du figuré et de la métaphore et semble perdre de sa réalité, ou du moins en offre une nouvelle. Devenus des réalités figurées, les vampires existent bel et bien, mais métaphoriquement : Voltaire reconnaît des « formes » de vampires qui sont des « agioteurs, des traitants, des gens d'affaires » qui sucent en plein jour le sang du peuple, transposant la mort en corruption (ce qui n'est pas trop éloigné finalement) et les palais en cimetières[97]. Cette nouvelle réalité du vampire est sociale : « [c]'est ça, le vrai vampirisme social » écrit Gianfranco Manfredi. Et citant Voltaire, précise :

> alors que les théologiens discutent de hautes questions, l'Église (et jusqu'aux Saints) se contente du concret. La superstition est profitable. Des morts on fait un marché. [...] La superstition trouve donc son utilité pour les classes dominantes, en substituant au problème social la question du surnaturel, utilisant ainsi la terreur et le ressentiment populaire envers les morts, quand les vrais vampires sont en fait des vivants qui les dominent en se nourrissant de leur sang. Repousser le mythe par la lumière de la Raison ramène donc à la réalité effective de l'injustice. (2008, p. 97-98)

Prêtres et moines sont des parasites ; ils sont « les vrais vampires qui mangent aux dépens des rois et des peuples[98]. » (Voltaire, 2013,

---

96 « sang-sues » (*ibid.*, p. 42).

97 « On n'entendait point parler de vampires à Londres et à Paris. J'avoue que dans ces deux villes il y eut des agioteurs, des traitants, des gens d'affaires, qui sucèrent en plein jour le sang du peuple ; mais ils n'étaient point morts, quoique corrompus. Ces suceurs véritables ne demeuraient pas dans les cimetières, mais dans des palais fort agréables. » (Voltaire, 2013, p. 417).

98 Il écrit : « Les Rois de Perse furent, dit-on, les premiers qui se firent servir à manger après leur mort. Presque tous les rois d'aujourd'hui les imitent ; mais ce sont les moines

p. 423) Et quand Dom Calmet affirme que les vampires ne sont vus qu'en Pologne, en Hongrie, en Silésie, en Moravie, en Autriche, ou en Lorraine, Voltaire remarque qu'il ne s'agit que de pays lointains et opère une disparité : pourquoi ne les trouve-t-on pas à Londres ou à Paris[99] ? (*ibid.*, p. 417) Nous les y trouverons dans la fiction bien sûr : si ce n'est pas avec Voltaire ou Dom Calmet, la littérature s'en chargera : le vampire se déplace par le fait d'en parler, par la parole et la prononciation de son mot.

Entre 1749 et 1763, le mot fixé est récupéré[100] par la biologie, par la science, le domaine du concret : l'attention des savants est attirée par la capacité de certaines chauves-souris de sucer le sang de leurs victimes jusqu'à la dernière goutte sans les réveiller, en ayant pris le soin de les endormir ou de les paralyser avant (de les hypnotiser d'une certaine façon). Vampire fait désormais partie du vocabulaire de ce qui relève de la nature et de la science. Linné et Buffon reprennent le terme pour désigner ces chauves-souris de pays indigènes primitifs, et bien qu'ils répondent tous deux à une investigation scientifique, ils le reprennent selon deux logiques différentes qui mettent en évidence la frontière mince entre savoir et fiction et peut-être un désir de fiction inconscient.

En 1758, Carl Linné nomme *Vespertilio vampyrus* une chauve-souris originaire de Guinée, de Madagascar et d'Inde orientale[101] (1758, p. 31). Décrivant longuement, et qu'il se trompe ou non comme le dira Buffon, il crée une image du vampire (animal) d'abord identifié par sa constitution dentaire, et qui présente « les dents antérieures incisives un peu obtuses », « les canines supérieures solitaires », « les narines à peine divisées » ; et « s'accroche à une branche avec les ongles des pieds postérieurs, et par conséquent la tête-en-bas », ou encore « a l'œil et le

---

qui mangent leur dîner et leur souper, et qui boivent le vin. Ainsi les rois ne sont pas, à proprement parler, des vampires. Les vrais vampires sont les moines qui mangent aux dépens des rois et des peuples. Il est bien vrai que saint Stanislas qui avait acheté une terre considérable d'un gentilhomme polonais, et qui ne l'avait point payée, étant poursuivi devant le roi Boleslas par les héritiers, ressuscita le gentilhomme ; mais ce fut uniquement pour se donner quittance. Et il n'est point dit qu'il ait donné seulement un pot-de-vin au vendeur, lequel s'en retourna dans l'autre monde, sans avoir bu ni mangé. »

99 Lire également Köpeczi, 1980, p. 126.

100 Nous insistons bien sur le fait que le mot vampire (suceur de sang) est antérieur au vampire animal.

101 En français, *Abrégé du système de la nature, de Linné, Histoire des mammaires ou des quadrupèdes et cétacées* (1805, p. 108).

nez très-bon ». Or, ce vampire n'attaque ni les hommes, ni les bêtes. Mais il peut mordre fortement « ayant les canines longues, et les incisives fort tranchantes ». En 1763, Buffon, désigne quant à lui comme vampire une chauve-souris vivant en Amérique latine.

Buffon (1763, p. 56 et 1772, p. 292) donne donc à une grande chauve-souris d'Amérique du Sud, le nom de *Vampirus Sanguisuga* par analogie avec l'être démoniaque[102]. Buffon (qui n'aurait jamais vu l'animal) présente (malgré tout) son vampire et l'inscrit dans une origine, un héritage fait d'images, presque subjectives :

> Le vampire [...] a le museau plus alongé, il a l'aspect hideux comme les plus laides chauve-souris, la tête informe & surmontée, de grandes oreilles fort ouvertes & fort droites ; il a le nez contrefait, les narines en entonnoir, avec une membrane au dessus qui s'élève en forme de corne ou de crête pointue & qui augmente de beaucoup la difformité de la face. (*ibid.*, p. 57-58)

Il ajoute et semble faire écho aux rapports de témoignage précédemment cités : « le vampire est aussi mal-faisant que difforme, il inquiète l'homme, tourmente & détruit les animaux. » Puis, il s'engage dans la citation d'un récit qu'il présente comme « un témoignage plus authentique & plus récent », celui de Charles Marie de la Condamine qui raconte dans son *Voyage de la rivière des Amazones*, l'horreur que provoquent ces chauves-souris « qui sucent le sang des chevaux, des mulets, & même des hommes quand ils ne s'en garantissent pas », dont certaines sont « monstrueuses pour la grosseur » et qui « ont entièrement détruit [à plusieurs endroits] le gros bétail que les Missionnaires y avaient introduit » et « commençoit à s'y multiplier » (1745, p. 171). En ponctuant ce récit par « Ces faits sont confirmés par plusieurs autres Historiens & Voyageurs » (Buffon, 1753, p. 58), et en poursuivant la citation de témoignages, Buffon se fait le diffuseur de discours sur les vampires, et atteste de ce fait de leur réalité (du moins sous cette forme), opérant de la même écriture formelle de la croyance aux vampires qui se développe à son époque.

Plus loin, Buffon fait le lien entre l'animal et les harpies (des monstres à corps de vautour et à tête de femme) que décrivaient les Anciens, opérant un déplacement du naturel, de la Science, du côté de l'imaginaire, ou rappelant l'imaginaire mythologique du côté de la Science :

---

102 Il faut noter que l'*Andura Guacou* se rencontre dans un pays où il n'a jamais été question de vampires.

> Les Anciens connoissoient imparfaitement ces quadrupèdes ailés, qui sont des espèces de monstres, & il est vrai-semblable que c'est d'après ces modèles bizarres de la Nature que leur imagination a dessiné les harpies. Les ailes, les dents, les griffes ; la cruauté, la voracité, la saleté ; tous les attributs difformes, toutes les facultés nuisibles des harpies conviennent assez à nos roussettes. Hérodote paroît les avoir indiquées lorsqu'il a dit qu'il y avoit de grandes chauve-souris qui incommodoient beaucoup les hommes [...] (*ibid.*, p. 61)

C'est un véritable portrait horrifique que fait Buffon. La note qu'il associe à celui-ci quand il cite Hérodote est significative venant d'un homme de science : « Il est singulier que Pline, qui nous a transmis comme vrais tant de faits apocriphes & même merveilleux, accuse ici Hérodote de mensonge, & dise que ce fait des chauves-souris, qui se jettent sur les hommes, n'est qu'un conte de la vieille & fabuleuse antiquité. » (*ibid.*)

Buffon mêle la fiction et la réalité, remet en question la fiction d'un phénomène, et ouvre l'imaginaire de ceux qui projetteront désormais sur cet animal le référent vampirique. Comme le remarque Kaja Antonowicz, la laideur de l'animal buveur de sang décrit par Buffon, « semble ici symboliser tout le côté "nocturne" de la nature : dégénérescence imperceptible, blessures secrètes qui empêchent le développement d'une espèce, perte de sang constante, affaiblissement des races et "vampirisation" par un climat et un environnement hostiles. » Elle ajoute que

> [t]ous ces facteurs se cristallisent chez Buffon dans une image fort impressionnante mais complètement fausse du point de vue des faits biologiques : celle de la langue du "vampire", langue munie de papilles pointues qui s'introduisent dans les pores sans causer de douleur à la victime et qui permettent à l'animal de saigner sa proie endormie sans qu'elle le sente et sans qu'elle se réveille. (1995, p. 13-14)

Et si on peut admettre l'image fausse et l'exagération de Buffon « qui n'avait vu ni la langue ni l'animal, et [qui] procédait à une reconstitution du "vampire" à partir de l'anatomie d'une cousine de celui-ci, la *roussette* asiatique » (*ibid.*, p. 14), l'image, anatomiquement très précise, comme celle des autopsies de vampires exhumés, est aussi crédible, et les vampires alors sous cette forme, alors nommés, existent désormais dans un certain coin du monde.

Buffon précise également :

> Que M. Linnaeus a donné ce même nom *Vampyrus* à la roussette ; ce n'est cependant pas de la roussette des Indes orientales à laquelle M. Linnaeus applique ce nom de *Vampire*, mais de l'animal d'Amérique dont il est ici question, que les Voayageurs ont dit qu'il suçoit le sang des hommes sans les éveiller ; c'est donc à cette troisième espèce & non pas à la première qu'on peut donner le nom de *Vampire*. (1753, p. 56)

Bien que l'heure soit à la querelle avec Linné, Buffon met en valeur la complexité de la nomination qui entretient doute et mystère, mais aussi une sorte de processus de précision. Cette chauve-souris qui existe vraiment, contribue par son appellation et la présentation que Buffon en fait, à entretenir la croyance en l'existence des vampires, d'une forme-vampire. Le vampire des origines qui *n'*était *qu'*un revenant en corps ambulant et suceur de sang prend alors sa forme animale, se métamorphose peu à peu en l'être que nous offrira la postérité fictionnelle.

Le mot passe donc dans le domaine de la métaphore politique et de la taxinomie scientifique, s'éloignant de ce fait de sa connotation ontologique : le figuré et la science le récupèrent et contribueront paradoxalement à créer un monstre fictif. Même les interrogations concernant la crédibilité du vampirisme disparaîtront petit à petit, puisque ce vampire-là existe. Le lien à l'animalité fait que le vampire n'en sera presque plus détaché dans les études à venir, entrant alors dans un processus de « devenir-fiction » fantasmagorique. Les notions de *métamorphose* et de *transformation* émergent conformément à cette animalité nouvelle contenue dans le sens du mot vampire. Mais c'est le rapport au sang, qui *fait*, qui *crée* le vampire, qui lui permet de se *réaliser*. Le lien effectué à l'animalité semble annoncer le passage de la dévoration à la « succion » dans le contenu définitionnel du mot *vampire*, dans l'acception vampirique, qui ne peut se faire sans certaines conditions.

RÉALITÉ MATÉRIELLE : DES ACTES ET DES OBJETS

Entre 2006 et 2007, le département Vénitien des Activités Culturelles et du Patrimoine entreprend des fouilles sur l'île vénitienne de Lazzaretto Nuovo, où des squelettes de victimes de la peste furent enterrés au XVIe et au XVIIe siècle. L'archéologue et anthropologue du département Matteo Borrini y découvre un corps enroulé dans un linceul. À l'endroit où le tissu couvre la bouche, il découvre une trace sombre et bilieuse et un trou dans le tissu : le crâne d'une femme dans la bouche de laquelle est placée une lourde pierre (Patel, 2009). Matteo Borrini conclut que dans cette entreprise archéologique il se trouva face à un cas de vampirisme (ou pré-vampirisme)[103] qui remonterait à l'époque des épidémies de peste. Si nous savons que le vampirisme se fonde sur les épidémies et notamment celles de la Peste et que le vampire était assimilé à un « masticateur dans son tombeau » (Michaël Ranft), il est possible de parler de rituel de défense contre le retour des morts. La solution consistait, dans cette région vénitienne, à effectuer une sorte d'exorcisme sur le prétendu mort. Il fallait lui fourrer profondément une brique dans la bouche pour empêcher celui-ci, du fait de la lourdeur et de l'épaisseur de la pierre, de manger (mastiquer) son linceul et donc se lever de sa tombe et répandre l'épidémie. C'est de cet « exorcisme » que bénéficia le crâne découvert sur l'île vénitienne.

En 2013, sur le chantier d'une route près de la ville de Gliwice en Pologne, des archéologues découvrent plusieurs tombes mystérieuses dans lesquelles les squelettes des défunts sont retrouvés décapités, la tête déplacée au niveau des jambes. Cela est manifeste d'un des rites funéraires, d'une des pratiques violentes effectuées sur les corps de vampires potentiels (Carlier, 2013). Plus récemment, le 30 décembre 2015, un article de Rachel Hartigan Shea est publié dans le *National Geographic* et traite de l'exhumation de trois-cent trente-trois corps d'autochtones par des bio-archéologues dans le cimetière de Drawsko au nord-ouest de la Pologne. Six de ces squelettes ont été enterrés avec une faucille

103 Nous rappelons que le territoire vénitien au XVIIIe siècle s'étendait jusqu'à Kotor et la Dalmatie, territoires qui ont donc pu diffuser la croyance aux vampires.

autour du cou ou des pierres enfoncées dans la mâchoire : encore une mesure censée protéger et empêcher le retour des corps (Shea, 2015). Des articles rapportant ce genre de découverte sont nombreux.

La réalité du vampire est attestée par des objets et par des actes auxquels sont liés ces objets. Dans le vampirisme, les objets protègent, repoussent, défendent. Les objets purifient, soignent, éliminent la maladie d'une façon définitive. Les objets sont liés à la mort, mais dans un élan de recherche vital, pour la (sur)vie. Nombre d'ouvrages contemporains traitent des « moyens pour se protéger des vampires », et proposent des chapitres sur « comment tuer un vampire ? » ou « comment le détecter ? » Toute une palette de procédés matériels et d'actes entrent en jeu, et s'associent aux écrits. Un autre aspect à prendre en compte est la réalité d'une violence qui caractérise les actes et l'utilisation des objets, une violence rituelle qui réalise le vampire. Dès le XVIIIe siècle, les écrits rapportant, décrivant, bref attestant ces actes s'accumulent :

- dans le rapport Flückinger : « L'examen de ces corps terminé, les têtes des vampires ont été coupées par les gitans locaux et ont été brûlées avec leurs corps, puis les cendres ont été jetées dans la rivière Morova. Les corps pourris ont été replacés en revanche dans leurs premières tombes[104]. »
- dans les *Lettres Juives* :

> On ouvrit les Tombeaux de ceux qui étoient morts depuis six Semaines. Quand on vint à celui du Vieillard, on le trouva les Yeux ouverts, d'une Couleur vermeille, & aïant une Respiration naturelle, cependant immobile & mort : d'où l'on conclud, qu'il étoit un signalé *Vampire*. Le Bourreau lui enfonça un Pieu dans le Cœur. On fit un Bucher, & l'on y réduisit en Cendres ce Cadavre. On ne trouva aucune Marque de Vampirisme, ni dans le Cadavre du Fils, ni dans celui des autres. (Boyer d'Argens, 1736, p. 51)

- dans les *Dissertations* de Dom Calmet :

> [...] on ne peut se délivrer de leurs dangereuses visites & de leur infestations, qu'en les exhumant, les empalant, leur coupant la tête, leur arrachant le cœur, ou les brûlant. On donne à ces Revenans le nom d'Oupires, ou Vampires (1751b, p. V-VI)

104 Nous traduisons. Texte original : „*Nach geschehener Visitation seynd denen Vampyren die Köpf durch die dasige Zigeuners herunter geschlagen, und sambt denen Cörpern verbrent, die Aschen davon in den Fluß Morova geworfen, die verwesene Leiber aber widrumb in ihre vorgehende Gräber geleget worden.*"(Hamberger, 1992, p. 53).

> On dit que le Vampire a une espéce de faim, qui lui fait manger le linge qu'il trouve autour de lui. Ce rédivive ou Oupire sorti de son tombeau, ou un Démon sous sa figure, va la nuit embrasser & serrer violemment ses proches ou ses amis, & leur suce le sang, jusqu'à les affoiblir, les exténuer & leur causer enfin la mort. Cette persécution ne s'arrête pas à une seule personne ; elle s'étend jusqu'à la dernière personne de la famille, à moins qu'on n'en interrompe le cours en coupant la tête, ou en ouvrant le cœur du Revenant, dont on trouve le cadavre dans son cercueil mol, fléxible, enflé & rubicond, quoiqu'il soit mort depuis long-tems. Il sort de son corps une Grande quantité de sang que quelques-uns mêlent avec de la farine pour faire du pain ; & ce pain mangé à l'ordinaire, les garantit de la vexation de l'Esprit, qui ne revient plus. (*ibid.*, p. 60-61)

> [...] lorsque le Sacristain tira ce cadavre de sa tombre pour lui couper la tête, il grinça les dents, & le sang en sortit aussi fluide que d'une personne qui mourroit d'une mort violente, ce qui fit dresser les cheveux à tous les assistans, & l'on trempa un mouchoir blanc dans le sang de ce cadavre, dont on fit boire à tous ceux de la maison pour n'être point tourmentés. (*ibid.*, p. 73)

> On choisit donc dix jeunes hommes hardis & vigoureux, qui le tirerent de terre, couperent son corps en pieces, & le mirent sur un bûcher, où il fut réduit en cendres ; mais auparavant quelqu'un d'entre eux ayant dit qu'il ne pourroit être consumé par le feu, qu'on ne lui aût arraché le cœur, on lui perça le côté avec un pieu, & quand on lui eut tiré le cœur par cette ouverture, on mit le feu au bûcher : il fut consumé par les flammes, & ne parut pas davantage. (*ibid.*, p. 85-86)

Mais encore, toujours pour empêcher le mort de se lever, il faut éviter que l'âme du défunt ne réintègre son corps ; de fait, dans certaines régions de Serbie ou Roumanie, on cloue le corps au fond du cercueil ou on enfonce un pieu dans le cœur pour qu'il ne puisse jamais se relever et revenir.

Chaque fois nous sommes surpris, voire effrayés par la violence de ces actes, d'actes puissants, symboliques et significatifs, enveloppant une scène d'une atmosphère macabre et morbide et créant déjà des images d'horreur dans l'esprit du lecteur. Ces actes violents ou qui font violence au corps (pieu dans le cœur, décapitation, destruction du corps par le feu, etc.) suivent un ordre précis, qui est rituel. Et comme le rappelle Jean Bazin, « Plus qu'on ne le suppose, le rite, en effet, crée la croyance » (1991, p. 500). Le principe d'accumulation des actes, mais aussi leur violence, martèlent cette réalité de la croyance, et donnent des effets de réel au vampirisme, par la pratique, les actes, les procédés et dispositifs. Tous ces gestes sont sacrés, protecteurs. Considérant ces peuples extrêmement croyants (la superstition se situe alors dans l'extrême), nous ne nous étonnons pas du fait que ce seront principalement les symboles chrétiens qui contiendront, dans un retournement, un renversement de l'idolâtrie christique, la présence, l'existence vampirique, symbolique christique, mystique, à valeur et effet de réalité[105]. Ce sont les symboles du christianisme, contenant la notion de *réalité révélée*, qui donnent foi au vampirisme.

En 1746, Dom Augustin Calmet, qui étudie tous les écrits réalisés jusque-là sur les vampires, dont les rapports Frombald et Flückinger, remarque dès l'introduction et le premier chapitre de sa *Dissertation sur les revenans en corps* que les marques du vampire sont les mêmes que les marques de sainteté dans l'Église catholique. Dès le rapport Flückinger, une scène christique se serait mise en place et le début du rapport ressemblerait lointainement à une scène de tentation christique. En effet, comme le remarque Marie-Hélène Huet :

> *Undoubtedly, most of the elements of the classical vampire story are here. But the most striking part of the story lies in its deep Christianity, in its hardly disguised evocation of Christ's life: the forty days reminiscent of the days spent fasting in the desert, fighting the devil's temptations, the resurrection from the dead. But at the same time, everything is reversed: the vampire's public life starts after his death, and, instead of fasting and resisting temptation, he indulges in blood feasts that cannot be stopped until forty days after his life as a vampire has started*[106]. (Huet, 1997, p. 227)

Manger de la terre du sépulcre, se frotter avec de la terre mélangée au sang du vampire[107]…, lisant les précédentes citations sur la violence faite

---

105 Étymologiquement, le mot *réalité* est attesté au Moyen Âge en 1283, mais antérieur, il est emprunté au bas latin *realis* qui signifie « effectif », « qui existe par soi-même ». Hors du langage juridique, le sens général du mot est d'abord apparu en théologie vers 1575 en parlant de la *présence réelle* de Dieu dans le pain et le vin de l'Eucharistie, et en philosophie, parallèlement substantivé (chez Pascal, avant 1662) avec une valeur neutre, *le réel* pour dire « ce qui est, existe effectivement ». La réalité semble dans son effectivité matérielle et spirituelle. Entrée « Réel » (Rey, 2010, p. 1880).

106 Nous traduisons : « Sans aucun doute, la plupart des éléments des histoires classiques de vampires sont réunis ici. Mais l'aspect le plus frappant de cette histoire réside dans son profond Christianisme, dans son évocation à peine dissimulée de la vie du Christ : les quarante jours réminiscents des jours passés dans le désert, le combat contre les tentations du démon, la résurrection d'entre les morts. Mais en même temps, tout est inverse : la vie publique du vampire commence après sa mort, et, plutôt que de jeûner et de résister à la tentation, il cède aux festins de sang qui ne peuvent être interrompus avant les quarante premiers jours de sa vie de vampire. »

107 Par exemple dans *Le Glaneur* : « sur les Frontiéres de la Serbie-Turque, il avoit été tourmenté par un *Vampire* ; […] mais qu'il avoit trouvé le moïen de se guérir en mangeant

aux corps soupçonnés, nous observons également que tout un imaginaire de la terre et (puis) du sang se met en place, constitué de et qui constitue les signes du vampire, ceux-ci se chargeant d'un sens « contre-christique ». L'imaginaire de la terre dans les histoires de vampires trouve sa source dans une considération symbolique de la « terre mère » (Barber, 1988, p. 66-68) par les autochtones et la façon dont ils la font intervenir dans leurs pratiques : par l'exhumation (des corps généralement excommuniés). Le corps, qui est le « lieu commun du fantastique et de la mystique », nous dira de quelle scène il s'agit : une épopée vampirique ou un drame catholique, par son état de conservation (Angelier, 1997, p. 135). Nous sommes donc déjà dans une sorte de fictionnalisation avec d'une part un imaginaire qui validera le phénomène des vampires et d'autre part le rapprochement par l'autorité qui fait que se met en place des éléments de la fiction (qui installera le mythe que nous connaissons).

L'incorruption des corps dit que le corps humain échappe à l'inexorable. L'imputrescibilité de la chair qui échappe à la décomposition et à la putréfaction est un constat participant de la réalité, du processus de réalisation du vampirisme. Et cela est un texte commun autant à la mystique qu'au vampirisme. La terre, mais aussi le cercueil qui se présente vide, où le corps du vampire baigne dans son sang, auquel le corps doit être cloué ou en tout cas attaché, renvoient, dans ce rapprochement, à cette parenté entre fantastique et mystique, « aux planches mêmes sur lesquelles s'exécute le drame : ce corps, cette chair, ce sang » (*ibid.*, p. 138). Le cercueil[108] trouve l'explication de la réalité à laquelle il renvoie – celle du vampire – dans le matériau qui a permis sa constitution : le bois. Comme le Christ, le vampire trouve son dernier repos dos à du bois, le premier collé, adossé, le second couché (ou tout aussi bien adossé quand il est condamné au bûcher). Le bois renvoie à la souffrance supplicielle (celle du martyr[109]) qui les a couchés dessus, l'un comme l'autre cloué sur ce matériau naturel, originel : « le cercueil serait donc la croix du

---

de la terre du sepulchre, du Vampire, & en se frottant de son Sang : Précaution qui ne l'empêcha cependant pas de le devenir après sa mort ; puisqu'il fut exhumé 40 jours après son Enterrement, & qu'on trouva sur son Cadavre toutes les marques d'un Àrchi-Vampire » (La Varenne, 1732, p. 2).

108 Entre autres, Calmet, 1751b, p. 60.

109 Si c'est la théorie du bouc émissaire que nous considérons, si nous considérons l'acharnement d'autorités à pointer du doigt le différent, ou tout simplement si nous considérons le règlement de compte collectif, familial.

vampire, son lieu de mort et de renaissance. » (Angelier, 1997, p. 133) La destruction du vampire, telle que décrite précédemment, renvoie aux mêmes actes de la crucifixion, à la même violence sacrée qui en contrecoup sacralise un corps.

Le pouvoir de la croix et des artefacts christiques vient d'une accumulation de petits récits ou histoires qui vantent et glorifient les vertus purificatrices du symbole de la croix et les pouvoirs de la foi chrétienne. Dom Augustin Calmet raconte :

> « Les Démons craignent le signe de la Croix & la présence des Chrétiens. »
> On lit dans la vie de S. Grégoire Thaumaturge, qu'étant en chemin pour aller en sa ville Épiscopale de Neocezarée, & étant surpris de la nuit, & d'une pluie violente, il entra avec ceux qui l'accompagnoient dans un Temple d'Idoles le plus fameux du païs, à cause des oracles. Il invoqua d'abord le nom de J.C & fit plusieurs signes de croix pour purifier le Temple, & passa la nuit à chanter les louanges de Dieu suivant la coutume. Le matin après qu'il fut parti, le Sacrificateur des Idoles vint pour faire les cérémonies ordinaires. Les Démons lui apparurent, & lui dirent qu'ils ne pouvoient plus habiter le Temple à cause de celui qui y avoit passé la nuit. Il fit son possible par des sacrifices & et des encensements pour les obliger à revenir, mais en vain. Alors transporté de colère, il chercha Grégoire, & le menaça de le maltraiter, & de le faire punir par les Magistrats. Grégoire l'écouta sans s'émouvoir & lui dit : avec l'aide de Dieu, je puis chasser les Démons d'où il me plaira, & les faire entrer où il me plaira. (1746, p. 209-211)

Ce récit insiste de nouveau sur l'importance de l'autorité dans la mise en place de la croyance aux vampires et offre un exemple de cette réalité christique des objets. Ces objets christiques sont conformes à la notion de réalité (ou la réalité est conforme à la divinité) qui, nous l'avons vu, parle étymologiquement de la présence réelle de Dieu *contenue* dans le pain et le vin de l'Eucharistie (Luc 22 :14–23). Le fait est que la croyance aux vampires, puis son mythe, se sont construits sur cet imaginaire de la transsubstantiation, du sang christique : le vampire ne boit rien d'autre que le sang, celui présent dans le corps de chaque homme, ce qui rend sa figure encore plus monstrueuse dans l'imaginaire chrétien. Il est blasphème. Le vampirisme est indissociable du sang. Il s'agit pour le mort, réveillé de son tombeau, de retourner chez lui pour prendre le sang de ses proches, pour devenir sa propre origine.

Le sang n'est pas un objet, mais est aussi symbolique, forme mouvante et instable, sombre et épaisse, *matérielle*. En Serbie, on dispose un verre de vin pendant trois nuits consécutives près d'un mort soupçonné : si le niveau baisse, cela veut dire que c'est un vampire. Ce n'est pas un hasard si c'est du vin que l'on pose près du mort pour identifier le vampire. Le vin c'est le sang du Christ, sa réalité. Le sang c'est la réalité du vampire, c'est l'élément fondamental. Il n'y a pas de vampires sans sang, et ce dès les tout premiers témoignages, dès les toutes premières lignes écrites sur les vampires en mai 1693 :

> Vous avez peut-être entendu déjà parler d'une chose fort extraordinaire qui se trouve en Pologne &, principalement en Russie. Ce sont des Corps morts que l'on appelle en latin *Striges*, & en langue du Pays *Upiez*, & qui ont une certaine humeur que le commun peuple & plusieurs personnes savantes asseurent être du sang. On dit que le Démon tire ce sang du corps d'une personne vivante ou de quelques bestiaux, & qu'il le porte dans un corps mort, parce qu'on prétend que le Demon sort de ce Cadavre en de certains temps, depuis midi jusques à minuit, après quoy il y retourne & y met le sang qu'il a amassé. Il s'y trouve avec le temps en telle abondance, qu'il sort par la bouche, par le nez, & sur tout par les oreilles du Mort, en sorte que le Cadavre nage dans son Cercueil. (*Mercure Galant*, 1693, p. 63-64)

En l'espace d'une page, l'auteur répète le mot « sang » et insiste sur la fascination pour cette substance horrifique, chargée de significations et de symboles. Le vampire apparaît gorgé de sang, de sang qui déborde, car il ne circule pas. Le vampire lui-même apparaît d'emblée comme un pur contenant, projeté sur l'objet, un dépôt de sang non fluctuant. Le sang est une réalité matérielle surtout absolument *visible* : par la matière, la couleur, il appelle au regard. Le vampire tend vers cette substance qui le remplira et le réalisera concrètement. Le vampire *est* (déjà) par le sang.

Les objets, les matériaux et les actes contiennent donc par métonymie le vampire. Le couple de dents qui n'existe pas encore (en attente de fiction) semble tout de même annoncé, suggéré dans l'esprit qui s'interroge sur le percement de la chair, et particulièrement de ces gorges qu'on attaque (*cf.* histoire d'Arnold Paole). Le corps est vidé de son sang, et la cruauté du vampire peut bien lui permettre de mordre. Les dents contiennent le même poids symbolique, emblématique, signifiant, métonymique, que les clous qui fixent à la croix le corps christique. Elles sont, comme les clous, « outils d'oblitération, d'estampillage du corps victimal ou sanctifié » (Angelier, 1997, p. 133), qui délivrent par les traces laissées sur le corps la possession et la contamination d'une part, l'appartenance du serviteur à son maître (bientôt mise en valeur dans les fictions de vampires), d'autre part, ou pour les deux (dents et clous), des stigmates de la dégénérescence et de l'obscurantisme humain.

L'ambiguïté et la contradiction caractérisent le vampire : il est nié mais validé. Le mythe est déjà engagé, mis en place, tel qu'il est possible de le définir, comme un ensemble d'« images » issu d'un imaginaire collectif concentré autour de peurs communes (Bilger, 2002, p. 27) ; celles-ci offrant un élément de l'origine du vampire, et sa matérialisation sous une forme qui ne peut que dépasser les limites de la norme. Les faits sont là, inconcevables, invraisemblables et inimaginables mais indubitables : les autorités se sont réellement déplacées et des investigations ont été lancées ; à l'ouverture des tombeaux, les constatations inconcevables étaient pourtant bien vues, observées, examinées. Il est intéressant de remarquer que tous ces textes sur les origines du vampirisme ne font que relater les faits, faire état, rapporter les observations, avoir un discours plutôt descriptif, aucune explication aux faits n'est donnée par Johann Flückinger par exemple, excepté par Michaël Ranft, puis par Dom Calmet, donc par les savants. L'écriture médicale renforce un effet de réel. Créatures existant véritablement, produit d'une partie de l'Europe qui a envie de se faire voir, de se faire obéir ou de se protéger, les Lumières critiquant déjà l'Est oriental, ou diabolisation de l'Orient par une partie de l'Europe qui veut grandir sa civilisation : la croyance est née, qu'on soit effrayé par les vampires et leur existence possible, ou qu'on remette en cause cette peur irrationnelle ; la croyance aux vampires est là, installée, sous quelque forme que ce soit. Plusieurs champs disciplinaires s'y intéressent. Des discours sur les rapports de croyance apparaissent en masse et entretiennent sa propagation.

DISCOURS DE SAVOIR ET CONSTRUCTION D'UN IMAGINAIRE

Le vampirisme est une croyance marquée par la peur qui se propage, circule, symboliquement par la voix, comme une épidémie. La question de l'imagination et de son pouvoir se pose, bien avant qu'elle ne concerne les œuvres de fictions poétiques et littéraires. Nous sommes aux origines de la croyance, celle véhiculée par les mots qui créent des images : l'imagination est alimentée et entretenue par la voix et le langage, et elle participe de l'écriture formelle de la croyance aux vampires. Cette écriture est principalement celle qui consiste à expliquer ou à critiquer le vampirisme et le vampire. Elle est celle qui tente de rationnaliser le phénomène.

Dans le chapitre précédent, nous avons distingué différents lieux de discours et de circulation de cette voix. Les journaux et gazettes rapportent des cas de vampirisme pendant tout le XVIIIe siècle (dès la fin du XVIIe siècle et jusqu'au début du XIXe siècle au moins) ; cas de vampirisme eux-mêmes rapportés par des experts tels que les médecins ou les officiers qui sont envoyés pour enquêter dans les villages et établir des rapports informatifs. L'un et l'autre suscitent l'émergence d'un troisième champ de réflexion, discursif, du côté des savants et des penseurs qui n'hésitent pas à produire des écrits, à propos de cette croyance. Les discours se croisent, se répètent, se répondent : la croyance fuse comme une épidémie qui « contamine » tous les champs du savoir. Ces écrits sont des débats intellectuels et philosophiques, scientifiques, médicaux, rationalistes et théologiques, ésotériques et superstitieux, etc., qui ont favorisé, avec les rapports officiels et les articles de journaux populaires et savants, le développement hors du commun du vampirisme à partir de la fin du XVIIe siècle.

Définir le vampirisme, au sens étymologique de « faire connaître ce qu'est précisément une chose », de « déterminer exactement » et de « fixer[1] », est une tentative, peut-être une tentation tant les écrivains se sont adonnés à l'éprouver. Le corps du vampire est un signe ambivalent, à interpréter. Nous entrons dans une sémiologie, dans une sorte de regard(s) sur ce signe vampirique, sur les signes qu'il contient et qui le contiennent et au(x)quel(s) on opposera d'autres signes, religieux, cliniques, philosophiques. L'objectif de ce chapitre est de rendre compte d'une multiplicité discursive qui est polysémie vampirique.

Ce deuxième chapitre étudie les discours et les querelles sur les rapports, sur la réalité, l'existence du vampire. Discours et querelles qui contestent la réalité des faits, mais qui, ce faisant, propagent la croyance aux vampires ainsi qu'une rhétorique de cette croyance. Ce deuxième chapitre relève les éléments qui permettent de donner une consistance réelle au vampirisme, des éléments de discours qui deviennent bientôt des éléments de fiction ; il consolide un imaginaire de la croyance. Autrement dit, le vampire est une forme de pensée collective, réelle, matérielle, qui est une croyance qui existe et se construit en mythe selon le fait qu'une écriture et une rhétorique se sont propagées, principalement par les querelles et les écrits. Nous parcourons donc les principales théories relatives à la croyance aux vampires à partir de textes de références sur les vampires, les plus hésitants et les plus scandaleux, c'est-à-dire ceux qui alimenteront le processus de contamination formelle.

Des récits de témoignages de cas de vampirisme seront de nouveau sollicités, des récits qui attestent la croyance quasi raisonnée et raisonnable en des êtres irrationnels à une époque, celle des Lumières, où le but est de dépasser l'obscurantisme et d'illuminer la connaissance, à une époque synonyme de confiance en l'esprit humain. Ces récits mettront en valeur la consolidation d'une écriture formelle de la croyance aux vampires, toujours orientée vers un désir de « faire croire », inconsciemment ou non. Une forme de récit *ouvert*, et paradoxalement hésitant, qui se construit pour définir, comprendre, critiquer, interpréter le vampirisme, pour le répéter et le faire circuler, pour forger et diffuser sa croyance.

---

1 Définition empruntée au Centre National de Ressources Textuelles et Lexicales (en ligne). Consultable sur http://www.cnrtl.fr/etymologie/d%C3%A9finir/verbe [Dernière consultation : 12/01/2021].

Avant d'atteindre plusieurs décennies après son statut de mythe, avant de (re)naître en tant que personnage de fiction à l'époque du Romantisme, et enfin avant qu'il ne s'introduise dans les esprits créateurs du cinéma au début du XXe siècle, le vampire est d'abord l'objet d'une vague de réflexions et de bouillonnements critiques, d'une querelle vampirique.

LE DISCOURS DES PHILOSOPHES : SUR L'AUTORITÉ QUI *RÉALISE* LE PHÉNOMÈNE

> Je ne suis rien moins que crédule ; mais il me semble qu'on ne peut refuser de croire une chose qui est de notoriété publique, attestée juridiquement & par des gens de probité, vû surtout qu'il y en a tant d'exemples réïtérés & tous également constatés. Je laisse aux Philosophes à rechercher les causes capables de produire des événements si peu naturels.
> Gazette des gazettes, ou Journal politique[2]

Nous sommes en Europe occidentale, à l'époque des Lumières, c'est-à-dire quand la philosophie et la science sont censées avoir gagné la lutte contre la superstition et les fantasmes irrationnels. Les vampires, s'imposant comme un nouvel ennemi des Lumières, n'avaient certainement pas leur place dans la vision de ce monde moderne. Alors, les philosophes ont essayé de les expliquer en termes scientifiques, rationnels, ou en pointant du doigt l'état primitif de l'Europe de l'Est, cette autre Europe.

Le discours philosophique s'empare de la question phénoménologique du vampire, croisant, du fait de la fonction des philosophes qui le tiennent, des champs discursifs religieux, anthropologiques, ou médicaux.

2 1765, p. 19.

LE DISCOURS DE MICHAËL RANFT

Michaël Ranft est un philosophe allemand et un homme d'église[3]. C'est en liant ses deux champs de formation et de connaissance qu'il propose de faire converger une pensée rationaliste, théologique et ésotérique, presque médicale (puisqu'il parle de maladie de l'esprit et qu'il annonce l'hystérie) vers une réflexion philosophique sur l'imagination et en 1725[4], dans *De la Mastication des morts dans leur tombeau*, de remonter à une croyance plus ancienne mais filialement liée au vampirisme. Son texte suit les événements qui se sont déroulés en 1725 à Kisilova à propos du cas de Peter Plogojovitz, rapporté par le rapport du représentant gouvernemental Frombald. Son discours est philosophique mais son interprétation est déjà médicale.

Pour Michaël Ranft, le vampirisme est une maladie. Il rappelle dans son ouvrage que l'opinion publique l'a associé dès sa naissance aux épidémies, la peste principalement, et à tout symptôme qui s'en rapproche, inconnu, encore indéterminé, mystérieux pour la science, se trouvant soudainement à la croisée des croyances mystiques, païennes, folkloriques, celles où les voix de la Nature sont plus puissantes à cette époque que la Science (celle du moins qui est du côté de la vérité) :

> La quatrième proposition due à la superstition du peuple, dans la mastication des morts, se trouve être le préjugé à l'égard du *moment* où les cadavres se mettent à gargouiller dans leurs cryptes. L'opinion générale veut qu'elle coïncide avec les périodes de peste. [...] La peste a seulement fourni l'occasion de révéler ce prodige et de le mettre sur la place publique. À l'époque où

---

3 Michaël Ranft est un homme d'église mais il est d'abord un philosophe allemand et comme en témoigne le chapitrage de son ouvrage *De la mastication des morts dans leur tombeau* distingué entre une « première dissertation historico-critique » et une « Seconde dissertation philosophique », il aborde le vampirisme selon une critique religieuse et philosophique liée à la superstition et à l'imagination. Nous aborderons son discours dans le champ de la philosophie mais alors qu'il défend la thèse de la Magie Naturelle nous le ferons intervenir comme le chef de file des penseurs sur la pensée primitive (chapitre sur le discours anthropologique). En ce qui concerne Voltaire, il se pose en face du discours religieux de Dom Augustin Calmet, donc nous le ferons principalement intervenir dans la partie qui concerne sa querelle avec le théologien.

4 Trois éditions de la dissertation existent : deux publiées en latin à Leipzig, respectivement en 1725 et en 1728. En 1734, soit deux ans après le rapport Flückinger, il publie sa dissertation dans une version largement augmentée en allemand. Cette dernière version fait apparaître une copie du rapport Flückinger suivi d'un long développement, particulièrement médical, rapportant des lectures de docteurs sur les vampires. Nous consultons la version de 1728 traduite du latin en français par Danielle Sonnier.

> une épidémie ravage à la fois villes et campagnes, et épuise la population par une incessante contagion, les corps des morts sont privés d'obsèques et de sépulture rituelles. Comme les fossoyeurs s'acquittent sans relâche de leur tâche, de jour comme de nuit, et vivent pour ainsi dire au milieu des morts, [...] les « miracles » des morts ne peuvent jamais mieux être mis au jour qu'en ces temps infortunés de peste. (Ranft, 1995, p. 62-63)

Mais il déclare d'emblée que cette association n'a aucun fondement de vérité, et qu'elle est due à la superstition ou fausse croyance du peuple :

> ce contexte a engendré d'une part l'opinion qui veut que la mastication des morts soit la cause du fléau contagieux, d'autre part l'idée que l'un durerait aussi longtemps que l'autre, l'effet ne s'arrêtant que si la cause disparaissait. Mais c'est une erreur que de souscrire à de telles inepties : d'obscures ténèbres remplissent la tête des Docteurs ! Leur thèse ne s'appuie sur aucun fondement de vérité, puisqu'on a pu observer autant de cas de morts mâcheurs en dehors des temps de peste, qu'il n'en a été décrit par les auteurs aux périodes d'épidémie. Il nous suffit dorénavant d'invoquer le cas de Hongrie, qui ne s'est pas produit en temps de peste et qui n'a pas été tenu non plus pour une cause de peste, bien que le peuple du pays à d'autres égards semble extrêmement superstitieux. (*ibid.*, p. 63)

Pourquoi cette association ? La cause en serait principalement le Diable rapporte Michaël Ranft. Le Diable insinuerait la terreur dans l'esprit des hommes par l'intermédiaire des vampires ou masticateurs, une terreur beaucoup plus dangereuse en période d'épidémie, se répandant beaucoup plus vite :

> Mais si nous cherchons d'où vient cette terreur, nous ne pouvons alléguer d'autre cause que la superstition elle-même, parce que l'homme épouvanté a pensé que cette mastication provenait du Diable et qu'elle était justement le signe annonciateur d'une recrudescence du mal. S'il l'avait ignoré, son esprit n'aurait pas été envahi par cette formidable terreur. Qu'en conclure sinon que le responsable de cette épouvante mortelle n'est point tant le Diable que nous-mêmes, puisqu'il s'agit d'une perturbation de notre pensée produite par l'opinion préconçue ? (*ibid.*, p. 65-66)

La peste est une maladie caractérisée par l'étendue large de son expansion mortifère. Son lien avec le vampirisme, qui demeurera jusqu'à aujourd'hui, est favorisé selon nous par l'étymologie même du mot *peste*, qui signifie en latin « épidémie », « maladie contagieuse » (*Grand dictionnaire étymologique & historique du français*, 2011, p. 744), par une définition première qui fait de la peste, la notion d'un « fléau collectif » (Dupont, 1984, p. 511) et ce contre quoi la religion et la médecine sont impuissantes (*ibid.*, p. 521). Son lien avec le vampirisme est également favorisé par son « porteur » privilégié, le rat, renvoyant aussi à l'image d'une expansion incontrôlable ; par une conception surnaturelle de la peste qui s'incarne sous la forme d'une flamme bleue, d'un génie ou d'un fantôme (Biraben, 1976, p. 19-20), et enfin par son action : une morsure de puce hématophage et un lien avec le sang.

Ce lien qui rationalise, de la maladie avec le vampirisme, peut aussi être favorisé par l'étymologie du mot *maladie*, et par une définition de l'imaginaire au XVIIe siècle de Nicolas Malebranche et dont Michaël Ranft semble poursuivre la réflexion ; autrement dit, un héritage qui associe superstition et maladie épidémique qui touche la raison. Le mot « maladie » s'entend non seulement dans le sens de *male habitus*, « en mauvais état », d'*aeger*, « peine, souffrance causée par la maladie » mais aussi dans le sens de *morbus*, « maladie ». Chacun a donné le mot que nous connaissons aujourd'hui de « maladie », mais aussi l'adjectif « morbide » (Rey, 2010, p. 1255) : dans notre cas, quelque chose de malsain et de glauque s'est insinué dans les esprits de l'époque des Lumières. Pour Michaël Ranft, tout comme la superstition, le vampirisme est une maladie morbide, une morbidité maladive qui touche les corps des esprits faibles, mais aussi les esprits affaiblis. La mort et ce qui la contient, obsèdent, terrifient, horrifient, angoissent et paralysent, corps et esprits.

Dès l'Antiquité, la superstition est un risque pour la santé mentale de l'être humain, et sa description par Cicéron, dans *De la divination* en 44 avant Jésus-Christ, donne l'impression d'une forme qui vampirise l'esprit, qui avilit, qui perturbe la réflexion, qui hante et qui angoisse :

> Celle-ci, en effet, est obsédante et pressante, et de quelque côté que tu te tournes, elle te poursuit : que tu aies écouté un prophète ou un présage, que tu aies immolé ou que tu aies observé un oiseau, que tu aies consulté un Chaldéen ou un haruspice, s'il y a eu un éclair, s'il a tonné, si la foudre a frappé quelque chose, si un être ou un phénomène comparables à un prodige sont nés ou apparus. Et comme n'importe lequel de ces évènements se produit nécessairement souvent, il n'est plus possible de vivre l'esprit en paix. (1972, p. 183-184)

Plus tard, Plutarque parle dans ses *Œuvres morales* d'une « opinion étanchée de passion », d'une « supposition créatrice d'une crainte qui déprime et brise l'homme », d'une croyance qui « s'agite et se livre à des mouvements inconvenants », d'une « passion née d'un raisonnement faux » (1985, p. 249). La superstition est une maladie qui infecte de façon incontrôlable la raison et les émotions (elle est source de peurs), et cela se répercute sur le corps (la fatigue notamment) : « il n'est pas de maladie sujette à autant de passions, où se mêlent autant d'opinions qui s'opposent ou plutôt se combattent, que la maladie de la superstition » (*ibid.*, p. 267). La superstition témoigne, d'une certaine façon, de la mortalité de la raison humaine.

Le lien métaphorique, symbolique, avec la transmission, contagieuse, de type oral est considérable. Le vampirisme est une maladie de la rumeur, cette voix obscure, collective et anonyme. Chacun entend ce qu'il a à la fois peur et envie d'entendre en guettant la parole sur la bouche de l'autre :

> la famille sur la bouche du mourant, les villageois sur la bouche des gens prétendument sucés par le vampire Plogojovitz[5], l'Officier Impérial et le Pope sur la bouche des villageois, puis les bourgeois dans les lignes du journal, *Wienerische Diarium* ou *Mercure de France.* Après avoir recueilli cette parole, on s'empresse de la disséminer[6]... (Sonnier, 1995, p. 8)

> Ce semblant de prodige a entraîné aussitôt le petit peuple superstitieux à penser que le défunt avait dévoré ses vêtements dans le tombeau ; et parce qu'au même moment ils avaient vu mourir ses proches d'une mort singulière, ils n'ont pu faire autrement que d'établir une relation entre le mal et la dévoration des vêtements. Dès que le récit fut passé dans la bouche des vieilles femmes, il se répandit dans le public avec un luxe de nouveaux détails ajoutés chaque jour. (Ranft, 1995, p. 112)

Michaël Ranft emploie les termes de « ver » (*ibid.*, p. 60), de « putréfaction » et de « poison » (*ibid.*, p. 115) pour désigner la superstition, il fait le procès des commérages des vieilles femmes, aussi appelées « sorcières », qui véhiculent la rumeur et la parole ombrageuse. Mais finalement, quand Michaël Ranft fait état de cela, il fait parallèlement lui-même acte de (re)propagation :

> Tu ne t'étonneras donc pas, Bienveillant Lecteur, si tant de racontars sur les morts mâcheurs sont parvenus à tes oreilles. Car toutes les fois que, par la

5 Nous notions les différences (erreurs ?) de graphies : ici « Plogojovitz », chez Jean-Claude Aguerre « Pierre Poglojowicz » ou « Poglojowitz ».

6 Danielle Sonnier présentant la dissertation de Ranft.

suite, ont surgi des circonstances semblables chez les mourants, comme nous l'avons noté, on a exhumé le cadavre du défunt et on a considéré comme *prodigieux* tout ce qu'on avait constaté de simplement *singulier*. Et nous croyons que c'est ainsi qu'est née la légende de la mastication des morts telle que nous l'ont racontée nos pères. (*ibid.*, p. 112-113)

Ce passage du « singulier » au « prodigieux » est processus de mythification du vampirisme. Et le mot « prodige » est répété plusieurs fois dans la *Dissertation* de Ranft, comme s'il y avait malgré tout derrière ce mot une certaine reconnaissance du vampirisme, au sens qu'il admette sa réalité prodigieuse. Ranft contribue à la diffusion de cette croyance par le simple acte de la communiquer et de la disserter. La superstition de cette époque serait la propagande des siècles suivants. Si Ranft dit que les serpents qui élisent domicile dans les cadavres tirent les étoffes à l'intérieur des gorges, la métaphore de la superstition comme organisme animal et monstrueux dévorant dans les zones rationnelles de l'esprit n'est pas loin. Désormais, il serait possible d'interpréter les futures différentes transformations monstrueuses des vampires (de la fiction) comme la représentation conséquente de la superstition et de ses ravages ; comme une représentation de l'immixtion des idées tyranniques, gangrenées, dévastatrices dans l'esprit des hommes et qui s'opposeraient à une bonne marche de la société, à un bon « fonctionnement » de la Nature. D'ailleurs, ces peuples tyranniques, pénétrés de l'idée du destin, quoique touchés par les ravages de la peste, n'éprouvent aucune terreur à l'égard de cette épidémie selon Michaël Ranft et les dires de l'époque. Cette « résistance » est expliquée sur un mode philosophique par Johan Samuel Carl dans son livre l'*Ange de la peste* qui, cherchant la raison de la contagion dans le monde spirituel, écrit : « Si l'âme humaine est terrifiée par un principe venu du monde supérieur des anges et se trouve affectée par la Magie *pénétrante*, elle perd sa composition naturelle sous le coup de la crainte et de la peur, et laisse le champ libre à l'expansion de la pourriture intérieure » (*ibid.*, p. 66-67). Cité en italique dans le texte de Michaël Ranft, la *pénétration* se teinte de violence et devient synonyme de contamination et promesse de pourrissement. À l'aube du XVIIIe siècle, la croyance aux vampires est une épidémie de l'imagination fantastique qui se propage.

Michaël Ranft s'inscrit bien dans un courant de pensée sur l'imagination qui interroge la vérité. En 1674, dans sa thèse sur la vérité,

Malebranche enseignait cela, et insistait sur le risque d'un changement des esprits croyants, avec la possibilité d'une contamination étendue, en insistant sur le fait que :

> [L]es imaginations fortes sont extrêmement contagieuses : elles dominent sur celles qui sont faibles : elles leur donnent peu à peu leurs mêmes tours, et leur impriment leurs mêmes caractères. Ainsi ceux qui ont l'imagination forte et vigoureuse, étant tout à fait déraisonnables, il y a très peu de causes plus générales des erreurs des hommes, que cette communication dangereuse de l'imagination. (1842, p. 176)

Malebranche – que Jean-Jacques Rousseau a lu attentivement – *met en garde* contre un pouvoir de l'imagination. Productrice d'hallucinations collectives et vecteur de fantaisies populaires, l'imagination, quand elle domine, est une maladie contagieuse qui se transmet par les liens naturels du contrat social, qui font que les hommes vivent en société, sont dépendants les uns des autres.

Cependant, Michaël Ranft conclut ses premiers paragraphes en affirmant que ce n'est pas parce que des faits ne sont pas connus ou sont ignorés *qu'ils n'existent pas* (il insiste sur la réalité des faits) ; autrement dit, ce n'est pas l'ignorance ni la méconnaissance qui font l'inexistence :

> Il est certain que se cachent encore dans la Nature un grand nombre de pouvoirs. L'étonnement admiratif qui nous saisit devant ces manifestations n'a pas d'autre motif que l'incapacité où nous sommes de les connaître. Mais qui en déduirait que ces pouvoirs n'existent pas ? À coup sûr, un homme naïf, à qui une pratique insuffisante de la Raison ne permet pas d'étudier les causes, serait forcé d'incriminer souvent l'œuvre du Diable, si l'inintelligibilité d'un événement le poussait à en nier la réalité effective. Nul doute en effet que la Nature demeure impossible à scruter en son entier. Mais plus les forces de la Nature sont simples, plus elles se rapprochent des principes premiers et plus on est tenté de leur donner une interprétation merveilleuse. (1995, p. 17)

Pour Michaël Ranft – et Dom Augustin Calmet le suivra sur ce propos –, la Nature est transcendante d'une certaine façon et son incompréhension est tentation de merveilleux, et donc de fiction. Nous semblons donc être à la source même de la fiction. La réalité superstitieuse de la mastication des morts est interprétée et donc fictionnalisée car le phénomène physique n'est pas compris. Mais encore, l'imagination crée la réalité de la mastication des morts dans leur tombeau à partir de la vérité du phénomène naturel, de la réaction physique et naturel d'un corps qui se décompose. Ces bruits infernaux naissent bien la plupart du temps de la pensée superstitieuse ou de l'« imagination » abusée et confuse des autochtones. Michaël Ranft admet l'emprise superstitieuse sur les esprits humains chez les païens qui « attribuent les sifflements et les bourdonnements aux âmes des morts, sans autre raison que leur attachement à une conception superstitieuse du statut des âmes après la mort. » (*ibid.*, p. 42) La superstition refuse à ces peuples d'être en mesure de reconnaître « que les bruits et les gémissements perçus dans le sein de la terre sont dus au feu souterrain qui parfois circule impétueusement dans les boyaux étroits, à travers les roches dures et les grottes, et produit des bruits effrayants qu'on peut confondre avec des plaintes. » (*ibid.*) Le vampirisme est donc une interprétation superstitieuse de signes réels. La nature est présente, source occulte et cause mal interprétée, servant de prétexte à l'explication satanique. La superstition, agit, évolue comme un personnage au puissant pouvoir, elle est un « poison » qui non seulement atteint l'individu en propre mais aussi atteint et touche l'ensemble d'une communauté, et cela d'une façon intemporelle : « le mal qu'il a fait autrefois aux peuples anciens, le poison de la superstition peut encore le faire aux esprits des Chrétiens » (*ibid.*, p. 43). L'interprétation superstitieuse de la nature trouvera sa meilleure représentation en la figure du vampire intemporel. Rien ne peut si bien figurer la superstition, la rumeur superstitieuse que le vampire, avançant dans les esprits, se diffusant, contaminant la raison et se détournant symboliquement de la Lumière, devant vivre et évoluer dans l'obscurité : une image du vampire est celle d'un être qui surgit et prend possession de l'esprit faible, aspire ses capacités rationnelles, et là le doute et la folie s'installent.

LA LETTRE DE JEAN-JACQUES ROUSSEAU

> Grâce à Dieu, nous ne sommes rien moins que crédules. Nous avouons, que toutes les Lumières de Physique, que nous pouvons approcher de ce Fait, ne nous y découvrent rien de ses Causes. Cependant, nous ne pouvons refuser de croire véritable un Fait attesté juridiquement, & par des Gens de Probité ; outre qu'il n'est pas unique en ce Genre.
> BOYER D'ARGENS[7]

Alors que les témoignages « juridiques » autour des apparitions de vampires en Europe centrale sèment un certain trouble dans les consciences, Jean-Jacques Rousseau s'intéresse très tôt à la question. Dans le brouillon du manuscrit du quatrième livre du traité *Émile ou De l'éducation*, datant de 1738-1739, Rousseau discute sur les miracles et se réfère explicitement à l'exemple du vampire :

> Quel vrai miracle n'a pas été contrefait par de faux miracles semblables quel mensonge n'a pas (été asses attesté par) des peuples fanatiques (comme les plus incontestables vérités). Depuis quelque tems toutes les nouvelles publiques ne nous parlent que des Wampires ; il n'y [eut jamais juridiquement] attesté que leur existence. Avec cela montrez moi dans toute l'Europe un seul homme de sens qui croye aux Wampires et qui daignast seulement en aller vérifier la fausseté). Qui est-ce qui m'osera dire combien il faut de témoins oculaires pour rendre un prodige digne de foi. (1914, p. 330 et 332)

Si la référence aux vampires est omise dans la version finale (sans doute par peur d'une censure de l'éditeur[8]), il revient quelques années plus tard sur la question et demande : « serons-nous tous damnés pour n'y avoir pas cru ? ». La question, chargée d'ironie, est posée en mars 1763, dans une *Lettre à Monseigneur de Beaumont*, archevêque de Paris. Il convient alors de citer le propos de Jean-Jacques Rousseau pour ce qui concerne la question du vampire, et puis d'en résumer le contexte :

---

7 1736, p. 51.

8 L'œuvre paraît en plein scandale des *Dissertations* de Dom Augustin Calmet (notons que Rousseau lisait ses livres).

Monseigneur [...]; j'aime à rapporter vos propres termes [...] : *Mais n'est-il donc pas une infinité de faits, même antérieurs à celui de la Révélation Chrétienne, dont il seroit absurde de douter ? Par quelle autre voye que celle des témoignages humains, l'Auteur lui-même a-t-il donc connu cette Sparte, cette Athène, cette Rome dont il vante si souvent & avec tant d'assurance les loix, les mœurs, & les héros ? Que d'hommes entre lui & les Historiens qui ont conservé la mémoire de ces événements !*

Si LA matière étoit moins grave & que j'eusse moins de respect pour vous, cette maniere de raisonner me fourniroit peut-être l'occasion d'égayer un peu mes lecteurs ; mais à Dieu ne plaise que j'oublie le ton qui convient au sujet que je traite, & à l'homme à qui je parle. Au risque d'être plat dans ma réponse, il me suffit de montrer que vous vous trompez.

CONSIDÉREZ donc, de grâce, qu'il est tout-à-fait dans l'ordre que des faits humains soient attestés par des témoignages humains. Ils ne peuvent l'être par nulle autre voye ; je ne puis savoir que Sparte & Rome ont existé, que parce que des Auteurs contemporains me le disent, & entre moi & un autre homme qui a vécu loin de moi, il faut nécessairement des intermédiaires ; mais pourquoi en faut-il entre Dieu et moi, & pourquoi en faut-il de si éloignés, qui en ont besoin de tant d'autres ? Est-il simple, est-il naturel que Dieu ait été chercher Moïse pour parler à Jean-Jacques Rousseau ?

D'AILLEURS nul n'est obligé sous peine de damnation de croire que Sparte ait existé ; nul pour en avoir douté ne sera dévoré des flammes éternelles. Tout fait dont nous ne sommes pas les témoins, n'est établi pour nous que sur des preuves morales, & toute preuve morale est susceptible de plus & de moins. [...]

S'IL y a dans le monde une histoire attestée, c'est celle des Wampirs. Rien n'y manque : procès verbaux, certificats de Notables, de Chirurgiens, de Curés, de Magistrats. La preuve juridique est des plus complettes. Avec cela, qui est-ce qui croit aux Wampirs ? Serons-nous tous damnés pour n'y avoir pas cru ?

QUELQUE attestés que soient, au gré même de l'incrédule Ciceron, plusieurs des prodiges rapportés par Tite-Live, je les regarde comme autant de fables, & sûrement je ne suis pas le seul. Mon expérience constante & celle de tous les hommes est plus forte en ceci que le témoignage de quelques-uns. [...]

UN HABITANT de la rue St Jacques vient tenir ce discours à Monsieur l'Archevêque de Paris : « Monseigneur, je sais que vous ne croyez ni à la béatitude du Saint Jean de Pâris, ni aux miracles qu'il a plu à Dieu d'opérer en public sur sa tombe, à la vue de la Ville du monde la plus éclairée & la plus nombreuse. Mais je crois devoir vous attester que je viens de voir ressusciter le Saint en personne, dans le lieu où ses os ont été disposés. »

L'HOMME de la rue Saint-Jacques ajoûte à cela le détail de toutes les circonstances qui peuvent frapper le spectateur d'un pareil fait. Je suis persuadé qu'à l'ouïe de cette nouvelle, avant de vous expliquer sur la foi que vous y ajoûtez, vous commencerez par interroger celui qui l'atteste, sur son état, sur ses sentimens, sur son Confesseur, sur d'autres articles semblables ; et lorsqu'à son air comme à ses discours vous aurez compris que c'est un pauvre Ouvrier, & que, n'ayant point à vous montrer de billet de confession, il vous confirmera dans l'opinion qu'il est Janséniste ; « Ah ah ! » lui direz-vous d'un air railleur [...]

> TOUJOURS dans ma supposition, sans doute il insistera : il vous dira qu'il n'a point vu seul le miracle ; qu'il avoit deux ou trois personnes avec lui qui ont vu la même chose, & que d'autres à qui il l'a voulu raconter disent l'avoir aussi vu eux-mêmes. [...]
>
> D'AUTRES Évêques moins charitables enverroient chercher un Commissaire [...]. D'où je concluds que, même selon vous, & selon tout homme sage, les preuves morales suffisantes pour constater les faits qui sont dans l'ordre des possibilités morales, ne suffisent plus pour constater des faits d'un autre ordre et purement surnaturels [...] (1762-1763, p. 100 et suivantes)

Prenant l'exemple de la croyance aux vampires, Jean-Jacques Rousseau commente la question de l'autorité, sa valeur, son identité, son pouvoir. De l'autorité de ceux qui servent d'intermédiaire, qui témoignent et donc attestent de faits (par exemple, quelle valeur a la parole d'un janséniste pour un Archevêque catholique ?).

Concernant d'abord le choix des vampires qui lui sont contemporains et l'utilisation de cet exemple, la question de Jean-Jacques Rousseau, « Serons-nous tous damnés pour n'y avoir pas cru ? », a ou aurait pu provoquer et maintenir un certain doute sur la possible existence des vampires (« n'y avoir pas cru ») et sur la croyance en cette existence (« serons-nous tous damnés ? »). L'interrogation sur le sujet de la croyance (qui croit ?), la négation (ne pas croire), mais surtout le futur (nous serons) en lieu et place d'un possible conditionnel, ont pu alimenter ce doute : quelles réalités admettre et comment les admettre ? Dans son chapitre « Jean-Jacques Rousseau et les vampires : un mythe entretenu », Sabine Jarrot écrit qu'« un ensemble d'auteurs contemporains [ont] décidé d'instaurer un doute en tronquant [cette] célèbre phrase de J.-J. Rousseau relative aux vampires. » (1999, p. 63) Des auteurs (que Jarrot cite), ont soit pensé, soit insinué que Jean-Jacques Rousseau croyait alors aux vampires, chacun récupérant, tronquant, changeant, coupant de son contexte ou de sa source la phrase, ne livrant aucune référence ou se citant les uns les autres ; des auteurs qui ont « abusivement utilisé les écrits de J.-J. Rousseau ». La célèbre question de Rousseau a circulé et, coupée de l'ensemble de la citation (*ibid.*, p. 65), a alimenté le doute sur les convictions de Rousseau, et de ce fait sur les vampires. Les vampires sont « une histoire » et cette histoire est « attestée ». Comme l'écrit Frédéric S. Eigeldinger dans son article « Jean-Jacques et les vampires », « le contexte est donc formel : Jean-Jacques est loin de croire à ces récits "formels" et se moque de ces légendes comme il récuse les miracles. Par cette référence, il voulait montrer combien encore la superstition était vivace au siècle des Lumières. » (2013, p. 246) Plus loin, Rousseau met en avant la rhétorique du nombre, la circulation d'une forme d'écriture ou de discours dont il est n'est pas possible de douter.

Si en 1762, quand il publie la « Profession de foi du vicaire savoyard », Rousseau ne traite pas du vampire, il réutilise dans sa réponse à Monseigneur de Beaumont le même style interrogateur, à des fins critiques et ironiques, que dans ces premières réflexions sur les vampires d'il y a environ vingt-cinq ans plus tôt. Rousseau ne croit pas aux vampires mais admet et témoigne de la réalité des preuves juridiques, des procès-verbaux, des témoignages d'autorités qui attestent cette existence. Cependant, ce n'est pas parce que certains disent que les vampires existent que nous sommes obligés d'y croire. Rousseau dit faire confiance plus à son expérience qu'à des faits attestés, déclarés vrais. Il faut être soi-même le témoin de ces faits, de ces événements pour les croire vrais. Ce faisant, Rousseau définit malgré lui le vampirisme et sa fiction : les vampires « existent » parce que des personnes y croient, « grâce » à des intermédiaires qu'on croit et qui y croient ; leur existence est définie par des faits, des événements, des histoires qui ont été observés à leurs propos. Rousseau interroge la croyance d'un récepteur (d'images).

Rousseau ne se demandait pas si les vampires existaient, la question n'est pas là : en effet, le texte porte sur la notion d'autorité, et questionne les raisons de douter d'un fait attesté et vérifié par celle-ci. Plus précisément, les épidémies seraient importantes parce qu'elles révèlent quelque chose sur la nature de l'autorité politique qui atteste les faits. Deux remarques se dégagent des propos de Rousseau et peuvent être prises en compte. D'une part, et l'Histoire l'aura prouvé, il faut se méfier de l'autorité qui cherche tant mal que bien une raison de prouver son pouvoir, de s'asseoir sur les esprits des plus faibles, et peut-être de faire régner la peur dans leur esprit. D'autre part, il faut remettre en question la notion même d'autorité, à partir du moment où ce qui est affirmé dépasse l'entendement. Qui est juge ? Pour quel jugement ? Une explication serait : une région terrifiée, blessée, horrifiée par les épidémies et les guerres, donc par la mort, a peut-être été victime d'hallucinations, et aurait vu des morts se lever de leur tombeau et venir les visiter. Alors, s'il n'y avait aucun doute (pour le peuple) que les vampires existaient réellement, c'était qu'ils « existaient » dans l'esprit de ces officiers de l'armée, de ces fonctionnaires et de ces prêtres qui juraient solennellement qu'ils avaient été témoins de leur présence (Fraylin et Wokler, 1982, p. 116). Comme le souligne Phillip Cole dans son article "Rousseau and the Vampires : Toward a Political Philosophy of the Undead", l'explication de Rousseau est politique, les épidémies étant un phénomène politique. Le vampire devient le représentant de la condition sociale et politique du peuple ; et l'épidémie vampirique permet de montrer les façons dont les autorités religieuses et politiques locales cherchent à contrôler les populations en faisant appel aux mythes et superstitions populaires, en exploitant la peur irrationnelle des monstres imaginaires. Rousseau dénonce le fait que les autorités – religieuses ou politiques – cherchent à créer et à exploiter la panique pour gagner et conserver le pouvoir (Cole, 2010, p. 283). Ces autorités locales profitant de la faiblesse et de l'ignorance des autochtones, comme le rappelle Dom Augustin Calmet, qui décrit les paysans de ces lieux comme des « gans fort ignorans, fort superstitieux, fort crédules, & infiniment prévenus sur le fait du Vampirisme. » (1751b, p. 257) Alors, les autorités réussissent à contrôler une population qu'elle rassemble pour une même cause qui consiste à traquer et combattre le mal.

Dans une note non publiée[9] qu'il rédigea après la *Lettre à Monseigneur de Beaumont*, Rousseau réitéra ce point et se référa à un article de la *Gazette des Gazettes* du 1er novembre 1765 pour appuyer sa position. Voici ce qu'on y lit :

> J'ai fait en ma vie bien des voyages, Monsieur ; il y a peu de provinces en Europe où je n'aye été ; j'ai beaucoup vû & beaucoup appris ; mais je puis dire que rien ne m'a paru plus extraordinaire que les relations qu'on m'a fait[es] dans l'Esclavonie Autrichienne dépendante de Hongrie. Un peuple de ce pays-là, connu sous le nom de Heyduques, croit que certains morts qu'ils appellent Vampires, viennent sucer tout le sang des vivans [...]. Cette opinion tout étrange qu'elle puisse paroître, est prouvée par tant de faits qu'on ne sçauroit raisonnablement douter, vu la qualité des témoins qui les ont certifiés : je vous en rapporterai ici quelques-uns des plus considérables. En 1727 un certain Heyduque nommé Arnold Paule, habitant de Medreyga fut écrasé par la chute d'un chariot de foin : 30 jours après sa mort, quatre personnes moururent assez subitement, & de la manière que meurent, suivant la tradition du pays, ceux qui sont molestés par les Vampires ; [...] après son enterrement, on trouva sur son cadavre toutes les marques d'un vrai Vampire :

9 Eigeldinger, 2013, p. 247.

son corps étoit vermeil, ses ongles, ses cheveux et sa barbe s'étoient renouvellés; il étoit tout rempli d'un sang fluide, & coulant de toutes les parties de son corps sur le linceul dont il étoit enveloppé. Le Hadnagy ou Bailli du lieu, en présence de qui se fit l'exhumation, & qui étoit un homme expert dans le Vampirisme, fit enfoncer, suivant la coutume, dans le cœur de cet Arnold Paule un pieu fort aigu, qui lui traversa le corps de part en part, ce qui lui fit, dit-on, jeter un cri effroyable, comme s'il eût été en vie : cette expédition faite, on lui coupa la tête & on brûla le tout; après quoi on jeta la cendre dans la Save : on fit la même exécution sur les cadavres des quatre autres personnes mortes du Vampirisme, de crainte qu'elles n'en fissent périr d'autres à leur tour. Malgré tout cela, vers la fin de l'année 1731, c'est-à-dire, au bout de 5 ans, ces funestes scènes recommencèrent, & plusieurs habitańs de ce même village périrent malheureusement : dans l'espace de trois mois : 17 personnes des deux sexes & de différents âges moururent du Vampirisme, quelques unes sans être malades, d'autres après 2 ou trois jours de langueur. [...] les principaux du lieu, les Médecins & Chirurgiens examinerent comment le Vampirisme avoit pu renaitre après les précautions qu'on avait prises quelques années auparavant; on découvrit enfin après bien des recherches, que le deffunt Arnold Paule avoit non-seeulement sucé les quatre personnes dont j'ai parlé, mais aussi plusieurs bestiaux dont les nouveaux Vampires avaient mangé; [...]. Toutes les informations & exécutions dont je viens de parler, furent faites juridiquement en bonne forme, & attestées de plusieurs Officiers qui étoient en garnison dans ce pays-là, par les Chirurgiens-Majors des Régimens & par les principaux habitants du lieu; le procès-verbal en fut envoyé vers la fin de janvier 1732 au Conseil de Guerre Impérial à Vienne, qui avoit établi une commission militaire pour examiner la vérité de tous ces faits : c'est ce qu'ont déclaré le Hadnagy Barriarar, les anciens des Heyduques, et c'est ce qui a été signé par Mrs. Battuer, premier Lieutenant au Régiment d'Alexandre Wurtemberg, Fliestenger, Chirurgien-Major du Régiment de Furstemberg, trois autres Chirurgiens de compagnie, & M. Guoschutz, Capitaine à Stalath. Enfin quatre ans après (en 1736) on eut dans ce même canton de l'Esclavonie une nouvelle scène de Vampirisme dûment attestée par deux Officiers des troupes Impériales à Gradisca, qui firent une descente sur les lieux, & par un Officier des troupes Impériales à Gradisca, qui avoit été témoin oculaire des procédures. Au commencement de septembre mourut dans le village de Kisilova à 3 lieues de Gradisca, un homme âgé de 62 ans : trois jours après avoir été enterré, il apparut la nuit à son fils, et lui demanda à manger : celui-ci lui en servit; il mangea & disparut : le lendemain le fils raconta à ses voisins ce qui étoit arrivé. Cette nuit le père ne parut pas; mais la nuit suivante il se fit voir, & demanda à manger : on ne sait pas si son fils lui en donna, car on le retrouva mort le lendemain dans son lit. Le même jour, 5 ou 6 personnes tombèrent subitement malades dans ce village, & moururent l'une après l'autre en peu de jours; l'Officier ou le Bailli du lieu informé de ce qui étoit arrivé, en donna une relation au tribunal de Belgrade, qui envoya dans ce village deux de ses Officiers avec un bourreau pour examiner cette affaire. L'Officier impérial dont on tient cette relation, s'y rendit de Gradisca pour être témoin d'un fait dont il avoit souvent oui parler : on ouvrit tous les tombeaux de ceux qui étoient morts depuis six semaines ; quand on en vint à celui du vieillard, on le trouva les yeux ouverts d'une couleur vermeille, & ayant une respiration naturelle, cependant immobile & mort ; d'où l'on conclut qu'il étoit un vrai Vampire : le bourreau lui enfonça un pieu dans le cœur ; on fit un bûcher, & on y réduisit ce cadavre en cendres : on ne trouva aucune marque de vampirisme ni dans le cadavre du fils, ni dans les autres. Je vous avoue, Monsieur, que je n'ai assisté à aucune exhumation ni exécution des Vampires ; mais comme en passant le printemps dernier à Gradisca et à Medreyga, un Gentilhomme Esclavon me parlait beaucoup de ces Vampires ; je le priai de me faire communiquer les procès-verbaux qui constatoient la vérité de tous ces faits, & c'est d'après ces actes, qu'il eut la complaisance de m'expliquer en latin, que je vous ai fait le récit que vous venez de lire. Je ne suis rien moins que crédule ; mais il me semble qu'on ne peut refuser de croire une chose qui est de notoriété publique, attestée juridiquement & par des gens de probité, vû surtout qu'il y en a tant d'exemples réïtérés & tous également constatés. Je laisse aux Philosophes à rechercher les causes capables de produire des événements si peu naturels. (1765, p. 14-19)

L'article est rédigé le 18 octobre 1765 par le correspondant berlinois de la *Gazette* et cite intégralement « une lettre sur les Vampires qui contient des détails singuliers, & qui mérite d'être rapportée, pouvant un jour servir à l'histoire de l'esprit humain. » (*ibid.*, p. 14) Nous aurons reconnu, par la présence de données précises de temps, dates, lieux, le rapport Flückinger derrière cette citation d'un récit de voyageur qui précise cependant n'avoir assisté « à aucune exhumation ni exécution des Vampires » ; témoignage lui-même rapporté par le journaliste anonyme de la *Gazette* qui ne réagira pas au terme de cette lettre. En 1765, ce type de discours, représentatif de cette écriture formelle de la croyance aux vampires qui s'étonne, témoigne, rapporte (avec plus ou moins de détails), et donc fait croire, est devenu classique. Ce compte rendu de cas de vampirisme semble encourager notamment à un commentaire critique sur la notion de preuve, soulevant une fois de plus la question de savoir comment ces preuves pourraient être jugées ou attestées. Pour le voyageur, il n'y a pas de doute : le statut éminent des témoins de vampires en tant qu'hommes de probité ou en tant que notables confirmait l'authenticité de leurs rapports ou procès-verbaux, ceux-ci authentifiant la vérité des faits et donc la réalité des vampires, tout comme les témoins, ainsi que la notoriété publique du phénomène en général. Comme le remarquent

Christopher Fraylin et Robert Wokler, pour Rousseau aussi les doutes sur l'existence des vampires persistaient non par manque de témoins, mais faute d'explication plausible des faits allégués (1982, p. 116). Des quelques références directes au phénomène du vampirisme dans d'autres de ses œuvres, il est clair, selon les mêmes auteurs, que la question de l'existence des vampires n'avait aucune importance particulière pour le philosophe qui ne répondra pas à l'appel final de l'article d'ailleurs : ce sont peut-être de vraies créatures, ou ce ne le sont pas. Ce qui est sûr c'est qu'il n'était pas possible de supposer que leur réalité pouvait être confirmée par des arguments analogues à ceux employés, par exemple, dans les discussions sur les miracles (*cf.* citation initiale).

Tout fait dont nous ne sommes pas les témoins n'est établi pour nous que sur des preuves morales, et toute preuve morale est susceptible de plus et de moins, remarque Rousseau dans sa lettre (1762-1763, p. 101). Reste à savoir quels sont ces valeurs « de plus et de moins » que l'on attribue aux preuves vampiriques pendant ces périodes de pics où les témoignages émergent à foison. Des faits indubitables sont relatés, et au regard des critiques – et de nous-mêmes – ils sont marqués par une précision documentée. Cependant, la manière dont ces faits sont relatés, et ceux qui les relatent, les font parfois ressembler à des récits fabuleux perturbant ainsi la crédulité des lecteurs et des auditeurs dont les réflexions sont à la fois marquées par la raison et par la passion du fait d'une certaine vraisemblance naturelle des témoignages. Les récits des témoins oculaires ne sont pas convaincants, parce qu'aucun compte rendu rationnel de l'existence de ces monstres n'avait encore été offert. Rousseau garde alors, comme Dom Augustin Calmet, l'avait fait un peu plus tôt dans ses *Dissertations*, l'esprit ouvert « sur le statut des témoignages d'épidémies de vampires. Le point essentiel était que ni l'exégèse des Écritures ni les tentatives des rationalistes pour expliquer les phénomènes paranormaux ne pouvaient vraiment nous apprendre quoi que ce soit sur la nature des vampires, ou sur les cauchemars manifestes que ces créatures peut-être mythiques nous représentaient. » (Fraylin et Wokler, 1982, p. 117) De là, le mystère demeure.

Les témoignages et les rapports, les documents attestés nous renseignent finalement selon Rousseau moins sur le statut des vampires, leur existence que sur la nature de l'autorité dans la société civilisée. À travers la croyance aux vampires, Rousseau vise l'abus du christianisme par certains représentants de la religion qui se servent du miracle pour asseoir leur autorité, leur pouvoir. Si les vampires sont des phénomènes miraculeux, alors ils nécessitent des dogmes obscurantistes pour les expliquer. Les miracles nous parlent de nos peurs et de nos espoirs mais ils ne dépendent que de l'importance, de la valeur, du poids que la communauté prête à leurs interprètes, et en même temps l'autorité qui est exercée sur la communauté par ces interprètes de l'Écriture dépend de sa foi dans leur capacité à saisir le sens des miracles mieux qu'elle ne le puisse elle-même. Dans sa *Lettre*, Rousseau décrit les miracles comme une commodité du christianisme qui exige avant tout que la masse de croyants se soumette à des principes qu'ils ne peuvent saisir eux-mêmes par la raison et le sens. Les vampires sont donc, comme Voltaire les définira également, une autre manifestation de la tyrannie sombre et néfaste du pouvoir exercée par les prêtres sur l'esprit des hommes. Concernant les vampires, la question qui peut se poser est celle de savoir à qui on impose l'obligation de la preuve, si c'est à ceux qui affirment leur existence en se fondant sur les témoignages, ou à ceux qui la nient au nom du sens commun, de la preuve morale.

Plusieurs penseurs et philosophes de cette époque du vampirisme contribuent à réfléchir sur les notions d'autorités, de témoignages et de preuves qui attestent ; ces réflexions offrent un contexte à la croyance aux vampires. L'empiriste David Hume estime à la même époque, en 1742, que nul miracle n'est crédible, car les preuves et arguments qui le contredisent, fondés sur le cours constant des choses, sont toujours supérieurs aux témoignages qui l'attestent (Hume, 1999). C'est une règle générale. Il est impossible que la preuve qui établit le miracle, quelle que soit l'expérience sur laquelle elle se fonde, soit plus forte que celle qui le nie. Faisant référence à une légende entourant le retour à la vie d'Élisabeth d'Angleterre, décédée le 1er janvier 1660, il conclut : « la friponnerie et la folie des hommes sont des phénomènes si communs, que je croirais plutôt que les événements les plus extraordinaires naissent de leur concours, que d'admettre une violation si éclatante des lois de la nature[10]. » (*ibid.*, p. 234) Il ajoute : « L'Être à qui le miracle est attribué, a beau dans ce cas être Tout-puissant : il n'en devient pas, pour autant, le moins du monde plus probable, puisqu'il nous est impossible de connaître les attributs ou les actions d'un tel Être, autrement que

10 Le terme de « courant » est parfois mis à la place de « commun » selon les éditions/traductions.

d'après l'expérience que nous avons de ses productions dans le cours ordinaire de la nature. » (*ibid.*) Puis il compare :

> Cela nous ramène encore à l'observation passée, et nous oblige à comparer le cas de violation de la vérité dans le témoignage des hommes avec ceux de violation des lois de la nature par des miracles, afin de juger lequel de ces cas est le plus vraisemblable et le plus probable. Comme les violations de la vérité sont plus communes dans le témoignage concernant les miracles religieux que dans celui qui concerne toute autre chose de fait, cela doit beaucoup diminuer l'autorité du premier témoignage, et nous faire former la résolution générale de n'y jamais prêter aucune attention, de quelque spécieux prétexte qu'il se puisse couvrir. (*ibid.*, p. 234-235)

Et il cite son prédécesseur le philosophe Francis Bacon, qui « semble avoir embrassé les mêmes principes de raisonnement » :

> « Nous devons, dit-il, faire une collection ou histoire particulière de tous les monstres et de toutes les naissances ou productions prodigieuses en un mot de toute chose nouvelle, rare et extraordinaire qu'il y ait dans la nature. Mais cela doit être fait avec le plus sévère examen, de peur de s'écarter de la vérité. Avant tout, toute relation doit être considérée comme suspecte, qui dépend à un degré quelconque de la religion, comme les prodiges de TITE-LIVE, et de même toute chose que l'on puisse trouver chez les écrivains de magie naturelle ou d'alchimie, ou autre auteurs de ce genre, qui tous semblent avoir un insatiable appétit de fausseté et de fables. » (*ibid.*, p. 235)

Le miracle, dans le cas du vampirisme, est ce retour des morts, mais il est détourné dans un sens maléfique terrifiant, et considéré d'un point de vue général comme événement extraordinaire dérogeant à la norme, au cours normal des choses et ne pouvant par conséquent que relever d'un ordre divin, transcendant la nature. Dans la *Logique de Port-Royal*, qui comprend une réflexion apologétique concernant le bien fondé du témoignage, qui n'était pas étrangère à Hume, nous pouvons lire :

> Pour juger de la vérité d'un événement, et me déterminer à le croire ou ne pas le croire, il ne faut pas le considérer nûment en lui-même, comme on ferait une proposition de géométrie ; mais il faut prendre garde à toutes les circonstances qui l'accompagnent, tant intérieures qu'extérieures. J'appelle circonstances intérieures celles qui appartiennent au fait même, et extérieures celles qui regardent les personnes par le témoignage desquelles nous sommes portés à le croire. Cela étant fait, si toutes ces circonstances sont telles qu'il n'arrive jamais, ou fort rarement, que de pareilles circonstances soient accompagnées

de fausseté, notre esprit se porte naturellement à croire que cela est vrai, et il a raison de le faire, surtout dans la conduite de la vie, qui ne demande pas une plus grande certitude que cette certitude morale, et qui doit même se contenter en plusieurs rencontres de la plus grande probabilité.

Que si, au contraire, ces circonstances ne sont pas telles qu'elles ne se trouvent fort souvent avec la fausseté, la raison veut ou que nous demeurions en suspens, ou que nous tenions pour faux ce qu'on nous dit, quand nous ne voyons aucune apparence que cela soit vrai, encore que nous n'y voyions pas une entière impossibilité. (Arnauld et Nicole, 1874, p. 374-375)

C'est notre expérience qui permet de déterminer la valeur d'un témoignage. Le mot sera aussi repris par Rousseau (« Mon expérience constante & celle de tous les hommes est plus forte en ceci que le témoignage de quelques-uns. »), l'expérience bannissant l'intermédiaire. La *Logique* distingue donc des critères stricts pour établir la crédibilité des témoins et insister sur la nécessité que le témoignage crédible ne soit contraire aux règles de la vraisemblance naturelle. Pour Hume, il n'existe pas d'évidences qui puissent soutenir de miracles. Il soulève « le plaisir de dire une nouvelle si intéressante, de la propager et d'être le premier qui la rapporte » (1999, p. 217) ; autrement dit, il soulève le problème de l'événementiel. Dans le domaine du vampirisme, la masse des témoignages ne prouve rien, sinon la crédulité vulgaire et libertine, le goût du merveilleux ou la folie des hommes et son impact massif (Vax, 1995, p. 434). Ce sont les rapports de témoignages, les écrits et non les paroles qui prouvent la réalité moins du vampire que du phénomène de croyance, mais qui construisent petit à petit des motifs à effet de réel. Bien que Hume n'écrivît pas sur les vampires (qui n'existaient pas encore), l'argument vaut, de même que pour Rousseau, autant pour eux que pour les miracles. Et que Jean-Jacques Rousseau qui ne croit pas aux vampires continue de répandre….

LE DISCOURS DES MÉDECINS : RÉALITÉS DU CORPS ET DE L'ESPRIT DES VAMPIRISÉS

La croyance aux vampires est établie par le discours philosophique comme une épidémie d'images qui se propagent, comme une maladie de l'imagination qui se répand. Elle a également un impact physique, matériel, concret sur le corps qui est celui des vampirisés ou de ceux qui sont soupçonnés d'être des vampires.

Une place sera aussi accordée au rêve et surtout au cauchemar dans le cadre de cette partie sur le discours médical, car ces deux « états » ont une importance considérable dans le vampirisme : ils se situent à la frontière entre réalité (scientifique, médicale) et fiction (liée au domaine de l'esprit, de l'imaginaire et de la création). Le rêve et le cauchemar sont aussi une réalité de l'ordre de la pathologie, une réalité *physique* attestée par le discours médical.

SUR L'ÉTAT DES CORPS DANS LEUR CERCUEIL

Le vampirisme est parcouru par le champ lexical du symptôme médical de la contamination, lié à l'observation d'un état cadavérique contaminé et contaminant, du cas pathologique et mortifère, qui touche tous les corps. Les premiers écrits sur la croyance aux vampires que sont les rapports Frombald (1725) ou Flückinger (1732) sont établis par des médecins et des autorités locales, chef Heiduque et bailli notamment, et ont surtout un rôle descriptif (propre à un témoignage oculaire, relatif à une expérience dans le cadre de leur métier) : se succèdent, comme nous l'avons vu, des descriptions extérieures et intérieures de cadavres, des descriptions anatomiques de corps disséqués, soupçonnés d'être des vampires. Ces derniers présentent : un ensemble en parfait état de conservation, les chairs non décomposées, les yeux injectés de sang frais qui leur sort également par les autres orifices du corps (oreilles, nez, bouche, etc.). Il s'agit de rapports d'exhumation, de rapports d'autopsie. Nous sommes à ce moment-là confrontés au discours incontestable de médecins d'ordre royaux et militaires. Un discours médical et scientifique suivra, et tentera de comprendre le phénomène vampirique ainsi que cet état bien particulier du corps du vampire désigné et identifié.

En Prusse, dès mars 1732 – soit deux mois après la signature du rapport Flückinger, – le roi-sergent Frédéric-Guillaume Ier fait parvenir une copie du rapport et demande au comte Otto zum Stein[11], vice-président de l'Académie royale des sciences, d'en faire une expertise (*ein Gutachten*). Celle-ci est marquée par un caractère rationaliste et très sceptique, le comte Otto zum Stein parlant clairement de « superstition » : c'est le début d'une longue contestation d'autorités médicales et scientifiques appuyée par le pouvoir royal et religieux concernant principalement l'état et le traitement des corps morts.

Entre 1732 et 1746, des dizaines de traités sont publiés et contestent la réalité du vampire. L'intérêt de l'Allemagne à ce propos est très intéressant. Une première catégorie d'auteurs (réunissant notamment les nommés Johann Christoph Harenberg, J. S. Pohl, Putoneus, Gottlob Heinrich Vogt)[12] rationalise le vampirisme en proposant des explications plausibles au réveil des morts. En 1732, dans le journal de Nuremberg *Commercium Litterarium*[13], des médecins expliquent la façon dont les vampires s'y prennent pour quitter leur tombeau, mais cette explication n'est pas détachée d'un contexte réel qui réalise le vampire : celui des

11 Membre de l'Ordre des Servites de Marie, prédicateur en Italie, puis réfugié à Leipzig, il se convertit au protestantisme. Il est auteur de divers essais politiques et religieux.

12 Christoph Friedrich Demelius, *Philosophischer Versuch, ob nicht die merckwürdige Begebenheit derer Blutsauger in Nieder-Ungarn, An. 1732 geschehen, aus denen principiis naturae, insbesondere aus der sympathia rerum naturalium und denen tribus facultatibus hominis koenne erleutert werden*, (Weimar, 1732) ; D. Gengell, *Evers Atheism* (dans *Travels of Three English Gentlemen from Venice to Hamburg, Being the Grand Tour of Germany in the Year 1734*, dans *Harleian Miscellany*, Londres, Samuel Johnson and William Oldys, 1810) ; J. S. Pohlius, *Dissertatio de hominibus post mortem sanguisugis, vulgo sic dictus vampyren* (Leipzig, 1732) ; J. C. Meinig, *Besondere Nachricht von denen Vampyren oder so genannten Blut-Saugern* (Leipzig, 1732) ; Gottlob Heinrich Vogt, *Kurtzes Bedencken von den acten-mäßigen Relationen wegen deren Vampiren, oder Menschenund Vieh-Aussaugern ingleichen über das davon in Leipzig herausgekommene Raisonnement vom Welt-Geiste, an gute Fruende gesandt von Gottlob Heinrich Vogt*, (Leipzig, August Martini, 1732) ; J. G. Fritch, *Eines Weimarischen Medici muthmassliche Gedanken von denen Vampyren, oder sog. Blutsangern* (Leipzig, 1732) ; Johann Heinrich Zopf, *Dissertatio de Vampyris Serviensibus* (*op. cit.*) ; Johann Christoph Harenberg, *Vernünftige und Christliche Gedancken über die Vampirs oder Bluhtsaugende Todten*, (Wolfenbüttel, Johann Christoph Meißner, 1733) ; Johann Christian Stock, *Dissertatio Physica de Cadaveribus sanguisugis Von denen so genannten Vampyren oder Menschen-Saugern*, (Jena, Litteris Hornianis, 1732) ; G. B. Bilfinger, *Elements Physices cum Disquisitione de Vampyris* (Leipzig, 1742).

13 Selon Klaus Hamberger (1992), la référence est trouvée dans *Commercium Litterarium ad rei medicae et scientiae naturalis incrementum institutum* (1733, p. 146). Le périodique *Commercium litterarium* publie les rapports de Glaser et Flückinger en février 1732 (p. 82-83) ; mars (XII, p. 90-92) et avril (XVIII, p. 141-144).

cas de malades enterrés vivants. Dom Augustin Calmet qui a consulté les rapports et plusieurs documents médicaux le rappellera bien :

> Les Résurrections de quelques personnes qu'on avoit crûes mortes, & qui ne l'étoient pas, mais simplement endormies ou attaquées de létargie ; & de celles que l'on tenoit pour mortes ayant été noyées, & qui sont revenuës par le soin qu'on en a pris, par les remedes qu'on leur a donnés, ou par l'adresse des Médecins ; ces sortes de gens ne doivent point passer pour vraiment ressuscités : ils n'étoient pas morts, ou ils ne l'étoient qu'en apparence. (1751b, p. 7)

Il répète : « ceux qui sont morts de peste, de poison, de rage, d'ivresse & de maladie épidémique » sont plus « sujets à revenir, apparemment parceque leur sang se coagule plus difficilement, & que quelquefois on en enterre qui ne sont pas bien morts, à cause du danger qu'il y a de les laisser long-tems sans sépulture, de peur de l'infection qu'ils causeroient. » (*ibid.*, p. 221) Mais encore : « des personnes noyées, tombées en syncope, en léthargie, ou extasiées, ou tenues pour mortes, de quelque manière que ce soit, peuvent être guéries & rappellées à la vie, à leur premiere santé sans aucun miracle, mais par les seules forces de la Médecine, ou par une industrie naturelle, ou par la patience » (*ibid.*, p. 295). Le chapitre XL de ses *Dissertations* liste divers noms de médecins qui, à cette époque, ont aussi proposé des « maniéres pour expliquer leur retour & leurs opérations », et dont les thèses et dissertations concernent l'incertitude des signes de la mort : s'ajoute aux titres que nous avons déjà cités dans le premier chapitre, en 1742, une *Dissertation sur l'incertitude des signes de la mort, & l'abus des enterremens précipités*, par Monsieur Jacques-Bénigne Winslow, Docteur Régent de la Faculté de Médecine de Paris. Pour Dom Calmet, « [c]et ouvrage peut servir à expliquer comment des personnes qu'on a crûes mortes & qu'on a enterrées comme telles, se sont néanmoins trouvées vivantes assez long-tems après leurs obséques & leur enterrement. Cela rendra peut-être le Wampirisme moins incroyable. » (*ibid.*, p. 194) Les médecins Lancifi, Médecin du Pape Clement XI, Pierre Zacchias, un autre médecin de Rome, témoignent aussi d'expérience de retour de supposés morts.

Le phénomène vampirique s'éloigne de la simple anecdote, et se généralise donc dans le constat que :

> Pour éviter la contagion, on se hâte d'enterrer les victimes de la maladie sans même s'assurer de leur mort clinique. Que l'on trouve, quelques jours plus

> tard, en ouvrant un caveau de famille, des cadavres parfaitement conservés, mais maculés de sang, il n'en faut pas plus pour imaginer qu'ils sont devenus vampires, alors que les malheureux ont probablement souffert une longue et atroce agonie dans leur cercueil et se sont infligé des blessures en essayant vainement de se libérer de leur prison de bois. (Marigny, 2010, p. 23)

Cela résume les types de discours que nous avons du côté des médecins. Avant l'*Aufklärung*, Joseph Pitton de Tournefort, membre de l'Académie des sciences, qui a été témoin des horribles scènes d'exhumation et d'éviscération d'un vampire ou broucolaque présumé sur l'île de Mikonos en 1701, écrivait déjà :

> Quand on nous demanda ce que nous croyions de ce mort, nous repondîmes que nous le croyions très bien mort ; mais comme nous voulions guérir, ou au moins ne pas aigrir leur imagination blessée, nous leur representâmes qu'il n'étoit pas surprenant que le boucher se fût apperçû de quelque chaleur en fouillant dans des entrailles qui se pourrissoient ; il n'étoit pas extraordinaire qu'il en fût sorti quelques vapeurs, puisqu'il en sort d'un fumier que l'on remuë ; que pour ce prétendu sang vermeil, il paroissoit encore sur les mains du boucher, que ce n'étoit qu'une bourbe fort puante.
>
> [...] je n'ai rien vû de si pitoyable que l'état où etoit cette Isle : tout le monde avoit l'imagination renversée : les gens du meilleur esprit paroissoient frappez comme les autres : c'étoit une véritable maladie du cerveau, aussi dangereuse que la manie & que la rage. [...] Dans une prévention si générale, nous prîmes le parti de ne rien dire. Non seulement on nous auroit traité de ridicules, mais d'infidéles. (1717, p. 160-161)

Le vampirisme est plausible, vraisemblable, si on considère que les cadavres ne sont pas morts, si on admet que les cadavres produisent des émanations chimiques qui en s'élevant dans les airs, se répandent dans l'atmosphère jusqu'aux domiciles, aux maisons, perturbant les vivants dans leur sommeil. La considération du corps et de son pouvoir sur l'âme quand il est atteint est remarquée par les auteurs et les médecins. Ceux-ci notent que les épidémies qui affectent le bétail peuvent également jouer un rôle dans le vampirisme du fait des effets considérables que peut avoir la consommation de viande avariée non seulement sur le corps, mais aussi sur l'esprit.

Quand l'empire d'Autriche conquiert la région du Banat au début du XVIIIe siècle, « l'absolutisme développ[a] face à un monde rural diabolisé un principe d'autorité qui s'impos[a] à l'ensemble du corps social. ». Le pouvoir des Hasbourg d'Autriche, liés à la Contre-Réforme catholique, alors « doit s'affirmer plus encore dans les périphéries géorgraphiques des États », c'est-à-dire là où « [u]ne ruralité, éloignée de la civilisation, semble fertile en génies familiers, en des lieux isolés propices à leur manifestation. » (Oreskovic, 2010, p. 268) En 1755, face à tous ces écrits autoritaires sur le vampirisme, les rumeurs, les légendes, et sur la raison et l'entendement humains, l'épidémie vampirique étant signalée et attestée par des officiers et médecins de l'administration habsbourgeoise du tribunal de Belgrade, l'impératrice Marie-Thérèse d'Autriche fait publier les 1er mars et 6 août une ordonnance recommandant la plus grande prudence en ce qui concerne la *magia posthuma*, notamment liée au culte des morts dans ces régions touchées par le vampirisme, en matière de sorcellerie et de magie. Sous sa protection, le médecin hollandais de la cour Gerhard van Swieten[14], sceptique dans la lignée des Lumières, se voit confier une mission d'information sur les croyances aux vampires dans le Banat, et est envoyé pour enquêter en Moravie et en Silésie, pour conduire une analyse scientifique et médicale. Il rédige le texte qui clôt le débat : son rapport *Abhandlung des Daseyns der Gespenster* (ou *Discours sur l'existence des fantômes*), qui présente un argumentaire rationaliste et scientifique, aboutit à la négation définitive de toute réalité du vampire et de sa croyance, réduite à une pure superstition[15]. Il refuse y compris l'interprétation des témoignages des personnes tourmentées par les vampires, faisant remarquer que, dans la plupart des cas, elles se plaignent d'angoisses nocturnes, de compression (donc de cauchemars – lire plus loin) et d'hallucinations entrant dans le cadre de la terreur liée aux spectres ou autrement nommée la spectropathie (peur de la mort et du néant). Concernant l'imputrescibilité des corps, il met en doute la connaissance et la compétence des commissions du consistoire d'Olmutz qui ne sont pas automatiquement constituées d'autorités médicales aptes à se prononcer sur l'état des corps et qui ne laissent pas le temps aux cadavres de se putréfier. Il écrit « que la rougeur de certains cadavres, n'a d'autre cause qu'une espèce de terre qui les gonfle et qui les colore[16]. » La conservation des corps peut être un phénomène naturel,

14 Son médecin personnel (source : notice auteur BNF).

15 Swieten, *Remarques sur le vampyrisme de l'an 1755*. Le texte fut rédigé d'abord en français, puis traduit en italien en 1756 et en allemand en 1768, mais il ne fut jamais publié en France (lire également Venturino, 2008, p. 379-381).

16 Rapporté par Benoît XIV, extrait d'une lettre dans *La Vie du Pape Benoît XIV, Prosper Lambertini* (Caraccioli, 1783, p. 192).

lié à la nature : en cas de grands froids, de cercueils hermétiques (plomb recouvert d'étain) ou en présence de sols de composition particulière (terres arsenicales). À une époque et dans des lieux où les cadavres s'empilent et où l'hygiène manque, bactéries, poison et nature du sol peuvent donc expliquer l'imputrescibilité du corps tant décrites dans les rapports de faits. Mais chaque fois ces explications sont détournées, voire annulées par d'autres faits, d'autres croyances, qui viennent les contredire et alimenter l'interrogation et l'intérêt pour le vampire[17]. Van Swieten en conclut que les commissions ont agi avec une grande légèreté, incompatible avec le niveau intellectuel de leurs membres, et se sont rendues coupables d'entretien de terreur populaire, de croyance démoniaque, de violation de sépultures et de discrédit jeté sur les défunts et leurs familles : cela démontrant bien que c'est l'autorité qui fait la réalité du vampire.

Suite à ce rapport, qui concerne également les cas de sorcellerie, les sorciers sont dirigés vers l'asile et non plus sur le bûcher et l'idée se *répand* que les gens qui croient maintenant aux vampires et disent en avoir vu sont considérés comme des cas relevant de la médecine. Les autorités doivent être informées de tout cas éventuel de prétendus vampires pour que leur soient apportés des remèdes d'ordre médical. Marie-Thérèse d'Autriche interdit également l'exécution des cadavres et la profanation des tombes, pratiques courantes dans les campagnes de l'est de l'Europe (Klaniczay, 1987, p. 165-180). Elle interdit l'exhumation des cadavres et leur incinération, et retire tout pouvoir aux petites autorités locales en matière de culte des morts et de magie posthume qui doivent désormais s'en remettre à l'aval des représentants officiels du gouvernement central. Une autorité supérieure invalide donc tout ce qu'aurait pu dire une autorité inférieure. Il y a donc des degrés d'autorités qui interprètent la croyance aux vampires.

Le discours médical se mêle peu à peu à celui qui questionne l'imaginaire et au domaine de la production des images (qu'elles soient

17 En 1784, le médecin hongrois Georg Tallar dans *Visum Repertum Anatomico-chirurgicum, oder Gründlicher Bericht von den sogenannten Blutsäugern, Vampier, oder in der wallachischen Sprache Moroi, in der Wallachey, Siebenbürgen, und Banat : Welchen eine Eigends dahin Abgeordnete Untersuchungskommission der Löbl. K. K. Administration im Jahre 1756 erstattet hat* (1784). – Lire également Barber, 1988, p. 68 et 73. Et plus loin, sur les enquêtes médicales liées au retour des morts, la passionnante thèse d'Adam Mezes, *Insecure Boundaries. Medical experts and the returning dead on the Southern Hasburg borderland* (2013, p. 36 et suivantes). – Mais encore : Petersen, 2014. Cet article porte notamment sur la thèse de Mezes.

mentales ou mensongères). À la fin du siècle, le vampirisme est expliqué, abordé sous le terme de maladie mentale, de troubles psychologiques (du côté des *témoins*, des *visités*), interprétation qui, nous le verrons, sera reprise en priorité par les auteurs de fiction littéraire. La folie est un moteur fictionnel exploitable à l'infini à partir du moment où on en exclut toute notion de limite. Il s'agit également à cette époque de s'interroger sur les rêves et les cauchemars, ainsi que sur leur impact sur le collectif.

SUR LA MALADIE PSYCHIQUE ET LES TROUBLES (SEXUELS) DU CORPS

Les discours sur le rêve et l'hallucination ont commencé très tôt[18], principalement dans les études critiques philosophiques ou théologiques qui les associent au vampirisme : Michaël Ranft parle en 1728 d'*ephialte*, une maladie imaginaire qui est un des noms du cauchemar[19] et dont il se servirait bien pour expliquer la mastication des morts, si le fait de conclure à l'imagination d'une chose qu'on atteste existante (dans ce cas, le vampire Plogojovitz) était une démarche facile. Il parle également de *prestiges* c'est-à-dire, selon Henri-Cornelius Agrippa de Nettesheim dans sa *Magie Cérémonielle* (v. 1529) « des fantasmagories du diable et des images d'illusion que les mages savent aussi produire à l'aide de fumées, de vapeurs, de collyres, de nouets, amulettes et miroirs » (*ibid.*, p. 32).

Par la suite le mot *songe* revient principalement pour dire le rêve. Jean-Baptiste de Boyer d'Argens dans ses *Lettres juives* en 1736 parle de « songe », à propos du vampirisme, dans une lettre à Isaac :

> Considère, mon cher Isaac, ce second Récit de la Mort d'un Vampire passif & tu y verras les Preuves les plus évidentes des terribles Effets de la Crainte & des Prejugés. *Trois Jours après avoir été enterre, il apparut la Nuit a son Fils, demanda à manger, mangea, & disparut. Le lendemain, le Fils raconta à ses Voisins ce qui lui étoit arrivé. Cette Nuit, le Père ne parut pas ; mais, la Nuit suivante on trouva le Fils mort dans son Lit.* Qui peut ne pas voir dans ces Paroles les Marques les plus certaines de la Prévention & de la Peur ? La première fois qu'elles agirent sur l'Imagination du pretendu molesté de Vampirisme, elles ne produisirent point leur entier Effet, & ne firent que disposer son Esprit à être plus susceptible d'en être vivement frappé. Aussi cela ne manqua-t-il pas d'arriver, & de produire l'Effet qu'il devait naturellement opérer. Pren garde, mon cher Isaac, que le Mort ne revint point la Nuit du Jour que son

18 Et donc ses définitions aussi.

19 Le versant grec de l'*incubus* romain (Ranft, 1995, p. 34).

> Fils communica son Songe à ses Amis ; parce que, selon toutes les Apparences, ceux-ci veillèrent avec lui, & l'empêchèrent de se livrer à la Crainte[20]. (Boyer d'Argens, 1736, p. 61-62)

Nous pouvons aussi remarquer que le sens de « rêve » est renforcé par la dichotomie Nuit/Jour et une insistance sur le mot « Nuit » plusieurs fois répété par l'auteur. Dom Calmet reprend mot pour mot dans un chapitre de sa *Dissertation* cette histoire de songe[21], et souligne également les notions d'« insominies », de « rêveries » dans une citation d'un extrait du *Glaneur hollandais* de 1733 :

> Recit tiré du Glaneur de Hollande an. 1733 N°. IX.
>
> Le Glaneur Hollandois, esprit peu credule, suppose la vérité de ces faits comme certains, n'ayant aucune bonne raison pour la contester. Il en raisonne d'une manière peu sérieuse & prétend que les peuples chez qui l'on voit des Vampires sont très-ignorans & très-crédules, en sorte que les apparitions dont on parle, ne sont que des effets de leur imagination frappée. Le tout est occasionné & augmenté par la mauvaise nouriture de ces peuples, qui la plupart du temps ne mangent que du pain fait d'avoine, de racines & d'écorce d'arbre, alimens qui ne peuvent engendrer qu'un sang grossier & par conséquent très-disposé à la corruption, & à produire dans l'imagination des idées sombres & facheuses. Il compare ce mal à celui de la morsure d'un chien enragé, qui communique son venin à la personne qui est mordue. Ainsi ceux qui sont infectés du Vampirisme communiquent ce dangereux poison à ceux qu'ils fréquentent. De là *les insomnies & les rêveries & les prétendues apparitions des Vampires*[22]. (*ibid.*, p. 298-299)

Dom Calmet emploie également le terme de « fascination » pour discuter du fait vampirique et se demander si « *Ces gens* [les Vampires,

20 Nous soulignons.

21 Calmet, 1746, p. 292-293 : « Considerez le second recit de la mort d'un Vampire passif, & vous verrez les preuves les plus évidentes des terribles effets de la crainte & des préjugés ; voyez ci-devant Chapitre XI. Cet homme trois jours après avoir été enterré apparoit la nuit à son fils, demande à manger, mange & disparoit. Le lendemain le fils raconte à ses voisins ce qui lui etoit arrivé. Cette nuit le Pere ne parut pas ; mais la nuit suivante on trouva le fils mort dans son lit. Qui peut ne pas voir dans ces paroles les marques les plus certaines de la prévention & de la peur ? La première fois quelles agissent sur l'imagination du prétendu molesté du Vampirisme, elles ne produisent point leur entier effet, & ne font que disposer son esprit à être plus susceptible d'en être vivement frappé ; aussi cela ne manqua-t'il pas d'arriver, & de produire l'effet qui naturellement devoit suivre. Prenez-garde que le mort ne revint point la nuit du jour que son fils communiqua son *songe* à ses amis, parce que, selon toutes les apparences, ceux-ci veillèrent avec lui & l'empêchèrent de se livrer à la crainte. » Nous soulignons.

22 Nous soulignons.

les Revenants] *sont [...] véritablement morts* » (*ibid.*, p. 404). À la fin du XVIIIe siècle, quand commence à apparaître une littérature fantastique vampirique, en Occident, parallèlement aux écrits de voyageurs, cette association se continuera et tout un discours sur le rêve participera, dans la filiation des autorités et écrits théoriques, à la création du mythe en tant qu'*images*, tel que le définit Nathalie Bilger en 2002. Le mythe est un ensemble d'« images » qui ont pour origines des peurs d'un imaginaire collectif et qui se matérialisent sous la forme d'un personnage imaginaire (Bilger, 2002, p. 27).

Le mot *cauchemar* vient du picard *cauquemare* (v.1375), puis *cauchemare* (1564) avant *cauchemar* (1677). Alain Rey écrit que

> son premier élément *cauche* est une forme verbale de *cauchier* « presser » qui résulte probablement d'un croisement entre l'ancien *chauchier* « fouler, presser » (apr. 1150) et la forme picarde correspondante *cauquier*, du latin *calcare* (>côcher). Le second élément est l'ancien picard *mare* (v. 1290), emprunté au moyen néerlandais *mare* (*maer*) voulant dire « fantôme provoquant de mauvais rêves ». Ce dernier correspond à l'anglo-saxon *mare* « spectre » (d'où l'anglais *nightmare* « cauchemar », proprement « spectre nocturne »), à l'ancien haut allemand *mara*, à l'ancien norrois *mara*, formes remontant à un germanique *maron-*, apparenté au slave. (2010, p. 392)

Le cauchemar est donc un spectre nocturne. Sa dimension oppressante le rapproche du terme d'incube qui a été considéré comme un parent du vampire, une de ses formes antérieures, et fait partie des possibilités d'appellations du vampire : le médecin allemand Johann Christian Stock admet en 1732 dans sa *Dissertatio physica De cadaveribvs sangvisvgis...* que les vampires seraient des incubes et des succubes c'est-à-dire des êtres de la nuit, des démons qui prennent respectivement la forme (la figure) d'hommes ou de femmes pour séduire les humains de l'autre sexe et les étouffer pendant leur sommeil[23] (1732, p. 13-14). Cette perspective

23 Aux chapitres XI et XII. Collin de Plancy définit « Incubes » dans *Le Dictionnaire infernal* (1863) : « Démons qui séduisaient les femmes. Servius Tullius, qui fut roi des Romains, était le fils d'une esclave et de Vulcain, selon d'anciens auteurs ; d'une salamandre, selon les cabalistes ; d'un démon incube, selon les démonographes. » ; « Succubes » : « Démons qui prennent des figures de femmes. On trouve dans quelques écrits, dit le rabbin Élias, que, pendant cent trente ans, Adam fut visité par des diablesses, qui accouchèrent de démons, d'esprits, de lamies, de spectres, de lémures et de fantômes. Sous le règne de Roger, roi de Sicile un jeune homme, se baignant au clair de la lune avec plusieurs autres personnes, crut voir quoiqu'un qui se noyait, courut à son secours, et ayant retiré de l'eau

accepte tout de même une forme de réalité. Le cauchemar est un poids sur le corps : quand nous lisons ceux qui ont étudié le cauchemar, les témoins ont l'impression d'avoir quelque chose qui leur presse la cage thoracique, qui s'appuie de tout son poids sur leur poitrine, ou alors qui leur piétine le torse au point de ne pouvoir plus respirer. Le mot *cauchemar* est sémantiquement le doublet d'*incube* qui veut dire « suffocation, oppression nocturne. » Il s'agit d'un état de profond malaise qui était « souvent imputé à l'action des sorcières » (Plancy, 1863, *ibid.*). D'ailleurs, il a désigné par métonymie une sorcière (la *cauquemaire*) au XVe siècle. Dès l'Antiquité, les croyances populaires associaient le cauchemar à Hécate[24], déesse de la Lune dans la mythologie grecque, mais également déesse des magiciennes et du royaume des ombres qui suscitent les cauchemars et les terreurs nocturnes (symboles des désirs secrets ou refoulés de l'inconscient) ainsi que les spectres et les fantômes[25].

Dans les récits de la littérature que nous aborderons plus loin, nous constaterons un fait important qui est que le vampire ne se manifeste que la nuit, ou à l'heure du sommeil. Les premiers témoignages ne consacrent pas particulièrement la nuit au vampire qu'on peut rencontrer aussi à midi, en plein jour. Nous supposons que le rapport qu'ont observé ou établi les discours et savants entre le vampire et le cauchemar a progressivement créé cette correspondance caractéristique et même quand il s'agit d'hallucination (lire plus loin), il est toujours question du sommeil de la raison, qui engendre des monstres.... Le vampire est un cauchemar libérant l'imagination et s'opposant à la pensée rationaliste des Lumières. Il semble alors impossible de le détacher de la peinture

---

une femme, en devint épris, l'épousa et en eut un enfant. Dans la suite, elle disparut avec son enfant, sans qu'on en ait depuis entendu parler, ce qui a fait croire que cette femme était un démon succube. Hector de Boëce, dans son histoire d'Écosse, rapporte qu'un jeune homme d'une extrême beauté était poursuivi par une jeune démone, qui passait à travers sa porte fermée et venait lui offrir de l'épouser. Il s'en plaignit à son évêque, qui le fit jeûner, prier et se confesser, et la beauté d'enfer cessa de lui rendre visite. Delancre dit qu'en Égypte, un honnête maréchal ferrant étant occupé à forger pendant la nuit, il lui apparut un diable sous la forme d'une belle femme. Il jeta un fer chaud à la face du démon, qui s'enfuit. » Lire également Claude Lecouteux, « Le cauchemar dans les croyances populaires européennes » (2003, p. 75-86) et Bernard Terramorsi, « Portraits du revenant de poids. Un aperçu du cauchemar en peinture » (*ibid.*, p. 109-137).

24 Ce que refusera Hippocrate qui attribuera le cauchemar aux humeurs, suggérant que la dyspnée et le malaise du dormeur sont expliqués par une indigestion, et préconisant alors une bonne hygiène alimentaire adaptée le soir (Hippocrate, 1954 et 1994).

25 Bridier, 2002, p. 87 ; et Terramorsi, 2004, p. 46-47.

du romantique Heinrich Füssli, *Le Cauchemar* de 1781. Ce tableau est la représentation d'un rêve mis en image, une manifestation onirique qui figure une femme en robe de nuit blanche étendue sur un lit, la tête tombant vers le bas. Sur sa poitrine est appuyé un démon incube, et plus ou moins en arrière-plan, la tête d'un cheval au regard blanc (aveugle) passe dans l'entrouverture d'un rideau. L'ensemble fait référence aux croyances et folklores liés au cauchemar de cette époque mais suppose également une possible interprétation sexuelle de l'ordre du viol (la tête du cheval pénètre par l'entrouverture féminine). *Le Cauchemar* aurait inspiré Mary Shelley pour son *Frankenstein ou le Prométhée moderne* (1818) et il ne serait pas improbable que le tableau ait eu une influence sur John Polidori pour l'écriture de son *Vampire.*

Il semble difficile de distinguer le cauchemar de l'hallucination car selon les études médicales et particulièrement la *Dissertation* de Louis Dubosquet en 1815, le cauchemar est assimilé à une maladie mentale :

> Le caractère principal de cette affection [le cauchemar] consiste dans le sentiment d'une forte pression que le malade attribue à un poids quelconque, et le plus souvent à un être vivant placé sur sa poitrine. Les formes les plus communes sous lesquelles ce poids se présente à l'imagination sont celles d'un cheval monstrueux, d'un homme difforme ou d'une vieille femme qui sauterait sur la poitrine du malade et y resterait couchés ou assis. Cette circonstance mérite cependant d'être notée parce qu'elle est presque constante, et que le nom de la maladie en est dérivé dans la plupart des langues.
>
> Le cauchemar s'appelle en langue celtique, *macherick* (le petit fouleur) ; en grec *ephialtès* (qui bondit) ; en latin *incubus* et *incubo* (qui se couche dessus) ; en allemand *nachtmaar* (cheval de nuit) et *nachtmannlein* (petit homme de nuit) ; en anglais *night-mare* (vieille cavale de nuit) ; en hollandais et en flamand *nacht-merrie* (vieille cavale de nuit) ; en polonais *mara* (la cavale) [...] ; le mot *cauchemar* lui-même vient des mots *calca* (basse latinité, pour *calcatio*) et *mar*, adouci du celtique *march* (cheval). (1815, p. 5)

Louis Dubosquet définit ici le cauchemar comme une maladie mentale, psychique, de la sensation physique et de la vision. Un imaginaire se forme notamment autour du cheval mais pas seulement, autour d'hommes difformes ou de vieilles femmes.

Les représentations animales ou humaines monstrueuses préfigurent, signifient, confirment un rapport très étroit qu'établissaient à cette époque le cauchemar et la maladie psychique. Prenant souvent cette forme d'un cheval, le spectre revient du monde des morts la nuit, et pendant que sa victime est endormie, il la chevauche et la piétine[26]. L'image est forte, violente. En 1799, un autre peintre romantique, Francisco de Goya, dans son eau-forte *El sueño de la razon produce monstruos*, traduit par « le sommeil de la raison produit des monstres », représente un dormeur « combattant » pour la vérité, figure de l'artiste à l'époque des Lumières. Goya semble poursuivre le travail de Füssli, manifestant l'importance géographique d'un imaginaire occidental qui se met en place, et présente lui aussi *à notre regard* des formes monstrueuses du cauchemar : un homme endormi et assailli par une masse de créatures animales, à la fois réelle (des chauves-souris et des hiboux) et fantastique (un grand chat-lynx observant le dormeur (le spectateur ?)), précipitées et immobiles, qui remplissent le cadre. Le cauchemar est définitivement fixé dans l'imaginaire fictionnel et créateur comme le « démon oppresseur nocturne » (Bridier, 2002, p. 21). Le cauchemar, vécu comme un traumatisme (un poids qui écrase sur l'épigastre), est lié à la mort et ne peut donc que produire le sentiment d'horreur. On cherche alors à le représenter, à représenter l'informe, ce qui révulse, donc le monstre. Une esthétique de l'horreur se met en place dès le XVIIIe siècle autour des dimensions oniriques et cauchemardesques et de leur imaginaire, par l'intermédiaire des arts et de la littérature : il s'agit de représenter l'absence, de rendre présente une imposante absence[27]. On fait alors appel au surnaturel, à la croyance et à la légende pour donner un sens à cette présence invisible mais extrêmement sensible.

Parallèlement, la pensée médicale, héritée d'Hippocrate, s'intéresse à des maladies graves comme l'épilepsie, l'hypocondrie, la manie, l'hystérie et le somnambulisme, liant fureurs utérines et songes vénériens, qui peuvent conduire jusqu'à la mort du malade. Le vampirisme et les vampires font partie des hallucinations épidémiques (liés aux périodes d'épidémies) qui produisent des visions : « l'apparition des fantômes dans les fièvres graves, les pestes, certaines maladies contagieuses, avait été notée par les anciens. » (Brierre de Boismont, 1862, p. 235-236) Indépendamment de sa participation à l'élaboration d'un mythe, où l'importance des images est synonyme de fiction(nalisation), l'*hallucination*

26 Lire également *Les esprits et les morts. Croyances médiévales* (Lecouteux et Marcq, 1990, p. 20-21).

27 Notons quand même la différence de l'acte : le cauchemar oppresse/appuie sur le corps de la victime et l'étouffe (l'air), tandis que le vampire aspire, suce l'énergie vitale (le sang).

ou *halluciner* désigne en premier lieu « dormir débout », « divaguer, rêver », emprunt fait au latin classique *hallucinatus*, auparavant *alucinatus*, participe passé de *hallucinari* et, en bas latin, « avoir des hallucinations, se tromper ». Le vampirisme, conformément à son statut de croyance ambivalente, impliquant la présence d'un être sur les frontières et les seuils, est cauchemar (état de sommeil, nocturne) et hallucination (état d'éveil, de rêves éveillés). Nous constatons une distinction dichotomique diurne/nocturne des images produites, de l'imagination. Le *Dictionnaire historique de la langue française* nous apprend que le verbe *halluciner*, non attesté avant Cicéron et peu employé à l'époque classique, est dérivé du grec *aluein* « errer », « être agité, hors de soi » (Rey, 2010, p. 1003). Hallucination apparaît au début du XIXe siècle pour désigner un affaiblissement des sens, et entre dans la terminologie médicale pour signifier une « perception pathologique de faits qui n'existent pas ».

Hippocrate s'étonnait déjà :

> Combien de délires, dans les fièvres ataxiques et adynamiques, ne présentent-ils pas de spectres hideux et effrayans *qui dénoncent la ruine dans l'économie animale et une destruction prochaine* ! Au contraire, si les images sont plus gaies, elles remplissent d'espérance et présagent la guérison. Ces êtres fantastiques de l'imagination sont le produit des commotions nerveuses internes qui excitent l'instinct et qui soulèvent des idées analogues à l'esprit du corps. Il ne faut donc pas les mépriser entièrement, puisqu'elles retracent l'image de nos dispositions intérieures.
>
> *
>
> Si l'on ne voit que des choses accoutumées et ordinaires, c'est une preuve que l'âme les désire. Mais si l'on se dérobe par la fuite à des choses qui inspirent de l'effroi, c'est un signe que le sang se dessèche et que sa circulation est gênée.
>
> *
>
> Voir des corps d'une forme extraordinaire, signifie maladie ou folie. (Hippocrate, 1842, p. 161)

Cet autre état du vampirisme ou de l'expérience de cette croyance-vampire qu'est l'hallucination est synonyme d'une dimension *excessive* du rêve éveillé. Les corps s'expriment, communiquent ; le sang ne circule plus et les hallucinations se lient à la fiction à travers les notions de *phantasia* et de corybantisme.

Michaël Ranft considère l'imagination comme « ce qu'on appelle vulgairement *phantasia*, une forme d'*hallucination* », comme

> une formation d'images étranges qui s'attachent parfois si fort à l'esprit qu'il n'y a plus moyen de les en arracher. Trop vivement suscitées, elles produisent le délire, comme on le voit faire aux herbes qui favorisent la force de la rêverie, telle la jusquiame, sous l'effet de quoi l'imagination, décuplée, risque de faire sombrer les hommes dans la folie. (Ranft, 1995, p. 108)

Dans le vocabulaire chrétien, le mot *phantasia* « désigne aussi les tentations des anachorètes, hallucinations visuelles et auditives qui éprouvèrent Saint Antoine ou Saint Hilarion. » (Sonnier, *ibid.*) Le corybantisme (ou coribantisme) est une notion qui apparaît aussi chez Michaël Ranft, semblant être l'évolution extrême, destructrice, de la *phantasia* :

> il pourrait se faire que les hommes, pendant leurs nuits d'angoisse, dans leurs sommeils cauchemardesques, soient agités si violemment par des images de mort qu'ils tombent dans une sorte de *corybantisme* et succombent finalement, infectés par le poison de la peste. De même que, dans l'art magique et dans toutes les opérations occultes sur les corps, la plupart des effets doivent être attribués à une imagination très ardente, il arriverait que les vivants laissés sur terre par le mort éprouvent la sensation d'images venues du défunt qui, par leur entremise, aurait opéré avec eux avec tant de force qu'ils auraient fini par mourir de délire frénétique ou d'une autre maladie du même genre. (1995, p. 111-112)

Il souligne dans sa dissertation sur les vampires la dimension originelle sinon intrinsèque fantastique de l'hallucination, mais aussi une dimension anthropophagique liée à la dévoration[28]. Le corybantisme est une forme de frénésie dans laquelle les malades sont tourmentés par une insomnie continuelle et par des visions fantastiques (Littré, 1873, p. 825). Il est dès ses origines associé à la danse des morts, aux danses macabres, aux sorcières tout en étant considéré par le champ médical :

> L'Église, selon son intérêt, admettait dans son sein ou bien en repoussait les illuminés ou les convulsionnaires. Ceux dont les excès ne portaient atteinte

28 On retrouve dans le corybantisme les origines de l'orphisme dans le culte à Dionysos (donc d'une doctrine du salut marquée par une souillure originelle) où il était question de sacrifices au Dieu, de sacrifices anthropophages pour pouvoir absorber dans l'énergie encore intacte les éléments du divin : « Le corybantisme observé en Crète et des victimes dévorées [*cf.* le vampire est un affamé] de manière analogue rappellent les coutumes thraces. Selon toute vraisemblance, les rites sont d'abord à l'origine, probablement même alors des victimes humaines, en vue de revigorer magiquement la terre au printemps puis sont venues pour les expliquer, à diverses époques, les légendes concernant Dionysos, Zagreus, Attis, et même la Démèter d'Eleusis et l'Osiris égyptien. » (Habert, 1938, p. 4)

> ni à la morale publique, ni à la dignité de la religion, étaient considérés par elle comme des saints visités par l'esprit de Dieu ; mais les folles créatures qui poussaient trop loin l'ardeur de ce moderne corybantisme et se livraient à des divertissements voluptueux et mondains, notamment à des danses immodestes de nature à scandaliser le public, devenaient aussitôt passibles des censures ecclésiastiques, et prenaient rang parmi les ennemis de l'Église, parmi les *démoniaques* et les sorciers. Dès lors la passion déréglée qu'ils montraient pour la danse passait pour être un résultat des manœuvres de Satan. C'était l'esprit impur qui agissait en eux, qui agitait leurs membres et les forçait de sauter en cadence. Aux caractères attribués à ce genre de possession, il est facile de reconnaître tous les symptômes d'une maladie nerveuse ; les médecins appellent encore aujourd'hui l'épilepsie, *chorée* ou *dame de saint Guy* ou *de saint Vit*, en souvenir de l'ancienne danse morbide du moyen âge. Celle-ci fut une véritable épidémie de l'espèce la plus bizarre. Environ vingt-cinq ans après l'apparition de la peste noire, appelée en Allemagne la Grande-Mortalité, *das Grosse-Sterben* et en Suède et en Danemark *la Mort noire, der Schwarze-Tod*, elle éclata pour la première fois en 1374 sur les bords du Rhin et dans les Pays-Bas. Ceux qui devenaient ses victimes dansaient une grande partie du jour à la même place ; ils faisaient des contorsions extraordinaires et s'avouaient possédés du diable. (Kastner, 1852, p. 61)

La possession démoniaque et la danse macabre coïncident avec la question sexuelle et sont considérées comme un blasphème car ces délires et possessions s'emparent des Corybantes ou Prêtres de Cybèle à la suite de danses effrénées qu'ils exécutent au son d'une musique martelante et brutale[29]. D'autre part, nous notons un certain rapport charnel au sein de tout état de possession démoniaque. Le corps est quand même possédé ; il est possédé par une présence (invisible) hallucinée. De ce fait, le vampirisme s'assimile à une histoire des sorcières, celle des esprits remplis d'idées mystiques et de corps hystériques comme ceux des possédés de Loudun par exemple, superstition au même caractère symptomatique chez les villageois des contrées vampirisées. Le vampirisme est une histoire du corps et de la projection des esprits sur ce corps.

Un dernier point concerne l'hallucination comme relevant d'une croyance au sens de folie psychiatrique qui est destruction de l'identité et

29 Bosc, 1910, p. 53 : « Corybantisme. Sorte de possession démoniaque, véritable délire qui s'emparait des Corybantes ou Prêtres de Cybèle et qui survenait à la suite de danses effrénées qu'ils exécutaient au son des cymbales et des tambourins, de boucliers métalliques heurtés l'un contre l'autre et cela, avec le concours d'hymnes vociférées à pleine voix. Les Derviches tourneurs et hurleurs se mettent dans le même état que les Corybantes en tournant sur eux-mêmes et en poussant des hurlements. »

disparition de la raison. Dans un petit chapitre intitulé « Métamorphoses d'hommes en bêtes » (1746, p. 185-187)[30], Dom Augustin Calmet s'interroge sur des hommes qui sont « persuadés » de s'être métamorphosés en bœuf, qui se « mettent dans l'esprit » qu'ils sont damnés, et donc se laissent mourir de faim, qui « croient » être des pots de terre et s'éloignent des passants « de peur d'être heurtés & cassés », qui se « croient » Rois, Cardinaux, Grands Seigneurs, etc. (*ibid.*, p. 186 et suivantes). Ce qui est particulièrement intéressant dans ce chapitre c'est la mention de cette vieille croyance – qui comblera les esprits créatifs au XIXe siècle[31] et qui les comblait déjà au Moyen Âge –, qui remonte à l'Antiquité et est enrichi de représentations mythologiques, à savoir la croyance des hommes « qui sont attaqués de la Lycanthropie » et qui « croient » être des loups, « hurlent comme des loups, & fuyent la compagnie des hommes. » (*ibid.*) Le lien entre l'imaginaire animal et la folie est évident. L'imagination si puissante, au point de dénaturer l'identité humaine, rejoint la folie. Au XVIIIe siècle, loin du Moyen Âge et pourtant si proche, tout se passe encore comme si les Lumières n'avaient pas rayonné suffisamment loin sur le monde. Les hommes se prennent pour des animaux, pour des objets, pour des monstres, ils se l'imaginent si fortement dans leur esprit qu'ils le ressentent au plus profond de leur corps.

30 Plus loin : « Virgile parle de certaines herbes qui avoient la vertu de transformer les hommes en loups. [...] Tout le monde sait ce que raconte Homère des compagnons d'Ulysse, métamorphosés en pourceaux, pour avoir gouté d'un breuvage composé par Circé. Hérodote parle aussi de ces métamorphoses d'hommes ou loups ; l'Âne d'or d'Apulée est une Satyre de la crédulité du peuple, qui tenait pour certain les transmutations opérées par les Magiciens. Saint Augustin assure que certaines femmes en Italie convertissent les hommes en chevaux, par le moyen d'une sorte de poison qu'elles leurs donnent ; qu'après s'en être servi à porter leurs fardeaux, elles leur rendent leur première forme. [...] Ce n'était pas des changements réels, mais ces personnes se persuadaient fortement qu'ils étaient devenus chevaux, ânes, ou mulets, & agissaient en conséquence. » (p. 187-188)

31 Dans les productions contemporaines, vampirisme et lycanthropie, vampires et loup-garous, partagent souvent le même film, sont assimilés au sein d'une même histoire qui rend leur définition et leur distinction respectives difficiles : Dom Augustin Calmet en serait-il la source ?

LE DISCOURS DES RELIGIEUX : LE VAMPIRISME COMME SUPERSTITION OU TRANSCENDANCE DE LA NATURE

Au discours médical et psychologique, s'ajoute le discours religieux qui se distingue lui-même en deux autres discours : un discours religieux et sceptique et un discours ésotérique[32]. Ce dédoublement reflète l'émergence de cette masse d'autorités religieuses ambivalentes, niant mais crédibilisant à la fois selon une pensée christique. Ce dédoublement est aussi révélé par une querelle d'enjeux religieux et philosophiques, entre deux figures du vampirisme (et) des Lumières, Dom Augustin Calmet et Voltaire, querelle qui est le point d'acmé de la mise en place de la croyance aux vampires et de sa production d'images vampiriques à fort effets de réel.

Le discours religieux pose tout d'abord deux questions : celle de la résurrection des morts et celle de l'incorruption de leur corps. Le débat est celui de la citation de la Bible et de la référence au Christ. La querelle enfin, est celle de mettre sur le même plan de réalité la croyance aux vampires et la croyance en Dieu.

IMPUTRESCIBILITÉ DES CORPS ET INTERPRÉTATIONS

Si l'historien-théologien allemande Johann Christoph Harenberg conclue en 1732 que les vampires sont une illusion (1733, p. 27-35), il est une question matérielle qui ne relève pas de l'illusion : la conservation des corps après un certain temps. Nous l'avons vu précédemment : cette *réalité* est un élément important qui a favorisé la croyance aux vampires.

Cela est manifeste dans la dissertation sur les vampires de Dom Calmet qui offre un échantillon de récits allant dans ce sens :

> [L]es corps des Excommuniés ne pourrissent point dans la terre, jusqu'à ce qu'on ait levé l'excommunication portée contre eux. (1751b, p. 121-122)

> [Ils] ne peuvent êtres corrompus ni réduits en cendres, qu'après avoir reçu l'absolution de leurs Évêques ou de leurs Prêtres.
> [...] ensuite réduits en pourriture, dès qu'on a levé l'excommunication.

32 Cette disctinction est empruntée à Faivre, 1993.

Ils ne nient pas toutefois, que l'incorruption d'un corps ne soit quelquefois une marque de sainteté ; mais ils demandent qu'un corps ainsi conservé exhale une bonne odeur, qu'il soit blanc ou vermeil, & non pas noir, puant, enflé & tendu comme un tambour, ainsi que le sont ceux des excommuniés. (*ibid.*, p. 123)

Les Vampires ou Revenans font-ils véritablement morts ?(1751b, p. 222)

Voyons donc si le systême qui veut que ces Vampires ne soient pas vraiment morts, est bien fondé. Il est certain que la mort consiste dans la séparation de l'ame & du corps, & que ni l'un ni l'autre ne périt, ni n'est anéanti par la mort ; que l'ame est immortelle, & que le corps destitué de son ame, demeure encore quelque tems en son entier & ne se corrompt que par parties, quelquefois en peu de jours & quelques fois dans un plus long espace de tems : quelquefois même il demeure sans corruption pendant plusieurs années, ou même plusieurs siécles, soit par un effet de son bon tempérament, comme dans Hector & dans Alexandre le grand, qui demeurerent plusieurs jours sans corruption, ou par le moyen de l'art de l'embaumement, ou enfin par la qualité du terrain où ils sont enterrés[33], qui a la faculté de dessécher l'humidité radicale, & les principes de la corruption. (*ibid.*, p. 223-224)

Dans la pamoison, dans la syncope [ou dans l'"extase"[34]], l'ame ne sait plus ses fonctions ordinaires : elle est cependant dans le corps, & continue de l'animer ; mais elle ne s'aperçoit pas de sa propre action. (*ibid.*, p. 228)

Dom Calmet explique que l'incorruption ne témoigne pas de la même chose chez les Grecs orthodoxes et chez les catholiques Romains : les premiers y voient le corps excommunié, rejeté par l'Église et les seconds un signe de la bienveillance christique, comme « un état de surcommunion » (*ibid.*). La tendance est à l'incorruption commune certes mais pas pour les mêmes raisons : le vampire est devenu vampire par contamination ou par malchance ; il a la conscience lourde de fautes et de maux commis dans son passé de vivant, alors que le saint a « désiré » et attendu cette incorruption, qui devient synonyme de bénédiction. On apprend aussi que dès que les excommuniés meurent, ils sont rejetés hors de la Terre sainte. On place alors une hostie consacrée sur la poitrine du mort ou dans le cercueil pour garder le mort en son sein (*ibid.*, p. 98-99 notamment). D'un côté, l'incorruption est acceptée à condition que le corps reste intact et frais, qu'il dégage une bonne odeur, et de l'autre elle est punie et déclarée démoniaque si le corps n'est pas puant, noir

33 D'où l'importance qu'aura la terre transylvanienne pour Dracula.
34 Calmet, 1751b, p. 224.

et enflé. Autrement dit, d'un côté, la croyance, christique, considère la sainteté et offre tout un imaginaire esthétique, saint, beau et propre, et de l'autre la croyance, superstitieuse, vampirique, offrant des images laides, horrifiques, choquantes, est condamnée.

Comme le rapporte de nos jours François Angelier dans son article « Je bois, ceci est ton sang… », en déterrant le corps d'un vampire ou en exhumant la dépouille d'une sainte « on inspectera son corps pour y trouver *ce que l'on vient y chercher* : la malédiction ou la sanctification. L'imputrescibilité du corps est un fait culturel plus que naturel[35]. » (Angelier, 1997, p. 136) Il y a donc un élan de croyance, contextuelle, sociale, historique, culturelle, *au préalable* à déterminer : c'est un esprit, avec une foi religieuse précise, qui qualifie un corps de vampire. En effet, comme l'écrit Luc Oreskovic « si de nombreux cas se rencontrent aux confins de l'Europe catholique, une dimension spécifique au contact des aires confessionnelles ne peut être ignorée. » (2010, p. 277) Le vampirisme touche un secteur interconfessionnel tendu où coexistent catholiques et orthodoxes, dont « les marges des aires confessionnelles sont brouillées par les influences réciproques et les transferts culturels. » (*ibid.*, p. 278) Nous pourrions parler de contamination vampirique réciproque. Plus précisément, il serait possible de lire le vampirisme comme une image ou un symptôme du processus d'acculturation contextuelle. Croyance au sein de croyances, le vampirisme est perpétuellement sur la frontière. Ici, la frontière entre turcs ottomans, catholiques, orthodoxes, et bientôt entre catholiques, jansénistes, protestants, chacun se disputant l'acculturation religieuse du peuple rural. Dans le Banat administré par l'Empire des Habsbourg, le vampirisme peut effectivement être considéré comme le reflet de l'ennemi ottoman. On se souvient d'ailleurs qu'Arnold Paole aurait été molesté par un vampire sur la frontière turque de la Serbie. Et Luc Oreskovic de remarquer :

> [l]e mal se conjugue au mal, dans l'événement ainsi rapporté où le monstre avide de sang se distingue par une origine spécifique : le Turc, acteur d'un Islam conquérant, n'applique-t-il pas l'impôt du sang sur les chrétiens des Balkans ? L'analogie ainsi restituée par un procédé littéraire dénote la conscience d'enjeux qui dépassent la seule dimension d'une simple superstition. (*ibid.*, p. 280)

35 Nous soulignons.

Dans les études sur les vampires comme l'ouvrage du théologien Dom Calmet, « le contexte des frontières interreligieuses est évoqué », « [l]a compétition des obédiences romaine et orthodoxe se révèle dans l'interprétation du phénomène des revenants et du statut des défunts. » (*ibid.*) De même, dans son article sur les vampires, Voltaire écrit bien qu'« [i]l y eut des broucolacas en Valachie, en Moldavie, et bientôt chez les Polonais lesquels sont de rite romain. Cette superstition leur manquait ; elle alla dans tout l'Orient de l'Allemagne » (2013, p. 419) ; il remarque le mouvement Est-Ouest de la contamination et rappelle le foyer oriental de la superstition.

Pour en revenir sur l'état des corps incorrompus, chez les orthodoxes, un corps préservé est signe d'un statut d'excommunié. Le corps en question est donc soupçonné d'être un vampire. L'incorruption ou l'imputrescibilité des vampires est donc « un signe dont l'interprétation permet de rejeter le mal vers les excommuniés et les catholiques selon une mise en parallèle abusive[36]. » (Oreskovic, 2010, p. 280) Et comme les catholiques le définissent comme une marque de sainteté, la distinction entre saint et excommunié se présente comme faussée, voire comme une aporie continuant d'insinuer le doute et de ce fait alimenter la croyance aux vampires. Le vampirisme est bien une ambivalence des signes et de leurs interprétations.

En 1743, la plus haute autorité de l'Église se prononce sur cette affaire. Dans *De servorum dei beatificatione et beatorum canonizatione*, ouvrage auquel la lettre de Jean-Jacques Rousseau aurait pu faire écho, le pape Benoît XIV (baptisé Prospero Lorenzo Lambertini), après avoir brièvement résumé quelques articles du *Commercium Litterarium*, parle d'emblée, et uniquement, lui aussi, d'ignorance des peuples et de superstition, et ce malgré les témoignages oculaires crédibles des magistrats, médecins et autorités locales : pour le pape, les événements rapportés – et sa réflexion se concentre principalement sur l'imputrescibilité du corps – sont explicables de façon naturelle. La conservation des corps n'est pas un prodige pour lui et il dénie tout ce qui représente les preuves matérielles de la réalité vampirique[37]. Il condamne clairement la croyance aux vampires. Nous pouvons ainsi lire dans *De revocatione Mortuorum ad vitam, seu de resucitatione* :

36 Lire également Manfredi, 2008, p. 94.

37 Le pape Benoît XIV se range du côté de la pensée sceptique.

> Ce qu'on raconte [...] sur les vampires est donné comme véridique et a reçu la confirmation officielle des magistrats. Néanmoins, qu'il s'agisse des cadavres retrouvés intacts, du sang qui en coulait, de la croissance des ongles et des cheveux, de la décollation des vampires et de la crémation de leur corps avec dispersion des cendres dans les eaux, tout ici dépend du crédit qu'on ajoute à ceux qui ont porté le témoignage. Il est fort difficile de croire à ce genre de résurrection des morts et aux actions qu'on leur impute : tout cela est loin d'avoir été démontré jusqu'à présent[38]. (Benoît XIV, trad. Volta, 1961, p. 76)

Il souligne également dans le cadre d'une lettre adressée en 1756 à l'archevêque de Léopol, capitale de la Galicie (Ukraine), alors que ce dernier validait l'existence des vampires, que cela serait une *imposture inventée* par quelques prêtres malhonnêtes à des fins pécuniaires :

> C'est sans doute, la grande liberté de Pologne, qui vous donne le droit de vous promener après votre trépas. Ici, je vous l'avoue, nos morts sont aussi tranquilles que silencieux ; & nous n'aurions besoin ni de Sbirres, ni de Barrigel, si nous n'avions qu'eux à craindre. L'Impératrice Reine de Hongrie, a dû vous détromper sur l'article des Vampires, que vous nommez communément Eupires. M. Vanswieten, son Médecin, d'autant plus croyable qu'il est très-instruit, nous apprend que la rougeur de certains cadavres, n'a d'autre cause qu'une espèce de terre qui les gonfle & qui les colore.
>
> Vous avez à Kiovie même, une multitude de corps parfaitement conservés, & qui joignent à la souplesse des membres, des visages enluminés. J'ai dit à ce sujet, dans mon ouvrage sur la canonisation des Saints, que la conservation des corps n'est point un prodige. C'est à vous, comme étant Archevêque, qu'il appartient sur-tout de déraciner ces superstitions. Vous découvrirez, en allant à la source, qu'il peut y avoir des Prêtres qui les accréditent, afin d'engager le peuple, naturellement crédule, à leur payer des exorcismes & des Messes. Je vous recommande expressément d'interdire, sans différer, ceux qui seroient coupables d'une telle prévarication ; & je vous prie de bien vous convaincre qu'il n'y a que les vivans qui ont tort dans cette affaire. (Benoît XIV, 1783, p. 192-193)

Benoît XIV use d'ironie, voire de moquerie ; il recourt aux savoirs scientifique (médical) et religieux, pour convaincre son destinataire, mais derrière il semble consterné par l'attitude de l'Archevêque. Reconnaissant et s'appuyant sur le rapport médical de Gerhard van Swieten, il demande aux archevêques des régions concernées de « déraciner » (le mot est fort) la superstition « à la source », c'est-à-dire de mettre fin aux agissements des prêtres impliqués qui accréditent l'existence des vampires à des fins

38 Livre sur la canonisation des saints alors qu'il était avocat du diable (*promotor fidei*) à la Congrégation des rites. Lire également Vidal, 2007, p. 77-98.

pécuniaires et qui sont ainsi coupables de « prévarication ». Benoît XIV utilise l'hyperbole, des mots percutants pour montrer la gravité de la situation. Quant à la désignation, victimisante, de la naïveté et de la crédulité du petit peuple, elles sont une base de la fiction littéraire (et plus tard cinématographique) et un point de départ à toute entrée des personnages dans le royaume du vampire amenés à, d'abord, rencontrer les autochtones d'un village.

Dans la lignée du pape Benoît XIV et de son scepticisme, d'autres réflexions contestent la réalité, mais lui laissent une marge de possibilité fondée sur le texte religieux, telles que celles de Aegidius Günther Hellmund ou Johann Heinrich Zopf, qui estiment que les vampires restent « dans les limites des données de la foi[39] » (Faivre, 1993, p. 54) et que de ce fait leur existence serait une punition de Dieu sur les habitants des territoires concernés qui vivraient dans le péché : comme si les vampires étaient des démons non plus envoyés par le Diable, mais par Dieu lui-même sur ces territoires soupçonnés de vivre dans le péché.

Dans l'Histoire de la croyance aux vampires, la Bible devient une pièce à *conviction.*

DOM AUGUSTIN CALMET *VS* VOLTAIRE : LE VRAISEMBLABLE CONTRE LE RATIONNEL

> S'il fallait rejeter toutes les histoires de l'Écriture où il paraît du merveilleux et de l'extraordinaire, où serait le livre sacré que l'on pourrait conserver ?
> Dom Augustin CALMET[40]

La discussion sur l'incorruption des corps dans le domaine religieux provoque une querelle, voire un scandale. Deux figures représentatives de cette querelle s'opposent : Dom Augustin Calmet et Voltaire.

Le révérend père de l'Ordre de Saint-Benoît et théologien Dom Augustin Calmet est connu pour être un savant de grande réputation en matière d'exégèse et d'histoire bibliques, pour avoir écrit des textes

39 Lire aussi le chapitre « Geyer, Stebler, Tharsander, Hellmund, Berger und Charisius » du livre de Hagen Schaub, *Blutspuren : Die Geschichte der Vampire. Auf den Spuren eines Mythos*, qui traite des deux théologiens cités (2008, p. 150-152).

40 « Préface sur le Livre de Tobie », cité par Voltaire (2007, p. 453).

de référence sur la Bible et les écrits sacrés. Entre 1706 et 1717, il publie les *Commentaires sur tous les livres de l'Ancien et du Nouveau Testament* qui, surtout dans sa version latine, sert d'ouvrage de référence[41]. Il fait également paraître une *Histoire de la vie et des miracles de Jésus-Christ* en 1720 et un *Dictionnaire historique et critique de la Bible* à Paris en 1722, qui a connu des traductions latine, allemande et anglaise.

Dom Augustin Calmet n'est pas éloigné de la pensée des Lumières et Voltaire lui témoignera dans une lettre qu'il lui adresse le 13 février 1748, son désir d'être, pendant quelques semaines, un de ses moines[42]. Les deux hommes auraient échangé des lettres aimables à ce propos. En juin 1754, il séjourne environ trois semaines à l'Abbaye Saint-Pierre de Senones pour notamment travailler sur son *Histoire générale* (ou *Histoire universelle*)[43]. La critique de Voltaire est imprimée en 1764[44]

41 Nous pouvons comptabiliser un nombre important d'ouvrages sur la Bible et les écrits sacrés comme notamment : *La Bible en latin et en français, avec un Commentaire littéral et critique sur tous les livres de l'Ancien et du Nouveau Testament, Bibliothèque sacrée, ou catalogue des meilleurs livres que l'on peut lire pour acquérir l'intelligence de l'Écriture*, Paris, Emery, 1707-1716, 23 vol. in-4 (le commentaire a été reproduit à part sous le titre de *Trésor d'antiquités sacrées et profanes*, 9 v., 1722 et ann. suiv.) ; *Commentaires sur l'Ancien et le Nouveau Testament, en latin puis en français* (26 volumes), 1707-1717 ; *Dictionnaire historique et critique de la Bible*, Paris, 1722-1728, 2 vol. m-fol. Ces deux ouvrages ont été plusieurs fois réimprimés, et ont reçu des augmentations considérables ; *Histoire de l'Ancien et du Nouveau Testament ; Histoire universelle sacrée et profane*, Strasbourg, 1735-1747 ; ou encore *Dissertations qui peuvent servir de prolégomènes de l'Écriture Sainte*, Paris, Emery, 1720 ; *Histoire de la vie et des miracles de Jésus-Christ, tirée de l'histoire de l'ancien et du nouveau Testament*, 1720.

42 Voltaire, 1883a, p. 504 : « Je préfère, monsieur, la retraite à la cour, et les grands hommes aux rois. J'aurais la plus grande envie d'aller passer quelques semaines avec vous et vos livres. Il ne me faudrait qu'une cellule chaude, et, pourvu que j'eusse du potage gras, un peu de mouton et des œufs, j'aimerais mieux cette heureuse et saine frugalité qu'une chère royale. Enfin, monsieur, je ne veux pas avoir à me reprocher d'avoir été si près de vous et n'avoir point eu l'honneur de vous voir. Je veux m'instruire avec celui dont les livres m'ont formé, et aller puiser à la source. Je vous en demande la permission ; je serai un de vos moines ce sera Paul qui ira visiter Antoine. Mandez-moi si vous voudrez bien me recevoir en solitaire ; en ce cas, je profiterai de la première occasion que je trouverai ici pour aller dans le séjour de la science et de la sagesse. J'ai l'honneur, etc. »

43 Il écrit une lettre à M. Le Comte D'Argental le 12 juin 1754 dans laquelle il dit : « [...] je me fais bénédictin dans l'abbaye de Senones, avec dom Calmet, l'auteur des *Commentaires sur la Bible*, au milieu d'une bibliothèque de douze mille volumes, en attendant que vous m'appeliez dans votre sphère. [...] Je ne perds pas ici mon temps. Condamné à travailler sérieusement à cette *Histoire générale*, imprimée pour mon malheur, et dont les éditions se multiplient tous les jours, je ne pouvais guère trouver de grands secours que dans l'abbaye de Senones. » (Voltaire, 1883b, p. 226-227).

44 Il demeure une incertitude quant à l'année précise de la rédaction du texte de Voltaire sur les vampires.

alors que le texte critiqué de Dom Calmet est publié en 1746. Comme le remarque Bertram Eugene Schwarzbach, Voltaire ne critique Dom Calmet qu'après sa mort en 1757[45]. Avant, Voltaire lui témoigne le plus vif remerciement et une profonde reconnaissance de lui avoir permis de consulter sa bibliothèque, dans une lettre qu'il lui adresse au mois de juillet 1754[46]. Peu avant la mort de Dom Calmet, Voltaire demandera à son neveu Dom Augustin Fangé de lui dire « qu'il n'y a personne au monde qui ait pour lui plus d'estime que moi[47]. » (1883c, p. 220) Et à sa mort, Voltaire « rend justice à la science, à la foi, à la modestie, à la vertu de feu dom Calmet » en dictant les quelques vers d'une épitaphe élaborée en son honneur dans une nouvelle lettre adressée à Dom Fangé :

> Des oracles sacrés que Dieu daigna nous rendre,
> Son travail assidu perça l'obscurité ;
> il fit plus : il les crut avec simplicité,
> Et fut, par ses vertus, digne de les entendre[48]. (*ibid.*, p. 302)

Nous ne savons pas si ce rapport amical (en tout cas réciproquement respectueux) et un intérêt philosophique commun justifient les critiques et la querelle qui seront plus vives du côté du philosophe en ce qui concerne la croyance aux vampires mais ils sont un événement important pour la postérité d'une écriture de et sur la croyance, qui conteste et valide à la fois[49]. Voltaire considérait Dom Calmet comme un érudit dont la compilation de ses recherches sur la Bible « donn[ait]

45 Schwarzbach, 2002, p. 451. Et Banderier, 2011, p. 48.

46 Il lui écrit de Plombières le 16 juillet : « Monsieur, la lettre dont vous m'honorez augmente mon regret d'avoir quitté votre respectable et charmante solitude. Je trouvais chez vous bien plus de secours pour mon âme que je n'en trouve à Plombières pour mon corps. Vos ouvrages et votre bibliothèque m'instruisaient plus que les eaux de Plombières ne me soulagent. [...] Je vous souhaite une santé meilleure que la mienne, et des jours aussi durables que votre gloire, et que les services que vous avez rendus à quiconque veut s'instruire. Je serai toute ma vie, avec le plus respectueux et le plus tendre attachement, monsieur, votre, etc. V. » (1883b, p. 240).

47 Lettre du 14 juin 1757.

48 Lettre du 20 novembre 1757.

49 Nous notons qu'il existe différentes et de multiples versions du *Dictionnaire philosophique* de Voltaire. Cela ne nous permet pas de dater avec précision tous les articles recueillis, souvent datant de plusieurs années, avec une distinction de quelques décennies entre l'année de publication et l'année d'écriture de l'article (l'entrée « Théisme », par exemple, publiée en 1764 et écrite en 1742). Dans le cas de l'entrée « Vampires », la datation est incertaine. Sa relation avec Dom Augustin Calmet ajoute une incertitude à sa datation.

beaucoup à penser[50] ». Le bénédictin lui donna beaucoup à penser (et à critiquer) sur la question des vampires également.

En 1746, Dom Calmet s'interroge sur les vampires et vient se confronter aux libres penseurs qui ont écrit contre eux. Comme nous en avons précédemment eu un aperçu, ceux-ci concluent que le témoignage, en apparence le plus digne de foi, ne vaut rien s'il fait cas d'événements contraires aux lois ordinaires de la nature. C'est contre la nature et ses lois que se définit le vampirisme mais c'est aussi par celle-ci qu'on l'explique.

Dans un contexte où le surnaturel démoniaque médiéval obscurantiste est en France combattu et affaibli, à un moment où hommes d'église et philosophes rejettent majoritairement le phénomène vampirique, à « une période qui se passionne pour les dissections » (Sempère, 2009, p. 53) et donc à un moment où le corps (après la mort) questionne, Dom Calmet publie, en deux volumes, un ouvrage controversé intitulé *Dissertations sur les apparitions des anges, des démons et des esprits, et sur les revenants et vampires de Hongrie, de Bohême, de Moravie et de Silésie.* Si le premier volume est naturellement consacré aux apparitions spirituelles des anges et des esprits, ce spécialiste de la Bible perturbe par son audace, en se tournant vers les nouvelles créatures de l'autre Europe, les nouveaux êtres fraîchement apparus que sont les vampires. Comme la présence des vampires à un moment qui n'aurait pas dû être le leur, est incohérente et inappropriée, le texte de Dom Calmet apparaît avec la même inconvenance, le même affront. Ainsi, tout au long de près de cinq cents pages, nombre de témoignages concernant la résurrection des morts, tirés de sources diverses et variées, bibliques, antiques, classiques et contemporaines, se succèdent.

Dom Calmet croise l'histoire et la théologie : « c'était la forme même de sa pensée, sans jamais sortir des limites posées par la Révélation et des enseignements dogmatiques de l'Église. » (Venturino, 2008, p. 240) Sa méthode, qu'il énonce d'ailleurs dans le dernier paragraphe de son ouvrage, pour prendre de la distance avec la croyance vampirique, dans le désir d'être le plus *juste* et *vrai* possible, est la suivante :

---

50 Il écrit en 1751 dans *Le Siècle de Louis XIV* : « Calmet (Augustin), bénédictin, né en 1672. Rien n'est plus utile que la compilation de ses recherches sur la Bible. Les faits y sont exacts, les citations fidèles. Il ne pense point, mais en mettant tout dans un grand jour, il donne beaucoup à penser. Mort en 1757. » (1878a, p. 48.)

> Ce qui m'a principalement détourné de donner des règles & de prescrire une méthode pour discerner les vraies des fausses apparitions, c'est que je suis très-persuadé que la manière dont elles arrivent, nous est absolument inconnue ; qu'elle enferme des difficultés insurmontables ; & qu'à ne consulter que la raison & les règles de la Philosophie, je serois plus porté à les croire impossibles qu'à en assurer la vérité & la possibilité. Mais je suis retenu par le respect des Saintes Écritures, par le témoignage de toute l'Antiquité & par la tradition de l'Église. (Calmet, 1751b, p. 482-483)

Dom Augustin Calmet souhaite déterminer si le retour des vampires est réel ou illusoire. Pour ce faire, dans sa démarche dissertative, il propose de ne rien nier *a priori*, mais de juger *a posteriori* ; de d'abord critiquer les témoignages (*cf.* les circonstances intérieures), ensuite juger du phénomène : « si le Retour des Vampires est réel, il importe de le défendre & de le prouver ; & s'il est illusoire, il est de conséquence pour l'intérêt de la Religion de détromper ceux qui le croient véritable, & de détruire une erreur qui peut avoir de très-dangereuses suites » (*ibid.*, p. X) écrit-il. La démarche de Dom Calmet apparaît aussi comme une démarche contestataire : il refuse, et anticipe aussi, l'attitude des « prétendus esprits forts qui rejettent tout pour se distinguer & pour se mettre au-dessus du commun » (1751a, p. II-III), dont le fait de douter de tout est pour lui un préjugé aussi inacceptable que la crédulité ; et comme une démarche apologétique, en n'hésitant pas à passer la porte du surnaturel, de l'étrange, du bizarre que ces libres penseurs veulent garder bien scellée. La démarche de Dom Calmet semble cependant « en dépit de sa bonne foi fausse[r] d'emblée les critères du vrai et du faux, du surnaturel et du naturel, de l'illusion et du réel, et laisse[r] transparaître une fascination grandissante pour le fait vampirique, miroir d'un réel dont il interroge avec délectation l'étrangeté. » (Sempère, 2009, p. 55) Dans tous les cas, le départ se veut rationnel, exposant son projet sérieux et objectif de rechercher un « point de certitude » (Calmet, 1751a, p. 1), et témoignant du souci de la vérité historique, quitte à modifier le rapport aux textes sacrés. De ce fait, il consacre une étude aux revenants et vampires toute aussi raisonnable, instructive et donc croyable que ses précédents écrits sur les textes bibliques.

La *Dissertation sur les revenans en corps* fait alterner sans plan déterminé, sans suite logique, voire rationalité, faits, récits, études ou encore questions, passant de la citation d'extraits (de lettres, d'articles, notamment ceux que nous avons précédemment étudiés) à des exemples (témoignages rapportés, expériences vécues), passant de revenants de la tombe aux excommuniés qui sortent des églises, et ainsi de suite. La démarche se veut rationnelle mais la forme inspire le doute. Sa *Dissertation* se présente comme un inventaire des diverses et prétendues manifestations du vampirisme dans les coins reculés de l'Europe centrale (Serbie, Hongrie, Roumanie, Moldavie, Pologne, comme le titre l'annonce).

Considérant les vampires comme un cas particulier d'apparitions et de visions surnaturelles, il se propose de les étudier en historien, en philosophe et en théologien, trois statuts ayant leur place dominante sur le siège de la raison, de la rationalité, de la vérité : « Comme historien, je tâcherai de découvrir la vérité des faits ; comme philosophe, j'en examinerai les causes et les circonstances ; enfin les lumières de la théologie m'en feront tirer les conséquences par rapport à la religion » (*ibid.*, p. VII-VIII). Jean-Marie Goulemot a interprété cette attitude (« archaïsante ») de Dom Calmet comme une tentative d'« affirmer contre la montée du rationalisme, l'existence, prouvée par la Religion, d'un surnaturel irréductible » (1980, p. 1232). Emmanuelle Sempère suggère de même que le vampire répond alors « en partie au désir de réaffirmer, au travers d'un exemple neuf, l'étendue des pouvoirs surnaturels de la divinité, dans une conception religieuse datée sinon archaïque. » (2009, p. 53) Cette tentative, ce désir, ont intentionnellement créé un effet de croyance… aux vampires, ce qui a fait de l'ouvrage de Dom Calmet un objet déroutant et polémique.

Dom Calmet souhaite déterminer la réalité des apparitions vampiriques à la mesure des apparitions admises de l'Écriture et entend donc traiter la question « aussi solidement et aussi sérieusement qu'elle le mérite » (1751b, p. IX). Sa méthode consiste à ne jamais influencer le lecteur et à lui laisser toute liberté dans son jugement, à avancer avec prudence et à se soucier de la complétude de ses propos :

> Dans ce grand nombre de faits & d'exemples que j'ai ramassés, j'ai tâché d'apporter du choix, & de n'en pas entasser une trop grande multitude, de peur que dans le trop grand nombre d'exemples, les douteux ne nuisissent aux certains, & qu'en voulant trop prouver, je ne prouvasse absolument rien. […]
>
> Je les [lecteurs] prie cependant de faire un juste discernement des faits & des exemples, après quoi ils pourront avec moi porter leur jugement, affirmer, nier, ou demeurer dans le doute. (1751a, p. III-IV)

Il appelle dans un premier temps à la perspicacité de son lecteur, à son ouverture d'esprit, ainsi qu'à sa capacité de raisonner, considérant un large champ de perception et de possibilités du jugement (affirmer, nier, douter, avec perspicacité). Dom Calmet admet :

> « Quelque fois on ne voit pas ce qui est présent à nos yeux ».
> Il est donc très possible qu'une personne, soit qu'elle dorme, ou qu'elle veille, ait une apparition, où elle croit voir & entendre ce qu'elle ne voit & n'entend qu'en idée & en imagination, ou qu'elle croye ne voir ni entendre, ce qui frappe ses yeux & ses oreilles, ainsi que nous venons de le faire voir par les exemples que nous avons rapportés. [...]
> La difficulté me paroît égale de m'empêcher de voir ce qui est présent à mes yeux, & de m'y faire voir ce qui n'y est pas présent. L'un comme l'autre est l'effet d'une puissance surnaturelle. Suspendre l'action de nos sens, & les empêcher d'agir selon les loix ordinaires de la nature ; ou faire sur nos sens des impressions en l'absence des objets naturels, comme s'ils étoient réellement présens, tout cela ne se peut faire sans une espece de miracle. (*ibid.*, p. 19-21)

Le miracle est de l'ordre du surnaturel divin admis. Dieu est le seul qui puisse faire du surnaturel une réalité si nous osons dire. Dom Calmet, en tant que théologien bénédictin, reste sur le droit chemin du dogme catholique, là où le lien du surnaturel à Dieu est indéfectible, et où tout ce qui ne relève pas de l'action divine, ni ne reçoit son aval, est considéré comme n'étant pas réel, rejeté dans la sphère de l'illusion, de l'« imagination frappée », du rêve, voire de la folie (de personnes victimes de maladie, y compris celle de la superstition). Comme le remarque Emmanuelle Sempère,

> [l]a vocation du texte de Calmet est donc de restaurer l'autorité du texte biblique en matière de surnaturel en traçant une ligne la plus nette possible entre vrai et faux surnaturel (illusoire, pathologique, trompeur ou délictuel), catégorie dans laquelle vont aussi bien se trouver des faits « réels » (mais naturels et donc non miraculeux) que des faux témoignages. (2009, p. 57)

Pour Dom Calmet, tout miracle doit être lié à un projet de Dieu et pouvoir être lu comme tel[51]. Cependant, et là où cela prête à confusion, tout ce qui ne dépend pas des volontés divines et qu'on ne peut pas expliquer comme tel, y compris le surnaturel, est rejeté du côté du naturel : « l'inquiétude que Calmet réussit à chasser du surnaturel resurgi dans le réel, dans le champ d'une nature que l'on n'est jamais sûr de bien interpréter » (*ibid.*, p. 58). Dans ce cadre, le seul critère

51 Par ailleurs, le miracle, qui est admis, interrompt le processus de rationalisation.

d'évaluation de la vérité du fait ou du phénomène rapporté est l'autorité qui l'énonce. Il est alors possible de distinguer au sein du discours de Dom Calmet le recours à plusieurs autorités : l'autorité biblique et des textes saints, incontestable mais sollicitée, l'autorité liée à des faits venant de l'Antiquité, donc celle des grands historiens et philosophes grecs et latins (Hérodote, Plutarque, Platon, etc.), l'autorité de ces contemporains et collègues, et l'autorité remise en question des autochtones d'Europe centrale ainsi que celle de ceux qui rapportent leurs témoignages[52]. Au sein de son discours, parfois au sein d'un même chapitre, toutes ces autorités se mêlent, et des récits de mythologies étrangères, d'un passé lointain, peuvent se voir transposés dans un monde de la Bible[53]. C'est le cas par exemple au chapitre LIII intitulé « Exemples de Ressuscités, qui racontent ce qu'ils ont vû dans l'autre vie », où Dom Calmet cite l'Évangile et un apologue mythologique de *La République* de Platon (celui « d'un nommé Eros Armenien »), et leur applique les mêmes interprétations symboliques en transposant le second dans l'univers biblique du premier (Calmet, 1751b, p. 264 et suivantes).

Ainsi, si sa méthode est soucieuse de prudence et d'exhaustivité, nous notons une absence de hiérarchisation : les exemples et les fiches sont alignés les uns à la suite des autres, et de ce fait offrent « un effet paradoxal de confirmation du bien-fondé de leur contenu par le nombre même » (Venturino, 2008, p. 246) tout en permettant à Dom Calmet de se détacher du propos que concerne chaque fiche. Dom Calmet accumule nous l'avons dit des récits de toute nature, de toute autorité dans l'intention de prouver à son lecteur que les vampires sont faux, irréels, n'existent pas. Mais il ne fait qu'aligner les informations, les faits, les témoignages et les actes, des habitants de tel village concerné, et il ne donne que rarement son sentiment ou son avis qui est concentré principalement et très brièvement en début et en fin d'ouvrage sur chaque question traitée. En conséquence, et comme le remarque très justement Diego Venturino, « à force de multiplier les témoignages (sans

---

52 Pour Dom Calmet, le surnaturel est faux s'il ne peut pas être lu comme un signe de Dieu ; le surnaturel est faux dans le cas où un témoignage est émis par une autorité / un témoin dont la dignité et la bonne foi sont remises en question. Ce qui est le cas des « peuples de ces pays [qui] sont plus crédules et plus superstitieux que les autres peuples » (Calmet, 1751b, p. 71), et des paysans de Hongrie qui sont des « gens fort ignorants » (*ibid.*, p. 257).

53 Emmanuelle Sempère développe ce point (2009, p. 60 et suivantes).

les contester), il finit par les renforcer. La retenue devient ambiguïté : y croit-il ? n'y croit-il pas ? » (*ibid.*) Dom Calmet entretient, malgré lui semble-t-il, le doute, se risquant dans sa mission. Par exemple, il relève au chapitre XXIII qu'« [o]n voit encore dans l'Histoire plusieurs autres exemples de corps morts des Excommuniés rejettés hors de la terre sainte », puis raconte deux exemples avant de conclure et de clore le chapitre : « Voilà un fait revêtu de toutes les circonstances qui le peuvent rendre incontestable. » Le nombre de faits et d'exemples s'accumule sur un modèle presque identique, susceptible de perdre le lecteur dans le mystère quasi aporétique de ceux-ci. Et une ouverture de chapitre comme celle-ci : « Ceux qui ont recours à la fascination des sens pour expliquer ce qu'on raconte des Apparitions des Vampires, se jettent dans un plus grand embarras, que ceux qui reconnaissent de bonne foi la réalité de ces événements » (Calmet, 1751b, p. 260), est un exemple des « perpétuels dérapages » (Sempère, 2009, p. 79) de son argumentaire, toujours hésitant entre reconnaissance d'une réalité et scepticisme.

Dom Calmet évoque les preuves avant de les juger ou sans vraiment les juger, et cette méthode naturelle « s'est transformé[e] en aubaine pour les superstitieux des siècles suivants, trop heureux de pouvoir se targuer à bon compte de l'autorité d'un savant bénédictin. » (Venturino, 2008, p. 246) L'ambiguïté de Dom Calmet, qui perturbe la pensée philosophique et la pensée théologique de cette époque, est qu'il propose dans sa démarche à la fois d'arracher la superstition de l'esprit des hommes de bonne volonté, et de les protéger des risques du scepticisme (ou pyrrhonisme) qui consiste à toujours douter de tout (Calmet, 1751b, p. 485). Plus loin, il s'agit d'affirmer et de nier à la fois : prouver que le vampirisme existe et en même temps nier l'existence des vampires suceurs de sang ; autrement dit, lui donner de la valeur existante par le simple fait d'en parler, de le définir et d'en arrêter les traits distinctifs.

Au sujet de cette question principale du discours religieux qu'est l'incorruption du corps des vampires soupçonnés, Dom Calmet note et critique que chez les Grecs orthodoxes l'incorruption signale que le corps a été excommunié, rejeté par l'Église qui est LE porte-parole du divin transcendant attestant la réalité du fait. Chez les catholiques romains, cette incorruption témoigne, atteste, d'un attachement au Christ, d'un état de communion :

> La créance des nouveaux Grecs, qui veulent que les corps des Excommuniés ne pourrissent point dans leurs tombeaux, est une opinion qui n'a nul fondement, ni dans l'Antiquité, ni dans la bonne Théologie, ni même dans l'Histoire. Ce sentiment paroît n'avoir été inventé par les nouveaux Grecs Schismatiques, que pour s'autoriser & s'affermir dans leur séparation de l'Église Romaine. L'Antiquité Chrétienne croyoit au contraire, que l'incorruptibilité d'un corps étoit plutôt une marque probable de la sainteté de la personne, & une preuve de la protection particulière de Dieu sur un corps, qui a été pendant sa vie le Temple du saint Esprit, & sur une personne qui a conservé dans la justice & l'innocence le caractère du Christianisme.
>
> Les Brucolaques de la Grèce & de l'Archipel sont encore des Revenans d'une nouvelle espéce. On a peine à se persuader, qu'une Nation aussi spirituelle que la Grecque ait pû donner dans une idée aussi extraordinaire que celle-là. Il faut que l'ignorance ou la prévention soient extrêmes parmi eux, puisqu'il ne s'y est trouvé ni Ecclésiastique ni autre Écrivain qui ait entrepris de les détromper sur cet article. (*ibid.*, p. VIII-IX)

Cet extrait témoigne d'une réalité qui concerne le statut problématique de l'autorité à cette époque. Nous sommes toujours dans un contexte de luttes religieuses entre Réforme et Contre-Réforme, et celles-ci ont fait « éclater la notion d'autorité religieuse », et ce dès l'époque des sorcières, où Protestants et Catholiques utilisaient chacun la démonologie pour critiquer, voire discréditer la religion de l'autre, « chacun s'accusant de favoriser, voire de créer, les "ténèbres" de l'ignorance et du mal. » (Sempère, 2009, p. 59-60) Le sens d'un signe n'est plus unique. Au sein de ce cadre (qui n'est pas neutre), nous l'avons dit, le vampire apparaît et évolue sur la frontière.

La question de l'incorruptibilité des corps et de son lien avec l'excommunication (le tout pouvant désigner le vampire, voire le prouver) est au cœur de l'argumentation de Dom Calmet ; une argumentation qui semble s'élaborer au fil d'une critique qui conteste une autorité pour mettre en valeur une autre :

> Les exemples cités par les Grecs, ou ne prouvent rien, ou prouvent trop. Ces corps qui n'ont pas été corrompus étoient réellement excommuniés ou non ? S'ils n'étoient pas nommément & réellement excommuniés, leur incorruption ne prouve rien ; & quand ils auraient été vraiment & réellement excommuniés encore faudroit-il prouver, qu'il n'y avoit point d'autre cause de leur incorruption, ce qu'on ne prouvera jamais.
>
> De plus une chose aussi équivoque que l'incorruption ne peut pas être employée en preuve dans une matière aussi sérieuse que celle-ci. (Calmet, 1751b, p. 301)

> Quelque respect que j'aye pour saint Grégoire le Grand, qui rapporte des exemples de personnes mortes excommuniées, qui sortoient de l'Église à la vûe de tout le monde ; & quelque considération que méritent les autres Auteurs que j'ai cités, & qui racontent d'autres faits semblables, & même plus incroyables : je ne puis me persuader, que nous ayons ces Histoires avec toutes leurs circonstances & après les raisons de douter que j'ai rapportées à la suite de ces Histoires, je crois pouvoir dire encore, que Dieu pour inspirer aux peuples une plus grande terreur des Excommunications, & un plus grand respect pour les Sentences & les Censures de l'Église, a voulu dans ces occasions pour des raisons qui ne, nous sont pas bien connues, faire éclater sa puissance, opérer des miracles à la vûe des Fidéles : car comment expliquer tout cela sans recourir au miracle ? (*ibid.*, p. 303)

Le miracle admis semble interrompre tout processus de rationalisation : car le signe divin est lisible, clair, explicite et que l'autorité de celui qui rapporte le récit ne fait pas de doute. Le miracle est « le degré suprême de la légalité du surnaturel, qui interdit et bloque toute investigation intellectuelle, au profit d'une réflexion purement théologique et symbolique qui permet au discours d'échapper au registre du réel. » (Sempère, 2009, p. 61)

Il y a au sein de son texte une très forte interrogation qui perdura jusqu'à la fin, avec des questions auxquelles il ne répond pas forcément, qu'il laisse en suspend, soit qu'elles ne sont que de simples questionnements rhétoriques, soit qu'elles sont insolubles. Par exemple :

> Étoit-ce un Démon qui animoit le corps de cet enfant, ou etoit-ce l'âme de cet enfant qui etoit rentrée dans son corps par la permission de Dieu ? Par quelle autorité le Démon a-t-il pu ôter la vie à cet enfant, puis la lui rendre ? Dieu l'a pû permettre pour punir l'impiété du malheureux Père, qui s'étoit donné au Démon pour contenter une passion honteuse & criminelle. Et encore comment l'a-t-il pû contenter avec un Démon, qui lui parut sous la forme d'une fille qu'il aimoit ? Dans tout cela je ne vois que ténébres & difficultés, que je laisse à résoudre à de plus habiles & plus hardis que moi. (Calmet, 1751b, p. 307)

Cette accumulation de questionnements se trouve dans les derniers chapitres de conclusion. Dom Calmet conclura sans conclure au chapitre LI : « Il y a même beaucoup d'apparence, que tout ce qu'on en dit n'est qu'une illusion ; & quand il y aurait en cela quelque réalité, nous pourrions bien nous consoler de notre ignorance à cet égard, puisqu'il y a tant de choses naturelles, qui se passent dans nos corps & autour de nous, dont la cause & la manière nous sont inconnues. » (*ibid.*, p. 259) Nous observons une incapacité de conclure : cette « conclusion » est suivie de quatre chapitres qui reviennent sur le problème des corps des excommuniés qui sortent des églises et rapportent des témoignages d'anonymes. Autrement dit, comme l'écrit Emmanuelle Sempère, « au moment où le lecteur serait en droit d'attendre une énonciation sincère et directe, la voix auctoriale se délite. » (2009, p. 55) Au point de presque annuler lui-même son entreprise en disant que la croyance aux vampires, broucolaques et autres masticateurs ne mérite pas une réfutation sérieuse, car :

> Tout ce qu'on dit des personnes mortes, qui mâchent sous la terre dans leurs tombeaux, est si pitoyable & si puérile, qu'il ne mérite pas une réfutation sérieuse. Tout le monde convient qu'il n'arrive que trop souvent, qu'on enterre des personnes qui ne sont pas bien mortes.
>
> [...]
>
> Car rien n'est plus mal fondé que ce qu'on dit des Apparitions, des véxations, des troubles causés par les prétendus Vampires & par les Brucolaques. (Calmet, 1751b, p. 304-305)

D'un côté, il déclare les récits sur les vampires de faux car marqués par l'archaïsme et la superstition des peuples slaves, de l'autre il peut conclure après un long récit (comme celui du Religieux Capucin, témoin de choses, le 29 août 1749) par un commentaire de la sorte : « Je ne garantis pas toutes ces circonstances. Le Lecteur judicieux en tirera les inductions qu'il jugera à propos. Si elles sont vraies, voilà un vrai Revenant, qui boit, qui mange, qui parle, qui donne des marques de sa présence pendant trois ans entiers, sans aucune apparence de Religion. » (*ibid.*, p. 230) Dom Calmet délègue le jugement final du récit rapporté à son lecteur. Il manifeste certes une méfiance – propre à son siècle d'ailleurs – envers tout mystère mais il n'en demeure pas moins que (sur la forme) son texte puisse déranger.

Et si dans le chapitre de conclusion il émet une véritable profession de foi en écrivant :

> Que les Oupires, ou Vampires, ou Revenants de Moravie, de Hongrie, de Pologne, &c., dont on raconte des choses si extraordinaires, si détaillées, si circonstanciées, revêtues de toutes les formalités capables de les faire croire et de les prouver même juridiquement par devant les Juges, & dans les Tribunaux les plus sévères & les plus exacts ; que tout ce qu'on dit de leur retour à la

> vie, de leurs Apparitions, du trouble qu'elles causent dans les villes et dans les campagnes, de la mort qu'ils donnent aux personnes en leur suçant le sang ou en leur faisant signe de les suivre ; que tout cela n'est qu'illusion, & une suite de l'imagination frappée et fortement prévenue. (*ibid.*, p. 295-296)

comme le remarque Emmanuelle Sempère :

> il y a dans cette déclaration, avec circonvolutions dignes d'un Boguet, une sorte de vocation contrariée au surnaturel démoniaque, un conflit intime de la pensée, entre la fidélité à la doxa dominante et une fascination personnelle, une conviction intime que « tout ce qu'on raconte » doit nécessairement renvoyer à du réel. (2009, p. 56-57)

Dom Calmet écrit d'ailleurs un peu plus loin qu'il « ne nierai point, que des personnes soient mortes de frayeur » (1751b, p. 296). Autrement dit, le retour des Revenans, c'est-à-dire le surnaturel (à partir du moment où il n'est pas prouvé « de sang froid ») n'est pas réel, mais son symptôme l'est, cela validant malgré tout la vérité du fait (et c'est peut-être seulement là que peut être envisagée une éventuelle autorité autochtone).

La dissertation de Dom Calmet est une œuvre paradoxale, chargé d'incertitudes découlant d'une pensée qui revient sans cesse sur elle-même, « un discours quasi-circulaire », niant puis affirmant inlassablement ; suggérant la possibilité de la réalité des vampires, ou du moins la vérité de leurs récits, puis démontrant leur fausseté tout à la fois ; considérant que pour prouver la fausseté du retour des vampires et de leurs apparitions le récit doit être détaillé et non lacunaire mais affirmant en même temps que plus le récit abonde en détails et précisions (de dates, de lieux, de noms), plus il doit être considéré comme faux. Dès le début, nous pourrions d'ailleurs comprendre qu'il a l'intention de nous prouver la réalité des vampires quand il rappelle la possibilité de la ruse du Diable (ou Démon) qui « veut quelquefois faire passer pour chimère & pour illusion tout ce qu'on dit des Apparitions, des Obsessions & Possessions, de la Magie, de la Sorcellerie » (1751a, p. 224), pour mieux affermir son Empire, et « mêle[r] dans tout ce qu'il fait beaucoup d'illusions parmi quelques vérités, afin que la difficulté de discerner le vrai du faux fasse prendre le parti qui lui plaît davantage » (*ibid.*, p. 229), donc pour mieux tromper les faibles et les sceptiques et les soutenir dans leur impiété et leur incrédulité. Et selon ce principe : « plus le récit semble obscur, plus d'une certaine manière on peut le soupçonner faux et le croire tel par la ruse du démon, et donc vrai. » (Sempère, 2009, p. 65) Emmanuelle Sempère résume bien ce « tourbillon idéologique » dans lequel le lecteur est emporté : « [l]e procès de la "fabulation" peut donc être renversé à l'infini : le commentaire démonte le faux (des vampires par exemple) pour montrer le vrai (les apparitions ordonnées par Dieu) mais peut très bien être suspecté de démonter un "faux" vrai et montrer un "vrai" faux. » (*ibid.*) Le texte de Dom Calmet débouche sur une aporie qui renforce le mystère, une aporie qui est déjà fiction (fantastique) puisque les questions sur le vampire continuent d'attendre des réponses, puisque les significations du vampire restent ouvertes. Le vampire alors poursuit son existence, sa réalité, dans un autre champ, un champ qui ne le niera pas (puisque le phénomène a été posé comme vrai).

Bien entendu, Dom Calmet ne traite pas le sujet au hasard et le prend très au sérieux en s'ouvrant sur un large éventail intellectuel qui associe rationalité historique et interrogation théologique propre à son époque. Il disserte donc longuement sur l'imputrescibilité du corps des saints et il ose la comparer à celle des vampires :

> Nous avons dessein de parler ici d'une autre sorte de gens ressuscités, qui étoient enterrés quelquefois depuis plusieurs mois, ou même depuis plusieurs années ; qui auroient dû être étouffés dans leurs tombeau, quand ils auroient été enterrés tout vivans ; & dans qui l'on trouve encore des signes de vie, le sang liquide, les chairs entieres, le coloris beau & vermeil, les membres flexibles & maniables. Ces gens qui reviennent ou le jour ou la nuit, inquiétent les vivans, leur sucent le sang, les font mourir, paroissent avec leurs habits dans leurs familles, s'asseyent à table, & font milles autres choses, puis retournent dans leurs tombeaux, sans qu'on voie comment ils y son rentrés. Ce sont des especes de Résurrections momentanées : car au lieu que les autres morts dont parle l'Écriture, ont vêcu, bu, mangé & conversé avec les autres hommes apres leur Resurrection, comme Lazare frère de Marie & de Marthe *(a)*, & le fils de la veuve de Sunam ressuscité par Élisée *(b)* ; ceux-ci ne paroissent que pendant un certain tems, en certains pays, dans certaines circonstances, & ne paroissent plus dès qu'on les a empalés ou brûlés, ou qu'on leur a coupé la tête.
>
> Si cette derniere sorte de Ressuscités n'étoient pas réellement morts, il n'y a de merveilleux dans leur retour au monde, que la maniere dont il se fait, & les circonstances dont il est accompagné. Ces Revenans se réveillent-ils simplement de leur sommeil, ou reprennent-ils leurs esprits, comme ceux qui sont tombés en syncope, en foiblsse, ou en défaillance, & qui au bout d'un certain tems reviennent naturellement à eux-mêmes, lorsque le sang & les esprits animaux ont repris leur cours & leur mouvement naturel ?

Mais comment sortir de leurs tombeaux sans ouvrir la terre, & comment y rentrer sans qu'il y paroisse ? A-t-on vû des létargies, ou des pamoisons, ou des syncopes durer des années entières ? Si l'on veut que ce soient des Résurrections réelles, a-t-on vû des morts se ressusciter eux-mêmes & par leur propre vertu ?

S'ils ne sont pas ressuscités par eux-mêmes, est-ce par la vertu de Dieu qu'ils sont sortis de leurs tombeaux ? Quelle preuve a-t-on, que Dieu s'en soit mêlé ? quel est l'objet de ces Résurrections ? Est-ce pour manifester les œuvres de Dieu dans ces Vampires ? Quelle gloire en revient-il à la Divinité ?

Si ce n'est pas Dieu qui les tire de leurs tombeaux, est-ce un Ange, est-ce un Demon, est-ce leur propre Ame ? L'Ame séparée du corps peut-elle y rentrer quand elle le veut, & lui donner une nouvell vie, ne fût-ce que pour un quart d'heure ? Un Ange ou un Démon peuvent-ils rendre la vie à un mort ? Non sans doute, sans l'ordre ou du moins sans la permission de Dieu. On a examiné ailleurs cette question du pouvoir naturel des Anges & des Démons sur les corps humains, & l'on a fait voir que ni la révélation, ni la raison, ne nous donnent aucune lumière certaine sur ce sujet. (1751b, p. 7-10)

Il reconnaîtra qu'« [i]l est vrai que les saintes Écritures parlent de la résurrection & du retour des Ames dans leurs corps comme d'une chose impossible selon le cours naturel. L'homme ne peut ni se ressusciter, ni ressusciter son semblable, sans un effet de la Toute-Puissance de Dieu. » (*ibid.*, p. 327)

Pourquoi admettre l'apparition d'êtres purement spirituels, c'est-à-dire anges et démons, comme il l'évoque dans la première partie de ses *Dissertations*, ou encore la possible présence de défunts pouvant apparaître sous une forme spirituelle, comme les fantômes et autres esprits, maléfiques ou non, événements qu'admettent la tradition et les textes sacrés, dans la tradition chrétienne aussi bien que païenne, qu'elles tiennent comme réalité mais aussi vérité, et pas l'existence de revenants-en-corps ? Le discours rapporté ne serait-il donc pas le même ? La réponse est négative : l'autorité du témoignage d'un villageois n'équivaut pas à l'autorité du discours d'un saint, bien que nous remarquions que chaque fois il s'agit d'un fait rapporté. Là se trouve l'intérêt de l'ouvrage de Dom Calmet contre lequel s'élevèrent les contestations de ceux qui ne comprennent pas comment l'abbé a pu oser faire un parallèle entre les anges, les démons, les fantômes et les vampires, et autres revenants-en-corps. Le vampirisme devient réellement objet d'une querelle, entre plusieurs autorités et leur croyance. La querelle suscitée par Dom Calmet porte sur la légitimité du discours tenu et l'autorité du locuteur (l'ultime locuteur étant Dieu pourrions-nous dire). Le vampire déplace les frontières qui séparent discours autorisé et discours non-autorisé. Il bouleverse l'ordre des discours. Dès le premier chapitre de sa *Dissertation sur les revenans en corps*, intitulé « La Résurrection d'un Mort est l'ouvrage de Dieu seul », Dom Calmet prend pour exemple la résurrection du Christ (I, Cor., XV, 12-28). Il rappelle que Dieu seul a le pouvoir de ressusciter, qu'il est revenu à la vie et que l'on peut admettre et évoquer d'autres cas de cadavres « revenus ». Il cite par exemple la résurrection de Lazare de Béthanie, ainsi que celle de Job. Le cas de la résurrection de Lazare de Béthanie telle que l'expose l'Évangile *selon* Saint Jean fait partie des textes qui selon Dom Calmet font foi de revenants « en corps », associant la thématique du sang vital[54]. La réalité de Dieu, pourrait donc être de la même nature que celle du vampire, et comme celle du vampire, se trouver dans les réalités qui entourent leur croyance : le réveil du mort de son tombeau, vu par tous, et la possibilité d'en témoigner. Dom Calmet considère les vampires comme une superstition de l'Église gréco-orthodoxe mais rien n'empêche de les considérer aussi comme ayant un statut ontologique semblable à celui de Lazare[55]. Lazare est donc *au moins* un homme qui a ressuscité et dont la résurrection n'a souffert du moindre doute.

Tout en voulant « combattre » les vampires, maintenir la foi contre la déviance vampirique, par son importante dissertation, Dom Calmet leur donne une sacralisation, c'est-à-dire une réalité (car) fondée sur le modèle christique. Le vampirisme devient alors moins un fait naturel

---

54 « 21 Marthe dit à Jésus : "Seigneur, si tu avais été ici, mon frère ne serait pas mort. 22 Mais maintenant encore, je sais que tout ce que tu demanderas à Dieu, Dieu te l'accordera." 23 Jésus lui dit : "Ton frère ressuscitera." – 24 "Je sais, dit Marthe, qu'il ressuscitera à la résurrection, au dernier jour." 25 Jésus lui dit : / "Je suis la résurrection. / Qui croit en moi, même s'il meurt / vivra ; / 26 et quiconque vit et croit en moi / ne mourra jamais. / Le crois-tu ?" / 27 Elle lui dit : "Oui, Seigneur, je crois que tu es le Christ, le Fils de Dieu, qui vient dans le monde. " / [...] / 43 Cela dit, il s'écria d'une voix forte : "Lazare, vient dehors !" 44 Le mort sortit, les pieds et les mains liés de bandelettes, et son visage était enveloppé d'un suaire. Jésus leur dit : "Déliez-le et laissez-le aller." » L'Évangile selon Saint Jean, Jn 11 « Résurrection de Lazare » dans *La Bible de Jérusalem* (1990, p. 1548).

55 Au chapitre LIII, Dom Augustin reconnaît que : « Nous venons de voir que les Vampires ou Revenans ne parlent jamais de l'autre vie. [...] C'est assurément un grand préjugé contre la réalite de leur retour de l'autre monde [...]. Il est vrai, que nous ne lisons pas *non plus* que Lazare ressuscité par Jésus-Christ (a), ni le Fils de la Veuve de Naïm (b), ni celui de la femme de Sunam ressuscité par Elisée (c), ni cet Israélite qui reçut la vie par l'attouchement du corps du même Prophète Elisée (d), ayent après leur résurrection rien decouvert aux hommes de l'état des Ames en l'autre monde. » (Calmet, 1751b, p. 264-265). Nous soulignons.

qu'un sujet de débat culturel. La réalité des vampires devient crédible et de ce fait incontestable. De plus, sa particularité est qu'en une œuvre unique et massive, qui résume et commente les faits *rapportés avant lui*, circonstances intérieures et circonstances extérieures se rencontrent pour faire de cette œuvre une référence, utile pour (ceux qui veulent) faire croire à la réalité des vampires, pour créer un effet de réel. À partir de là, les penseurs philosophes des Lumières ne peuvent que venir se confronter à lui, et malgré eux, entretenir le phénomène, puisque leurs propos ne relèveront que l'intérêt ou l'incertitude de Dom Calmet, ne relèveront et donc n'appuieront que la non-contestation du phénomène, voire l'adhésion du bénédictin.

L'ouvrage de Dom Calmet fait scandale, quoiqu'il ne crût pas en l'existence des vampires et fît d'eux l'objet d'une superstition. Dom Calmet réexamine la question de la résurrection des vampires comme l'objet d'une superstition (considérant le discours médical sur l'état de ceux qui ne sont pas réellement morts). Pour Dom Calmet, le vampirisme – la résurrection – est bien le résultat de suites d'une imagination dérangée et fortement prévenue. Sa position est malgré tout, nous l'avons vu, ambiguë et hésitante. Peu après la première édition de 1746, une traduction italienne, puis allemande, sont publiées : le livre a un retentissement international[56]. En France, il est vite contesté, si ce n'est condamné. Parmi ses contestataires, dès septembre 1746, Dom Ildephonse Cathelinot écrit à Dom Augustin Calmet pour le prévenir, reflétant les mises en garde de ses amis et élèves contre les crispations de la république des Lettres :

> Je vous dirai franchement que cet ouvrage n'est point du goût de bien des gens, et je crains qu'il ne fasse quelque brèche à la haute réputation que vous vous êtes faite jusqu'ici dans la savante littérature. En effet, comment se persuader que tous ces vieux contes dont on nous a bercés dans notre enfance sont des vérités ? [...] Je prie le Seigneur qui vous fasse passer l'année prochaine en parfaite santé, *sit mens sana in corpore sano*, pour fermer la bouche à ceux qui disent que vous baissez, et que votre ouvrage sur les apparitions des esprits en est une preuve. (Maggiolo, 1839, p. 103)

Dans le monde de l'Église, Dom Ildephonse Cathelinot n'est pas le seul à s'indigner. En 1751, l'Abbé Lenglet Dufresnoy publie un *Traité*

---

56 Lire Köpeczi, 1980.

historique et dogmatique sur les Apparitions, les Visions & les Révélations particulière avec *Des observations sur les Dissertations du R. P. Dom Calmet, Abbé de Senones, sur les Apparitions & les Revenans* dans lequel Dufresnoy critique le texte de Dom Calmet[57] et annonce dans sa préface qu'il tente de trouver des « raisons naturelles plus plausibles » (1751a, p. XXXIV et précédentes) pour expliquer les vampires ou broucolaques (paradoxalement définis par l'incorruption de leur corps). La critique est d'abord formelle : Dufresnoy entend « donne[r] un modèle de ce qu'aurait pû faire le R. P. Dom *Calmet*, pour marquer les faits dont on peut assurer la possibilité, & les distinguer de ceux qui portent avec eux le caractère de la fausseté », ce qui est « le moyen de former le cœur & d'éclairer l'esprit », la piété ne devenant « véritablement solide qu'autant qu'elle est pure & lumineuse. » (*ibid.*, p. XXXVII) Citant un des exemples de Dom Calmet (celui qui concerne le Spectre apparu à Catherine de Médicis), Dufresnoy remarque quelques omissions de Calmet qui « doit être attentif dans le récit de ces sortes d'histoires à ne pas trop ébranler l'esprit faible d'un Lecteur qui se forme souvent mille chimeres sur le rapport de semblables historiettes, que l'on néglige quelquefois de développer & de montrer avec toutes leurs circonstances. » Avant d'ajouter et de conclure : « on doit instruire, & non pas épouvanter. » (Dufresnoy, 1751b, p. 159) Il s'agit presque de dire que Dom Calmet fait plus preuve d'un travail de romancier que d'un travail d'historien, et que ses propos, par la conséquence qu'ils ont sur le Lecteur, sont moins de l'ordre du savoir que de la fiction. Dufresnoy relève donc le manque de développement du travail de Calmet, mais aussi son recours maladroit et inapproprié à des doctrines ou des récits saints, ainsi que son manque d'explication (*ibid.*, p. 101) ou son usage de généralités (*ibid.*, p. 109). Il parle également de graves conséquences que peut avoir sa *Dissertation*, tout en reconnaissant le sérieux de son auteur, attendant alors qu'il se rectifie dans la seconde édition de son ouvrage :

> Ainsi par une conséquence naturelle ce savant Religieux ne prétendroit point garantir, ni assurer le dogme de l'immortalité de l'ame, selon qu'il en tire la preuve des Apparitions qu'il a rapportées. Je sai néanmoins que rien n'est plus éloigné de la pensée du R. P. Calmet ; mais je suis persuadé que cela se

57 Celui de 1746. Calmet lui répond dans une lettre qu'il reproduit dans l'édition en *Traités* de ses *Dissertations* en 1751.

> rectifiera dans une seconde édition de son Ourvage, que l'on attend de ses lumiéres & de son exactitude dans les matiéres de Religion & de Théologie. (*ibid.*, p. 103-104)

En 1765, le Chevalier Louis de Jaucourt est moins tendre, plus indigné et plus sarcastique dans son article sur les vampires (article aussi court que son intérêt pour la question semble-t-il) :

> VAMPIRE, s. m. *(Hist. des superstit.)* c'est le nom qu'on a donné à de prétendus démons qui tirent pendant la nuit le sang des corps vivans, & le portent dans ces cadavres dont l'on voit sortir le sang par la bouche, le nez & les oreilles. Le P. Calmet a fait sur ce sujet un ouvrage absurde dont on ne l'aurait pas cru capable, mais qui sert à prouver combien l'esprit humain est porté à la superstition. *(D. J.)* (1765, p. 828b)

Jaucourt rejette le vampire dans le passé et à travers ses mots Dom Calmet apparaît presque comme un réactionnaire superstitieux, en tout cas comme une autorité qui défaille, critique rappelant les propos de Jean-Jacques Rousseau écrits deux ans plus tôt.

On se demande alors si la démarche de Calmet n'est pas une provocation qui fait de la résurrection vampirique le pastiche de celle du Christ. Cela explique alors, l'ultime attaque du côté philosophique, celle de Voltaire[58] sur ce propos. Comme le Chevalier de Jaucourt mais avec une plus grande ironie, Voltaire attaque, dans un article conséquent, notamment l'affirmation de Dom Calmet qui fait des vampires une sorte de signe des temps. Il emploie toute son ironie pour nettoyer le XVIIIe siècle de cette théorie d'avoir été le « Siècle des vampires » plutôt que ou en même temps que celui de la raison. Voltaire reproche également à Dom Augustin Calmet d'associer le vampirisme à une croyance religieuse telle que le Christianisme. Le ton est également à la moquerie chez Voltaire qui ne fait pas que nier l'existence vampirique, mais est prêt à discuter des phénomènes décrits, tournant au ridicule la croyance aux vampires :

> Ces vampires étaient morts qui sortaient la nuit de leurs cimetières pour venir sucer le sang des vivants, soit à la gorge ou au ventre, après quoi ils allaient

58 Les deux hommes s'entendront sur la question de l'imputrescibilité des corps mais pas sur la question vampirique. Ou du moins il s'agira d'un malentendu entre les deux hommes, Dom Calmet n'ayant jamais confirmé l'existence des vampires, admettant le caractère irrationnel, mais là où il blasphème c'est dans le fait d'avoir comparé les deux résurrections.

> se remettre dans leurs fosses. Les vivants sucés maigrissaient, pâlissaient, tombaient en consomption ; et les morts suceurs engraissaient, prenaient des couleurs vermeilles, *étaient tout à fait appétissants*. (2013, p. 417)

Voltaire procède alors par attaques, sinon par insultes. Comme le remarque Gilles Banderier (2011, p. 50), « Voltaire fut étonné, au sens classique du mot, par la publication du *Traité sur les Apparitions des Anges, [...] et sur les revenants et vampires de Hongrie, [...]*, dont il possédait un exemplaire et sur lequel il revient sans cesse ». Dans son article « Vampires », nous devinons immédiatement cet étonnement furieux qui par ailleurs met en valeur le choc intellectuel et culturel (la place inappropriée, presque obscène, des vampires au siècle des Lumières) :

> Quoi ! c'est dans notre XVIIIe siècle qu'il y a eu des vampires ! C'est après le règne des Locke, des Shaftesbury, des Trenchard, des Collins ; c'est sous le règne des d'Alembert, des Diderot, des Saint-Lambert, des Duclos, qu'on a cru aux vampires, et que le révérend p. dom Augustin Calmet, prêtre bénédictin de la congrégation de Saint-Vannes et de Saint-Hidulphe, abbé de Sénones, abbaye de cent mille livres de rentes, voisine de deux autres abbayes du même revenu, a imprimé et réimprimé l'histoire des vampires avec l'approbation de la Sorbonne. (2013, p. 416-417)

La référence à Dom Augustin *et* aux vampires revient dans l'article « Corps » dans lequel Voltaire cite parmi les idées folles de l'esprit humain « la déclinaison des atomes, les formes substantielles, la grâce versatile, et les vampires de Dom Calmet[59] » (1878b, p. 272). Dans l'article « Job », il évoque plus violemment « le bon Calmet ou dom Calmet (car les bénédictins veulent qu'on leur donne du dom), ce naïf compilateur de tant de rêveries et d'imbécillités, cet homme que sa simplicité a rendu si utile à quiconque veut rire des sottises antiques, [...] le bonhomme Calmet ne savait pas seulement qu'il existât. Les moines compilateurs sont de pauvres gens ! » (1994a, p. 252), et écrit, non sans ironie, dans l'article « Résurrection » : « Le profond philosophe dom Calmet trouve dans les vampires une preuve bien plus concluante. Il a vu de ces vampires qui sortaient des cimetières pour aller sucer le sang des gens endormis ; il est clair qu'ils ne pouvaient sucer le sang des vivants, s'ils étaient encore morts : donc ils étaient ressuscités ; cela

59 La citation est celle de l'édition de 1764. Dans les éditions suivantes, la mention à Dom Calmet est retirée.

est péremptoire » (1994b, p. 497-498). Finalement, on ne retient plus du travail de Dom Calmet que son intérêt pour les vampires et dans ce dernier cas, la possibilité de sa croyance aux vampires.

Voltaire identifie et Dom Calmet et le travail qu'il effectue dans sa dissertation dans les *Questions sur l'Encyclopédie* : « On n'entendit plus parler que de vampires depuis 1730 jusqu'en 1735 [...] Calmet enfin devint leur historiographe, et traita les vampires comme il avait traité l'Ancien et le Nouveau Testament, en rapportant fidèlement tout ce qui avait été dit avant lui[60]. » (2013, p. 419) Les notions de fidélité, de rapport, le qualificatif d'historiographe (qui note l'excès de considération et de respect pour l'existence de ces êtres), et enfin le lien fait entre l'Ancien et le Nouveau Testaments et les vampires, insistent non seulement sur l'ironie du propos, mais surtout sur la réalité des faits qui dépend d'une sacralisation des vampires :

> toutes ces histoires, quelque vraies qu'elles puissent être, n'avaient rien de commun avec les vampires qui allaient sucer le sang de leurs voisins, et venaient ensuite se replacer dans leurs bières. On chercha si on ne trouverait pas dans l'Ancien Testament, ou dans la mythologie quelque vampire qu'on pût donner pour exemple ; on n'en trouva point. Mais il fut prouvé que les morts buvaient et mangeaient, puisque chez tant de nations anciennes on mettait des vivres sur leurs tombeaux.
>
> La difficulté était de savoir si c'était l'âme ou le corps du mort qui mangeait. Il fut décidé que c'était l'un et l'autre. Les mets délicats et peu substantiels comme les meringues, la crème fouettée et les fruits fondans étaient pour l'âme ; les rosbifs étaient pour le corps. (*ibid.*, p. 422-423)

Il est étrange de constater que c'est non seulement les propos de Calmet qui a écrit « les vampires sont une illusion » (1751b, p. 296, notamment) mais aussi l'attaque de Voltaire qui attestent d'une réalité des faits. Car Voltaire devient une autre autorité, le porteur du discours philosophique qui nie et valide à la fois. D'autant plus que cette affirmation de Dom Calmet sur l'existence fantasmatique des vampires repose finalement sur l'insuffisance de preuves apportées et non sur l'impossibilité manifeste, naturelle et théologique, du fait. Dom Calmet ne nie pas la possibilité théologique des vampires, mais dit seulement

60 Dom Calmet avait déjà travaillé sur la question des anges, démons, esprits. Mais à ce début de titre il réunit (par la scandaleuse conjonction copulative « et ») les revenants et les vampires. L'ouvrage fut traduit en allemand dès 1757 et en italien (Venise) dès 1756.

après enquête empirique qu'ils ne sont pas réels. Cela ne peut que réaliser les faits, provoquer l'attaque de Voltaire et remettre en question la problématique de la croyance. La question qui se pose alors est celle de savoir comment, à l'époque des Lumières, il est possible de croire aux vampires et comment un homme d'église peut se prononcer sur ce sujet sans pouvoir en certifier la fausseté.

Voltaire semble écrire à un moment où l'épidémie se serait calmée et donc sûrement après avoir eu entre les mains de nombreux écrits sur la question, cela lui ayant permis de pouvoir les considérer avec une certaine distance et donc avec toute l'ironie et le sarcasme possibles pour rejeter le vampirisme des Lumières ou le considérer comme une maladie culturelle qui ne touchait que les pays d'Europe centrale (Pologne, Hongrie, Silésie, Moravie, Autriche, Lorraine) et non les capitales occidentales comme Londres et Paris. Mais, comme le remarque Gianfranco Manfredi, Voltaire, qui insinue que les capitales civilisées d'Europe seraient, en fait de superstition, culturellement plus résistantes que l'Europe centrale, oublie que Vienne qui est à ce moment « épicentre de la peste vampirique » ne peut être considérée comme une ville arriérée (2008, p. 93). Cet oubli (qui renforce un discours généralisant) discrédite selon nous cette partie de son propos et dans la forme, poursuit, voire relance la question vampirique. Voltaire répète les propos de Dom Calmet en rappelant la conception différente des corps incorrompus chez les orthodoxes et les catholiques. Mais il rapproche ces deux conceptions au sein d'une même nature superstitieuse, et compare les cadavres profanés et déterrés « aux anciens martyrs » : « [l]e mythe vampirique est utilisé comme un pur prétexte pour exercer une ironie corrosive contre le christianisme (*tout* le christianisme). » (*ibid.*, p. 94) L'ironie est virulente et violente : on se souvient que « [l]es vrais vampires sont les moines qui mangent aux dépens des rois & des peuples. » De même, en 1771, le *Dictionnaire de Trévoux*, à l'entrée « Vampire », s'inscrit dans la pensée de Voltaire, définit et critique, ne manifeste aucune hésitation dans le traitement du phénomène, le considérant comme purement imaginaire :

> Pour ajouter fois aux histoires que l'on débite sur le compte des Vampires, il faudroit en prouver l'existence. À la vérité on produit des gens qui prétendent avoir beaucoup souffert des Vampires. Mais que prouvent ces dépositions ? que ces personnes ont cru être persécutées, molestées, sucées par des Vampires. Ce n'est pas ce qu'il faut prouver. Car quand une fantaisie regne en certains

> cerveaux, *ils se persuadent toutes sortes de chimères, & les petites maisons sont pleines de Papes, de Rois, de Généraux d'armée.* Mais dans l'affaire du Vampirisme qu'on nous montre des gens dignes de foi, bien sensés & de sang froid, qui disent, nous avons vu un tel jour un Vampire, qui avoit été notre parent, notre ami, qui portoit tel nom : il étoit mort depuis tant de mois ou d'années, il nous a tenu tels discours, il a fait telles opérations sur nous. Pour arrêter ses persécutions, nous l'avons fait exhumer, &c. & depuis ce temps-là nous avons cessé de le voir, &c. Telle doit être la formule du témoignage, & l'on défie toutes les provinces qu'on vient de nommer, d'en produire un semblable. Ce sont des bruits populaires, des traditions qui se transmettent, comme nos historiettes de lutins & de revenans. Il se peut faire qu'il ait des cadavres, qui, quoiqu'enterrés depuis plusieurs jours, répandent du sang fluide par les canaux de leur corps. Tout cela est dans l'ordre de la Physique[61]. (1771, p. 285)

Dom Calmet, qui rapporte avec exactitude tout ce qui a été dit avant lui, est resté trop neutre selon Voltaire qui lui reproche aussi bien son manque de jugement critique que le fait pur et simple d'avoir traité la question, propageant alors dangereusement la connaissance d'événements troublants mais aussi les croyances superstitieuses qui les accompagnent : « Après la médisance rien ne se communique plus promptement que la superstition, le fanatisme, le sortilège et les contes des revenans. » (Voltaire, 2013, p. 419) ; « Le résultat de tout ceci est qu'une grande partie de l'Europe a été infestée de vampires pendant cinq ou six ans » (*ibid.*, p. 424). Autrement dit, un des principaux reproches fait à Calmet est de ne pas avoir mis un terme à l'épidémie vampirique, l'épidémie de la croyance aux vampires, d'avoir risqué qu'elle se propage, et d'en avoir fait une « mode » dangeureuse. Pour Voltaire, le mieux aurait sans doute été de ne jamais en parler, car en parler, c'est contribuer à diffuser l'infection (idéologique, culturelle) malfaisante (*cf.* le vampirisme comme maladie de la voix). Mais que fait Voltaire, sinon la même chose que Dom Calmet finalement ? Et même si Voltaire a attendu que la tempête vampirique se calme pour traiter la question avec recul, son texte ne fait que poursuivre le débat.

Émergent des vampirologues et « chasseurs de vampires ». Parmi eux, un ancien élève de Voltaire, philosophe des Lumières revenu au fil des années au catholicisme : Jacques Collin de Plancy. Il donne en 1818 dans son *Dictionnaire infernal*, la définition la plus complète du vampire, utilisant le matériel documentaire fourni par les *Dissertations* qui quelques décennies après sont devenues un répertoire classique du

---

61 Nous soulignons.

vampirisme et de la religion catholique. L'ouvrage de Dom Calmet sert à nourrir le phénomène, alimenter et constituer une certaine réalité de l'existence vampirique ; il sert à offrir des effets de réel pour ceux qui n'ont pas eu les rapports médicaux entre les mains mais qui ont seulement « entendu parler » de vampires. L'ouvrage de Dom Calmet offre les motifs de la représentation vampirique pour la postérité littéraire et artistique, nourrissant un imaginaire fantastique en ayant ramené dans le cadre réel l'« irréel » vampirique[62].

LE DISCOURS ÉSOTÉRIQUE : CROIRE EN LA POSSIBILITÉ MAGIQUE DE LA NATURE

L'autre discours religieux sur le vampirisme au siècle des Lumières est plus ésotérique. Il satisfait le besoin d'explication et tente de lever le doute, en puisant du côté de la magie. Si de manière générale, une bataille intellectuelle et savante se livre sans merci dans une lutte commune et plus générale contre la magie, les tenants d'une interprétation ésotérique qui se fonde sur la Nature et ses mystères sont nombreux.

Dans les discours de Christoph Friedrich Demelius (1732), Johann Conrad Dippel (1732, p. 22-28), Gottlob Heinrich Vogt (1732), mais aussi (et surtout) de Michaël Ranft, qui est paracelsien, le vampirisme « représente l'une des dernières questions de type magique qui fasse l'objet de discussions sérieuses dans le cadre universitaire, discussions au demeurant inséparables du contexte général des débats philosophiques » (Faivre, 1993, p. 55). Antoine Faivre remarque par ailleurs que le vampirisme s'inscrit à ce moment-là dans un courant culturel germanique « aux frontières imprécises, mais fort vivant » (*ibid.*) : l'éclectisme, et fait de ces penseurs ésotériques des éclectiques. Défini par Diderot dans son *Encyclopédie*, l'éclectique est :

> Un philosophe qui foulant aux pieds le préjugé, la tradition, l'ancienneté, le consentement universel, l'autorité, en un mot tout ce qui subjugue la foule des esprits, ose penser de lui-même, remonter aux principes généraux les plus clairs, les examiner, les discuter, n'admettre rien que sur le témoignage de

62 Le Brun, 1982, p. 31 : « Comme si le principe fantastique n'avait d'autre fin que de se saisir d'une donnée irréelle pour la ramener imperceptiblement dans le cadre du réel, alors que le merveilleux, au contraire, surgit de tout ce qui découvre le réel, la faille, le faux-semblant, l'accident, pour s'en éloigner sans retour. Éternel départ du merveilleux, éternel retour du fantastique. » Le vampire devient comme le principe même du fantastique.

> son expérience et de sa raison ; et de toutes les philosophies qu'il a analysées sans égard et sans partialité, s'en faire une particulière et domestique qui lui appartienne. (1755, p. 270a)

Refusant les systèmes de pensée et discours clos, les éclectiques se montrent curieux et ouverts à tout, à toutes les philosophies qui manifestent un vif intérêt pour les sujets les plus divers, même les plus étranges et les plus hermétiques. Les éclectiques tels que le précurseur des Lumières Christian Thomasius[63], Andreas Rüdiger (*Physica Divina*, 1716) et Johann Georg Walch[64] sont les trois grands noms qui servirent de support aux vampirologues qui s'intéressent à la magie du phénomène. Le vampirisme est une *curiosité*, une sorte de phénomène (de foire) épidémique et immatériel, devenant sujet principal et primordial des ésotériques et de leur questionnement sur la croyance par la possibilité des faits. S'opposant à une séparation radicale entre le corps et l'esprit (idée postulée par Christian Wolff), ils distinguent « quatre parties constitutives de l'être humain » (Faivre, 1993, p. 55) : une tripartition de l'âme – qu'exploiteront bientôt les écrivains de littérature de vampires – : l'âme végétative ou esprit astral (*Astralgeist*, ou *Archeus* dans les textes, en allemand), l'âme sensitive ou *anima*, et l'âme rationnelle ou *mens* ; et le corps comme enveloppe matérielle et mortelle. L'âme végétative ou esprit astral serait la principale réponse. En effet, au moment de la mort, lorsque l'âme se trouve séparée du corps, elle continuerait à rester près de lui, tout en pouvant se déplacer, mue par quelque appétit, en attendant de disparaître un jour – en cela, le vampire se rapprocherait des esprits errants dans les Limbes :

> [T]andis que l'âme sensitive, elle, perdure bien plus longtemps et que l'âme rationnelle – le *mens* – est immortelle. Pour ces néo-paracelsiens, l'âme végétative (l'esprit astral) de chaque individu est une parcelle de *Weltgeist* (Esprit, ou Âme, du Monde) et permet donc [...] d'expliquer maints effets de la nature ; par exemple, les phénomènes de hantise ; ou encore le saignement des cadavres (*cruentatio*). (*ibid.*, p. 57)

---

63 *Introductio ad philosophiam aulicam* (1688) ; *Versuch vom Wesen des Geistes* (1699). En 1709 il fait traduire en allemand un livre anglais de John Webster, *The Displaying of Supposed Witchcraft* (1677) dans lequel il traite également de la question des propriétés magiques du sang des cadavres. Il fut un des premiers sceptiques à dénoncer les poursuites judiciaires contre les sorcières et l'utilisation de la torture. Lire notamment Burns, 2003, p. 301.

64 *Einleitung in die Philosphie*, 1730 ; et *Philosophisches Lexicon*, 1726. Lui aussi s'intéresse à Webster et disserte sur l'esprit astral.

Pour le vampirologue Euxodos (ou Rudolf August Behrens), il existe bien une âme astrale (ou esprit astral). Chez les éclectiques, en 1732, à l'époque du rapport Flückinger, « l'infrastructure métaphysique et anthropologique existe pour une interprétation cohérente du vampirisme. Le vampire serait un esprit vital errant » (*ibid.*)[65]. Cela expliquerait et révélerait son existence, sa réalité. W.S.G.E. note que l'âme végétative reste dépendante et attachée un certain moment aux images, idées ou pensées qui auraient occupé l'esprit de l'individu au cours de sa vie : ainsi, s'il a un instant pensé devenir vampire, s'il l'a souhaité ou craint, il peut le devenir réellement après sa mort (1732b, p. 21-22). Alors, l'âme s'élève de la tombe :

> [E]t par une sorte de contraction de l'air se procure un corps subtil et éthérique. Tandis que le cadavre reste dans le cercueil – qui donc ici nierait ? –, elle se déplace, rejoint les lieux familiers, les proches du défunt surtout, dont elle absorbe le sang, puis elle retourne vers le cadavre afin de lui injecter ce sang dont elle s'est emparée. Il faut en effet, pour que l'esprit vital ne cesse point d'exister (ne se dissolve pas), que le cadavre ne pourrisse pas. On comprend dès lors que les victimes croient voir le mort lui-même au cours de la succion, tandis qu'en fait elles n'en ont qu'une image "magique", astrale. (Görres, 1968. Traduit par Faivre, 1993, p. 58)

Ce type de discours hérite notamment de ceux de Michaël Ranft qui, un siècle plus tôt, refuse de mélanger théologie et vampires et admet, malgré ses propos sur la superstition, une certaine magie de la Nature, immense, mystérieuse et inconnue. Le vampirisme relèverait donc de la magie naturelle (des corps) et non de la magie démoniaque ou du commerce charnel entre humains et incubes (ou succubes), ou d'une autre intervention de quelques lamies :

> Il serait tout à fait abominable de prétendre que le Diable, en l'espace de sept jours, a tué de mort violente jusqu'à dix hommes et qu'il se propose d'en arracher encore plus encore à la vie. [...] le Diable est seulement *la cause occasionnelle* de cette mort et non pas la *cause efficiente* qu'il faudrait invoquer dans la mastication des morts, au cas où nous chercherions du côté du Diable les causes de ce prodige de la Nature.

Ranft insiste : « Le troisième point qui nous éloigne de l'attribution au Diable de la mastication des morts, est que toutes les données indiquent

---

65 D'où la définition de revenant-en-corps.

seulement des causes naturelles. » Et précise : « Ce prodige de la Nature peut donc s'expliquer par les seules forces de la Nature[66]. » (1995, p. 35-36) Toute la nature est prodige, pleine de vertus cachées écrit Ranft. Certes, il ne nie pas le commerce charnel entre humains et démons, mais cela n'a rien à voir avec le vampirisme. Les témoignages évoquent un jaillissement du sang après le percement du corps du vampire, accompagné d'un cri semblant venir des entrailles de l'âme humaine. Tout cela n'est que réactions physiologiques du corps, réactions naturelles. L'âme végétative chez Michaël Ranft, sa pensée, l'admission de son existence attestent la croyance et l'existence des vampires. Elle est *vegetantia*, « l'Activité de l'Être premier, c'est-à-dire le *désir* » (*ibid.*, p. 81-82), c'est-à-dire un élan, une poussée comme une pulsion faisant que les corps morts se lèvent, poussés par celle-ci ; ils se meuvent, se répandent, exercent une influence sur le monde extérieur, et mâchent dans leur tombeau (il s'agit du premier stade). C'est aussi l'âme végétative qui fait que les vivants voient ces morts revenus en corps. Le *Visum et Repertum* rapporte qu'Arnold Paole *croit* avoir été vampirisé et les villageois y ajoutent foi. La notion d'emprise, plus finalement que de hantise, est à prendre en compte. En effet, par l'action interdépendante de deux imaginations, celle du vampire et celle du vivant, à partir du moment où elles sont entrées en contact, par conflit, ou par sympathie, elle se concrétise sous la forme d'une vampirisation réelle qu'il s'agira de réellement élimer par la destruction ou par la réconciliation avec le défunt. Le vampirisme implique substantiellement des pratiques rituelles.

Le religieux signifie étymologiquement le lien, l'attachement, affectif et effectif que l'on entretient avec la divinité, mais également que l'on entretient au sein d'une communauté. Définir le vampirisme nécessite de prendre en compte un lieu et un peuple. Le vampirisme est une croyance superstitieuse qui révèle un discours anthropologique.

Les discours manifestent des conflits d'interprétation (scientifique, ou avec des enjeux religieux) qui interrogent les notions d'autorité, de légitimité en ce qui concerne les faits, interrogent la vérité, et consolident aussi des motifs de fictions. Ce qui importe n'est pas tant la réalité que le fait de croire en cette réalité. Bien qu'il y ait une tendance à l'invraisemblance naturelle qui fait qu'on ne croit pas aux vampires, tout un travail en hiatus rend le phénomène crédible. De sorte que les

---

66 Lire également p. 105-107.

efforts de rationalisation ne font pas le poids contre la validation du vampire. Le discours, les débats et la querelle que nous venons de parcourir manifestent l'impossibilité de définir, de cerner idéologiquement, voire conceptuellement parlant le vampire, qui continue d'appartenir à, et sa croyance d'évoluer dans, un entre-deux interprétatif et discursif. Les discours se rejoignent sur deux questions ou interprétations du vampirisme : le vampirisme est une superstition, le vampirisme est une maladie. Le discours religieux et le discours médical dominent et se scindent selon les locuteurs. Ainsi le discours religieux rencontre le discours philosophique et l'ensemble des discours propose une réflexion anthropologique générale.

UN DISCOURS ANTHROPOLOGIQUE

La naissance du vampirisme coïncide étrangement avec la naissance de l'anthropologie à la fin du XVIIIe siècle. Avec le vampirisme apparaît tout un ensemble de discours savants qui témoignent ou dénoncent un certain ethnocentrisme occidental, voire religieux, qui se perpétuera au sein d'une fiction codifiée.

En effet, la production d'une masse documentaire sur les apparitions vampiriques supposées dans les régions d'Europe de l'Est précédemment mentionnées, comme par exemple la compilation minutieuse de témoignages autorisés par Dom Calmet, illustre le souci de l'Église catholique de montrer comment la croyance en la résurrection des morts et au vide du tombeau, absolument centrales au récit du Nouveau Testament, est d'un ordre différent des superstitions de peuplades primitives sur la résurrection des morts sous forme vampirique car son mode de transmission est totalement autre. Son souci était de ne pas remettre en cause la possibilité de la résurrection, « de ne pas jeter pour ainsi dire le bébé christique avec l'eau du bain vampirique[67] ». À cette occasion naît un discours anthropologique sur les croyances populaires des périphéries,

67 Empruntée à M. Jean Khalfa, professeur à l'Université de Cambridge (UK). Je le remercie chaleureusement pour ses conseils qui me permirent de parfaire et de poursuivre ma recherche.

inférieures car empreintes de fétichisme et clairement démarquées du discours de la foi authentique.

Derrière les considérations religieuses émergent l'idée de frontière culturelle, conférant une perspective anthropologique aux descriptions de Dom Calmet[68]. Et bien avant les descriptions d'un Lucien Lévy-Bruhl sur la « mentalité primitive », Jean-Jacques Rousseau concevait déjà une anthropologie sociale et considérait la croyance aux vampires de ces peuplades dites primitives comme d'une très grande importance pour sa réflexion (Fraylin et Wokler, 1982, p. 117). Car finalement et comme nous l'avons vu, c'est moins sur l'existence des vampires que sur la nature (ethnocentrique) de l'autorité dans la société civilisée que les histoires dites attestées nous en révélaient le plus. Comme le remarquent Christopher Fraylin et Robert Wokler, pour Rousseau, l'autorité sacrée tirait sa force des superstitions populaires, et la peur d'un monstre miraculeux tel que le vampire a contribué à soutenir respect et soumission aux agents d'un Dieu tout-puissant (*ibid.*).

Le vampirisme devient une histoire de la rencontre entre société primitive et société civilisée.

PENSÉE PRIMITIVE CONTRE REGARD CIVILISÉ

Au début du XIXe siècle, le révérend missionnaire chrétien John Philip remarque à propos des « superstitions des Bechuanas » :

> À l'état d'ignorance (c'est-à-dire avant d'avoir été instruits par les missionnaires) toute chose qui n'est pas connue, et qui est enveloppée de mystère (dont la simple perception ne suffit pas à rendre raison) est l'objet d'une vénération superstitieuse ; les causes secondes sont ignorées, et une influence invisible en tient la place. (Trad. Lévy-Bruhl, 2007, p. 24)

Dans le cas du vampirisme, cette influence invisible atteint un si grand degré de force, qu'elle fait pénétrer d'une ombre mortifère la raison des peuples, voire cause la mort des esprits ignorants. En 1520, Martin Luther est lui-même déjà confronté au problème que pose la croyance en des morts malfaisants. On rapporte dans ses *Propos de table* sa réponse à une lettre qu'il reçue : « s'ils n'y croyaient pas, ça ne leur nuirait pas et ils seraient persuadés qu'il ne s'agit de rien d'autre que d'une illusion du

68 Lire également l'ouvrage d'Alberto Fortis, *Lettre de M. l'Abbe Fortis a Mylord Comte de Bude sur les mœurs et usages des Morlaques appelés monténégrins, avec figures* (1778).

diable. Mais comme ils sont aussi superstitieux, de plus en plus nombreux ils mourront. » (Luther, 1844, p. 26-27) Ce qui attire notre attention est l'aspect « primitif » de cette croyance de peuples qui ont pourtant reçu l'instruction chrétienne. C'est cet « état [de pensée] primitif » que décrira au début du XXe siècle Lucien Lévy-Bruhl dans ses premiers écrits sur la mentalité des sociétés dites inférieures, et que nous souhaitons interroger ; un état primitif qui offre une place considérable au Démon et qui semble avoir « toujours été là ». L'étude anthropologique sur les primitifs permet de comprendre la pensée des villageois et leur croyance aux vampires (même si leur religion n'est pas la même). Les descriptions que fait le premier Lévy-Bruhl de la « mentalité primitive » et que nous souhaitons utiliser pour expliquer ces portraits de la croyance populaire, nous permettent de montrer par ailleurs que l'ethnologie primitiviste du début du XXe siècle est proche de conceptions vieilles de plus d'un siècle. La différence des perceptions occidentale/primitive construit une thématique qui apparaît dans les récits vampiriques qui expriment une distinction intellectuelle et morale entre Occident et Orient.

En 1922, Lucien Lévy-Bruhl nous apprend dans son chapitre « Indifférence de la mentalité primitive aux causes secondes » que l'esprit du primitif ne suit pas la même démarche que le nôtre en présence de quelque fait « qui l'intéresse, qui l'inquiète ou qui l'effraye » (2007, p. 23). Le « nôtre » suppose un esprit occidental qui a confiance, à cette époque des vampires, en 1922 et encore aujourd'hui, en une certaine sécurité intellectuelle, sans doute acquise à partir du siècle des Lumières. Celles-ci laisseraient compter sur une explication, rationnelle, qui arriverait, *tôt ou tard*, pour expliquer l'apparition soudaine d'un phénomène mystérieux, et dont les causes nous échapperaient d'abord. Très vite, explique-t-il, la pensée que notre ignorance n'est que provisoire nous inonde, que des causes existent et que tôt ou tard elles apparaîtront et seront déterminées. La nature est pour l'homme rationnel et occidental intellectualisée ; elle semble fonctionner comme fonctionnent l'esprit humain, la perception, la pensée et le langage. Dans un état normal, la perception est immédiatement touchée par le langage « avant » d'arriver à la pensée, en d'autres termes, l'objet perçu, atteint la pensée via le langage[69]. La nature intellectualisée est médiatisée, tandis que dans la perception primitive la nature est immédiate.

69 C'est également la démonstration qu'offrira Henri Michaux dans ses expériences mescalinesques.

Nous déplaçons donc sur la mentalité du villageois autochtone d'Europe centrale la mentalité primitive que définira Lucien Lévy-Bruhl. L'interprétation, l'explication magique, que propose Lévy-Bruhl au sujet d'un esprit primitif et sensible à la magie, qui l'accepte, la conçoit et qu'il n'hésite pas à faire intervenir, est très proche et inévitablement de même nature. Un esprit naïf, faible, face à l'immensité de la nature, au néant angoissant qu'elle propose, qu'elle représente, fournira une explication magique de cette nature. La question porte non seulement sur l'objet de croyance mais aussi, au-delà, sur le sujet de la croyance, sur ses conditions d'existence et de pensée, d'évolution du regard que l'esprit primitif a à propos des lois naturelles. Selon Lévy-Bruhl, pour l'occidental, c'est l'ordre et la raison qui gouvernent la Nature et évoluent dans l'espace naturel. L'ordre et la raison la pensent et s'y meuvent, totalement détachés de la superstition qui se veut réductrice, ouverte vers l'intérieur, psychique, plus que vers l'extérieur, ou vers le monde. Il n'y a pas de hasard dans l'esprit du primitif et la nature y est conçue sous un tout autre aspect : « tous les objets et tous les êtres y sont impliqués dans un réseau de participations et d'exclusions mystiques » (2007, p. 23) qui les ordonnent et les contextualisent. Cette pensée semble héritée de celle de Michaël Ranft qui ouvre, quelques siècles plus tôt, son ouvrage sur les vampires par ces premiers mots : « La Nature entière est pleine de pouvoirs cachés » (1995, p. 15), et admet les possibilités *inexplicables* de la Nature, implicitement, la mastication des morts dans leur tombeau. Plus tard et au-delà, Lucien Lévy-Bruhl constate une vérité ethnographique et culturelle qui justifierait et *définirait* ce genre de croyance. S'il se produit un phénomène (heureux ou malheureux) et si l'individu primitif, par réflexe mental, prête le moindre petit intérêt à celui-ci, il pensera *immédiatement* (sans détour raisonnable) que ce phénomène est la manifestation d'une puissance occulte et invisible. Là se trouve le phénomène magique et surnaturel. Et cette tendance à lier un phénomène aux puissances occultes et autres présences intuitives, phénoménales, sensorielles et matérielles peut aussi bien être un état d'esprit athée ou panthéiste, que pétri de religion. Par exemple, en 1904 dans *Fetichism in West Africa* le révérend Robert Hamill Nassau, missionnaire en Afrique remarque que :

> Le point de vue de l'esprit de l'Africain, toutes les fois que quelque chose d'insolite se présente, est celui de la sorcellerie. Sans chercher une explication

> dans ce que les civilisés appelleraient les causes naturelles, sa pensée se tourne immédiatement vers le surnaturel. En fait, ce surnaturel est un facteur si constant dans sa vie, qu'il lui fournit une explication de ce qui arrive aussi rapide et aussi raisonnable que notre appel aux forces reconnues de la nature[70]. (Trad. Lévy-Bruhl, 2007, p. 24)

Si nous distinguons le fait de l'interprétation qui y est mêlée comme le fait Lucien Lévy-Bruhl, nous constatons que le primitif (Africain, Indien, Sud-Américain ou autre) ne se préoccupe absolument pas de savoir ou connaître la causalité du fait, d'où et comment cela peut se passer ou venir, concrètement parlant. Cela sera toute la distinction qui existe entre les deux figures scientifiques de l'histoire de Dracula notamment, le Dr Van Helsing médecin étranger spécialisé dans les sciences occultes et le Dr Seward, médecin-psychiatre attaché à la raison. Toute cette causalité, qui peut d'ailleurs ne pas être évidente, peut être mise de côté et par réflexe (ou faiblesse ?), être immédiatement remplacée par l'intervention d'une cause sacrée, d'une puissance sacrée. C'est sur cette anthropologie que se définit alors le vampirisme et que s'est construite une fiction avec ses codes et son canon.

D'ailleurs, nous aurons chaque fois dans les récits de fictions vampiriques, comme plus tôt dans les récits et rapports de témoignage, la figure de l'« étranger » civilisé, instruit, voyageant ou missionné dans une contrée d'Europe orientale, à l'image des observateurs et des missionnaires que Lévy-Bruhl cite, qui tente de donner une explication à d'étranges et incompréhensibles phénomènes. En face de lui, l'autre esprit est *jugé* faible, ignorant, car il *néglige* la recherche de la cause[71]. Et si nous nous demandons pourquoi il néglige ces causes, ces liaisons, Lévy-Bruhl renverse l'explication :

> les primitifs ne songent pas à rechercher les liaisons causales, si, quand ils les aperçoivent ou quand on les leur fait remarquer, ils les considèrent comme de peu d'importance, c'est la conséquence naturelle de ce fait bien établi

---

70 Texte original : "*The view-point of the native African mind, in all unusual occurrences, is that of witchcraft. Without looking for an explanation in what civilization would call natural causes, his thought turns at once to the supernatural. Indeed, the supernatural is so constant a factor in his life, that to him it furnishes explanation of events as prompt and reasonable as our reference to the recognized forces of nature.*" (Hamill Nassau, 1904, p. 277)

71 Cependant, c'est sur cette ignorance méprisée, qui est un préjugé, que va se fonder toute histoire de vampires : l'esprit ignorant et primitif a le pouvoir de la connaissance primitive, qu'il applique par la mise en garde.

> que leurs représentations collectives évoquent immédiatement l'action de puissances mystiques. (2007, p. 24-25)

La mentalité des indigènes des îles Salomon, par exemple, fonctionnant en collectivité, néglige profondément toute liaison causale profonde et ces liaisons causales « qui sont pour nous l'ossature même de la nature, le fondement de sa *réalité* et de sa stabilité[72] » (*ibid.*, p. 25), n'ont à leurs yeux que fort peu d'intérêt, si bien qu'un homme, indigène, assis dans un vent froid, par un jour de pluie, ne désirera en aucun cas rentrer chez lui et se mettre à l'abri, préférant dire qu'on ne meurt pas d'un vent froid qui n'a aucune importance mais qu'on tombe malade jusqu'à mourir « par le fait d'un sorcier » : « Jamais ils ne dépassent, en mettant les choses au mieux, le simple enregistrement des faits. [...] Ne pas comprendre la liaison des phénomènes : voilà la source de leurs craintes et de leurs superstitions. » (M. Thurnwald cité par *ibid.*, p. 24)

Dans le cas du vampirisme, le constat de corps non décomposés et leur qualification vampirique sont une interprétation du réel (le réel étant le cadavre plein de sang et le corps non corrompu), sa validation (de cette réalité) : la mise à mort du vampire. Tout est fait pour croire au vampire, avec ou sans intention(s), mais nous suggérons qu'un rapport établi ne peut qu'attester la réalité du vampirique indépendamment de l'émergence d'éléments de récits fictifs que nous jugeons *a posteriori* : il est impossible de concevoir qu'au moment où Johann Flückinger établit son rapport, celui-ci servira d'inspiration certes documentaire mais de fictionnalisation. La prise en compte des théories de la pensée primitive et (le lien avec) l'émergence de l'anthropologie, dans cette étude sur la mise en place de la croyance aux vampires, voient apparaître la possibilité d'une pensée qui admet les signes de la Nature selon une interprétation magique et surnaturelle : à partir du moment où le lien à la Nature et son inexplicabilité ou sa pluralité d'explications est posé, alors ces études anthropologiques peuvent participer du vampirisme, de la croyance aux vampires comme une interprétation particulière de réalités propres à une communauté. Et leur auteur comme Michaël Ranft ou plus tard Lucien Lévy-Bruhl, exposant ces théories et (pour Ranft) la possibilité inexplicable de la Nature, participent non seulement d'une diffusion de la croyance dans l'esprit de leur lecteur mais aussi

72 Nous soulignons.

de sa circulation et de son influence fictionnelle. Dire au lecteur que la Nature est transcendante, c'est créer un effet de réel : cela est une façon de dire au lecteur que les vampires pourraient exister.

À l'origine de la *définition* de la croyance aux vampires, il y a une importance anthropologique de la masse et du pouvoir de son esprit qui se propage.

LA MASSE CONTRE LE BOUC ÉMISSAIRE (OUVERTURE[73])

Le vampirisme est un phénomène collectif; sa croyance s'est construite sur un discours collectif. Cette notion de collectivité pourrait être prise en compte parallèlement à celle de bouc émissaire, et à la question de la construction d'un regroupement social et culturel, d'une histoire, voire d'un mythe : la collectivité se construit sur et par un élément unique et individuel, un individu pris pour cible. Le vampirisme s'est propagé comme une épidémie de violences collectives sacrées contre et sur des corps (dans ce cas, désignés « vampires »). Tout cela n'est pas indépendant des théories de René Girard sur la violence et le sacré. De nouveau, nous opérons un déplacement, ici des forêts amazoniennes et des étendues africaines, de peuples occidentaux d'une autre époque, vers l'Europe de l'Est, centre de gravitation superstitieuse qui, selon nous, entre dans un processus de création collective fondé sur l'inimaginable : le vampirisme est le résultat d'une interprétation collective des lois naturelles et des lois divines. Surpassant ces lois, il trouve son fondement mythique surnaturel.

La croyance au vampire est de l'ordre du sens le plus extrême, le plus violent de la superstition qui dégage le drame d'une sacralisation de ce qui ne devrait pas l'être : « la Superstition est une Religion démesurée et extraordinaire. » rappelle Jean-Baptiste Thiers en 1777 (p. 3). Elle est « un vice opposé par *excès* au culte de latrie[74]. » (*ibid.*, p. 4) La critique que cite Thiers est de Thomas d'Aquin, et porte sur l'objet et le rite de l'excès qu'est la superstition. La superstition porte sur l'objet du culte, *et* sur la manière, le rite : dans notre cas, cela concerne le vampire et les pratiques « déviées » et violentes d'une masse d'autochtones pour s'en protéger et s'en défendre. Le vampirisme peut être représentatif du

73 Extrait d'une réflexion en cours de développement.

74 Nous soulignons.

« grand jeu biologique et social » (Lévi-Strauss, 1962, p. 45-46) fait de rituels qui oppose les vivants et les morts ; il est une croyance avec des rites destinés à s'opposer aux morts et à leur retour, et qui manifeste cette opposition par la violence faite aux morts.

Comme l'a démontré Dom Augustin Calmet dans ses *Dissertations*, l'absence des rites funéraires et l'inhumation précipitée sont ce que les hommes n'ont jamais cessé de redouter. Les superstitions et les croyances avec des rites propres telles qu'elles apparaissent dans les témoignages du XVIIIe siècle, nous fournissent des preuves historiques de cas de vampirisme, confirmant la réalité ainsi qu'une certaine existence du vampire par les actes et les objets. L'étude des différents supports et autres discours de la croyance a permis de constater que le vampirisme se manifeste par les actes rituels de violence. Chez les peuples d'Europe centrale, les pays slaves où se sont installés les vampires du XVIIIe siècle, les talismans, les formules magiques, les amulettes, les attrape-rêves, les pratiques, mettent en place un folklore associé à la violence, car lié à la mort et à son obsession.

La mort amène la pratique rituelle, le rite mystique, la croyance et l'ordre culturel, et chaque mort, victime émissaire comme l'appelle René Girard permet le renouvellement d'une société régénérée. Dans notre cas, la société et la victime émissaire enferment le vampire dans un espace mythologique cloisonné dont il est également la conséquence. Le rite est très important dans l'instauration d'une collectivité, d'une communauté. Le rite, écrit René Girard, est

> la répétition d'un premier lynchage spontané qui a ramené l'ordre dans la communauté parce qu'il a refait contre la victime émissaire, et autour d'elle, l'unité perdue dans la violence réciproque. Comme Œdipe, la victime passe pour une souillure qui contamine toutes choses autour d'elle et dont la mort purge effectivement la communauté puisqu'elle y ramène la tranquillité[75]. (2002, p. 143)

Nous sommes à l'origine du mythe qui se développe à travers des pratiques rituelles de ralliement contre un individu particulier, cette victime émissaire, et c'est au sein de cette communauté unie (et qui rassemble aussi bien ceux qui témoignent et désignent, que ceux qui

75 Lire particulièrement les chapitres « La genèse des mythes et des rituels » et « Les dieux, les morts, le sacré, la substitution sacrificielle ».

constatent, mettent à mort et rapportent, diffusent – *cf.* Barthes et le mythe) que se situent l'élan (inconscient) fictionnel et la source du mythe, au sein d'un même peuple primitif superstitieux.

Il est donc possible d'évoquer une approche primitive du vampirisme qui interroge en les surpassant les lois naturelles et divines, qui *admet* leur pouvoir surnaturel. Sur un territoire christianisé, un peuple autochtone est indifférent à des causes secondaires (la non connaissance des signes de la mort, épidémies diverses possibles, etc.) et considère la réalité unique de faits : en tant que concret matériel, le vampire comme cadavre exhumé et baignant dans son sang, est *vu*, alors il existe et on y croit. Il se présente une culture paradoxalement pourvue d'un Dieu et complètement obnubilée par la mort et les morts qui la représentent : la violence concrétise, voire, produit le sacré (qui est croyance). La réalité factuelle d'une obsession de la mort actualise et concrétise le vampirisme qui ne semble plus être un trouble imaginatif et illusoire mais bien une peur concrète et réelle, (car) collective.

La mort hante, possède les vivants et leur donne des cauchemars que représenteront si bien les peintres de l'école romantique anglaise comme Füssli[76], comme William Blake, ou plus tard ceux de l'école symboliste et expressionniste allemande comme Franz von Stuck[77]. La maladie est contagieuse, au point d'atteindre la folie qui est excès, et elle se répand au sein de la famille, entre parents et voisins, jusqu'à s'étendre au village entier :

> les morts incarnent la violence [symptomatique d'un malaise collectif, qu'il va falloir *guérir*, mieux que *soigner*], extérieure et transcendante quand l'ordre règne, immanente à nouveau quand les choses se gâtent, quand la mauvaise réciprocité reparaît à l'intérieur de la communauté. Les morts ne veulent pas la destruction complète d'un ordre qui est d'abord le leur. Au-delà d'un certain paroxysme, ils recommencent à agréer le culte qu'on leur rend ; ils cessent de hanter les vivants et regagnent leur séjour habituel. Ils se ré-expulsent, en somme, ou ils se laissent ré-expulser avec l'encouragement rituel de la communauté. Entre le royaume des morts et des vivants, la différence à nouveau se creuse. (Girard, 2002, p. 380)

76 Qui appartient également au *Sturm und Drang*, mouvement radicaliste allemand de la deuxième moitié du XVIIIe siècle, inspiré notamment de Jean-Jacques Rousseau. Défini par « Tempête et Passion », le mouvement privilégie l'excès et la révolte des passions humaines. Il correspond à la première période du Romantisme en Allemagne et se pose en face de l'esprit trop « lisse » des Lumières.

77 C'est une des étapes de la transmission de la croyance aux vampires.

Dans le cadre de cette violence contagieuse, destructrice, *évidante*, de et dans la mort, la notion de collectivité, de communauté, est bien à la base de la croyance aux vampires, notamment car la croyance est aussi révélée par une parole collective qui s'est répandue. Cette parole collective se situe au niveau de la famille, des amis, et puis au niveau du village, de la nation. Elle est aussi étendue qu'elle ne connaît pas de frontière : elle se répand jusqu'en Occident. L'oralité est la condition de la contagion, de l'épidémie : nous parlons de maladie de l'oralité, de la rumeur qui à la fois se répand au sein d'une communauté mais aussi rassemble en communauté. Le vampire, et par la suite Dracula, figureront le poids de la mort, l'angoisse qu'elle crée et, ou à, son arrivée, la violence contenue dans la mort décrite par René Girard, et le mouvement (conceptuel) de sa propagation. Le vampire est représentatif de cette violence symptomatique d'une peur archaïque, mythique, mythologique et spirituelle qui paralyse un peuple. La croyance aux vampires est un face à face *collectif* avec la mort.

Au XVIIIe siècle, le vampirisme est une crise qui se présente comme le « mélange » du royaume des morts et du royaume des vivants. René Girard, à propos des effets de croyance, de la crise entre les vivants et les morts et de la violence intrinsèque à la mort, écrit :

> Dans certaines cultures, les dieux sont absents ou effacés. Ce sont des ancêtres mythiques ou les morts dans leur ensemble qui remplacent, semble-t-il, toute divinité. Ils passent à la fois pour les fondateurs, les gardiens jaloux et, s'il le faut, les perturbateurs de l'ordre culturel. Quand l'adultère, l'inceste et les transgressions de toutes sortes se répandent, quand les querelles entre proches se multiplient, les morts sont mécontents et ils viennent hanter ou posséder les vivants. Ils leur donnent des cauchemars, des accès de folie, des maladies contagieuses ; ils suscitent, entre parents et voisins, disputes et conflits ; ils provoquent toutes sortes de perversions. (*ibid.*, p. 379-380)

Au sein de certaines cultures, où les dieux sont absents ou effacés, où donc la communauté est ou se sent abandonnée, les morts remplacent les divinités pour rétablir l'ordre. Les morts passent à la fois pour fondateurs, gardiens et perturbateurs de l'ordre culturel, social et collectif. Ils révèlent, par leur omniprésence (dans l'esprit collectif), le malaise d'une communauté, sa violence, ses fêlures, ses superstitions et sa moralité violente. Percer le corps d'un mort avec un fer, jusqu'à ce qu'il perce le bois du cercueil, lui retirer le cœur, ou le décapiter, sont des actes de destruction vampirique, de culte anti-vampire, de rites révélateurs d'une croyance maladive qui a dépassé les limites du rite funéraire ordinaire. Il est question de châtiments infligés par les vivants aux morts, comme le retour violent des châtiments infligés par les morts aux vivants. Là où sont l'excès et le monstrueux (qui est débordement des limites), voire la folie, est que les vivants rendent la pareille à des morts auxquels ils attribuent une vie.

La mort, écrit René Girard,

> est la pire violence qu'un vivant puisse subir ; elle est donc extrêmement maléfique ; avec la mort, c'est la violence contagieuse qui pénètre dans la communauté et les vivants doivent s'en protéger. Ils isolent le mort, ils font le vide autour de lui ; ils prennent toutes sortes de précautions et surtout ils pratiquent des rites funèbres, analogues à tous les autres rites en ceci qu'ils visent à la purification et à l'expulsion de la violence maléfique. (*ibid.*, p. 381)

C'est une définition de la superstition comme acte de violence purificatrice contre la violence du pire. Et c'est un contexte semblable qui a contribué à l'émergence du vampirisme et à sa circulation. Le malaise s'installe du côté de la communauté, en face de laquelle toute entière le mort se trouve, et qu'elle désigne comme « victime émissaire ». Le mort est isolé, par le regard, par autrui, par l'espace, et « la mort de l'isolé apparaît vaguement comme un tribut qu'il faut payer pour que la vie collective puisse continuer. Un seul être meurt et la solidarité de tous les vivants se trouve renforcée. » (*ibid.*) Le mort est ce bouc émissaire face à l'inexplicable horreur d'événements contextuels, contre et face à l'incompréhension. Chez les autochtones superstitieux, la présence du Christ est omniprésente, exprimée, exagérée en superstition : son dépassement, voire son surpassement, procède d'un inversement mortifère et le vampire devient figure inversée du Christ, donc une omniprésence transcendantale. L'image du bouc émissaire est une autre lecture du vampirisme et du vampire comme figure inversée du Christ. Sur un cadavre on projette tous les maux d'une communauté superstitieuse avec ses problèmes liés à la sexualité, à la moralité (les excommuniés, les enfants nés hors mariage, les déviants de la nature, les roux, etc.) et sur lequel on effectue des actes violents purificateurs. On y projette également tous les maux que sont les événements contextuels qui menacent la communauté (la guerre, l'ennemi turc, l'invasion ou l'occupation, les épidémies et les maladies). Sur le cadavre inoffensif, soupçonné de vampirisme, on projette des fantasmes macabres et morbides liés au mal : une figure dangereuse apparaît. Le vampirisme reproduit la théorie girardienne de la mise à mort du Christ comme bouc émissaire permettant le retour d'une unité nationale. Le vampirisme est à la fois la croyance superstitieuse en une figure inversée du Christ et la croyance primitive en la réalité ou en un pouvoir de la Nature et de sa transcendance. Toujours, il est un accès au divin.

Au départ du vampirisme se trouve bien l'importance collective : c'est moins une personne isolée qui dit avoir vu un vampire que l'ensemble d'un village, une communauté qui voit son environnement social perturbé par la guerre et des épidémies. Derrière, c'est la peur du mort et de la mort qui est évidente et qui s'incarne bientôt au sein d'une fiction canonique.

POSTÉRITÉ LITTÉRAIRE ET MYTHIFICATION

> L'intensité aussi bien que l'étendue de leur croyance au démon dépasse nos conceptions. Leurs imagination est toujours sur le qui-vive, prête à discerner quelque démon qui s'approche pendant l'obscurité ou même en plein jour, selon le cas.
> Père Julius JETTÉ[1]

Ce chapitre considère le corps du vampire qui est un contenant vide dont l'existence dépend du fait qu'il soit rempli de sang, d'explications, de fiction. Dès les premiers écrits, la tentation est celle d'ouvrir le cadavre pour voir à l'intérieur. Une image se crée : la fissure, ou l'ouverture est celle qui permet la possibilité fictionnelle, c'est-à-dire la possibilité d'interpréter tout ce qu'une image nous propose. L'imaginaire du vampire est celui de cercueil ouvert et vide, de morts ouverts et scrutés, de corps remplis de sang qui laissent échapper et se répandre des choses sous les yeux étonnés d'esprits raisonnant, rationnels ou non rationnels. Le vampire est paradoxalement un signe vide qui devient véritablement une image formée de traits hétéroclites qui sont fournis par des religieux, des traditions populaires et qui sont parfois corroborés par des discours de connaissance ou scientifiques, qui ont une valeur d'autorité. Toute une théorie de la fiction se dessine à travers ce vide. Le processus de fictionnalisation du vampire est le remplissage, par la fiction, de son vide ou du vide qu'il est, qu'il représente.

La croyance aux vampires, son mouvement mais aussi, sa fiction, se caractérisent par une négation de la réalité du vampire, ou un élan

1 *On the medicine-men of the Ten'a*, 1911, p. 721-722.

négatif de son traitement, tout en contribuant à la mise en place de la croyance, ainsi que de traits fictionnels à fort effets de réel (rituels de destruction, objets, etc.) : une figure impériale ou royale, parce qu'elle n'y croit pas, envoie malgré tout un représentant de l'autorité qui peut ne pas y croire mais qui procède, du moins participe aux rites de destruction du vampire, écrit son rapport, qui témoigne du vampirisme, de l'évènement et expérience vampiriques, rapport qui est envoyé à son commanditaire et qui est retransmis, plus ou moins fidèlement, avec toutes sortes ou non de variations. La fiction du vampire réside dans ce « plus ou moins fidèlement ». La croyance aux vampires devient sujet d'une écriture qui, bien qu'elle contienne une part de fiction, contribue toujours à faire circuler le vampirisme. Et la fiction est à la fois la croyance et le combat contre cette croyance, avec sans cesse une interrogation sur la réalité. Enfin, la croyance devient l'enjeu principal de la fiction, et cette fiction elle-même enjeu principal d'une structure fondamentale de mythe. Le vampire s'est donc formé sur un modèle de répétition, de reprise, de propagation (les rapports, les témoignages, les médias, les revues, la littérature et la littérature de genre). La croyance aux vampires se construit sur un principe de contamination. Comme ironiquement d'ailleurs, le vampire est un mort « qui fait retour ».

Le musée du Louvre aborda la question du mythe dans le cadre d'une exposition il y a quelques années[2]. L'exposition associa les disciplines artistiques et littéraires mais également scientifiques pour proposer un parcours élaborateur historique du mythe. Dans le cadre de cette exposition, il était possible de tracer un parcours allant de l'origine du monde, du spectacle qu'offre la Nature, source de mystères autrefois incompréhensibles (le jour et la nuit, la création…), jusqu'au personnage cinématographique de Dark Vador de la saga de science-fiction, *Star Wars*, de Georges Lucas (1977), devenu mythique à partir de la fin des années 1970. Pour arriver jusque-là, il faut passer par les dieux de l'Olympe, de la mythologie grecque, par le mythe d'Hercule, le mythe d'Icare, puis par le mythe du héros et par le mythe du monstre, les mythes religieux, les mythes fantastiques, enfin les mythes populaires du super-héros. Cette exposition est l'illustration d'un même mythe d'un même « héros aux mille visages » pour reprendre le titre du célèbre

2 Exposition « *Mythes* fondateurs. D'Hercule à Dark Vador », Petite galerie du Louvre, du 17 octobre 2015 au 4 juillet 2016.

ouvrage du spécialiste des mythes, Joseph Campbell[3]. Le héros a mille visages et le mythe se fait le porteur d'un passé qui circule pour fixer quelque figure archétypale. Cette figure est dans notre cas le vampire, et elle explore jusqu'à incarner le mythe nostalgique de l'éternel retour, trouvant ses fondements dans la psychanalyse de Carl Gustav Jung, véhiculé par Mircea Éliade puis par Gilbert Durand, porteurs d'une pensée jungienne du mythe inspiré par l'imaginaire et non détaché d'un inconscient collectif. Cet inconscient collectif est celui d'une réalité de la croyance aux vampires, celui d'un phénomène de masse ; une masse qui a été marquée par la violence et l'horreur, un phénomène qui a marqué un territoire, un peuple, qui a scellé une identité, et qui s'est étendu géographiquement à l'Occident du fait d'un questionnement contestataire qu'a provoqué cette croyance scandaleuse aux vampires et tout ce qu'elle a impliqué comme actes violents. Les superstitions, fondées sur la peur, offrent une intéressante réflexion sur la nature humaine, ses principes fondamentaux, ouvrant la voie aux Romantiques, à leur esthétique, à leur philosophie, qui traitent des passions de l'âme.

Partant de la *Mythocritique* de Pierre Brunel et de sa définition du mythe comme récit fictionnel fondateur qui porte sur une question fondamentale pour l'humain, nous observerons un processus de mythification du vampirisme[4]. Cette question fondamentale est notamment celle de la mort pour le vampire. Ce processus de mythification prend également et surtout en compte la définition précédemment citée du mythe par Roland Barthes : le vampirisme circule, se propage par une écriture formelle, une rhétorique qui nie, expose, critique mais valide à la fois, qui toujours cherche à « faire croire » le lecteur, selon un principe de contamination. La genèse littéraire du vampire permet l'émergence d'un modèle de figure(s) vampirique(s), avec ses codes et ses traits distinctifs, avant la phase d'exploitation pleine du mythe par le cinéma,

---

3 *The Hero with a Thousand Faces* est publié pour la première fois en 1949 par Pantheon Press (trad. Henri Crès, 2013).

4 Pierre Brunel s'inscrit dans le pensée de Gilbert Durand qui met en valeur une dimension de la mythocritique : cette dernière « prend pour postulat de base qu'une 'image obsédante', un symbole moyen, peut être non seulement intégré à une œuvre, mais encore pour être intégrant, moteur d'intégration et d'organisation de l'ensemble de l'œuvre d'un auteur, doit s'ancrer dans un fonds anthropologique plus profond que l'aventure personnelle enregistrée dans les strates de l'inconscient biographique » (cité dans *Mythocritique : théorie et parcours*, 1992, p. 48). Lire également Durand, 1972, p. 84.

avec chaque fois le même principe formel qui consiste à faire croire un récepteur au vampire, malgré sa fiction.

Nous ne savons pas si la littérature a contribué à maintenir la croyance. Nous pouvons cependant noter que la littérature qui émerge sur le vampirisme concerne les parties occidentales de l'Europe, laissant l'Orient à ses croyances et à son folklore. Une bipartition du monde se forme dans la continuité imposée par les écrits des Lumières sur les vampires avec d'un côté un Occident raisonnable et de l'autre un Orient discutable, obscur, mystérieux, et étranger mais avec une problématique, posée plus tôt par Dom Calmet : celle des récits bibliques. La littérature reprend d'un point de vue formel la croyance aux vampires, les anciens témoins « qui n'ont finalement jamais rien vu » qui deviennent source d'inspiration pour des personnages « qui n'admettent jamais avoir vu quelque chose », adoptant un champ lexical de la suggestion, de l'hypothèse, de la supposition et s'installant dans un genre qui deviendra aussi puissant que l'épique ou le romanesque : le fantastique. La structure argumentaire, rhétorique, de croyance et de fiction évolue, différemment selon les formats de chaque œuvre. La fiction du vampire est celle d'une surface de projection(s), d'un vide à remplir. Celle-ci se propage, circule, et forme peu à peu un projet collectif (un ensemble de textes) qui aboutira et se fixera avec *Dracula*.

Avant d'étudier la production fictionnelle qui découle de, voire poursuit, l'épidémie vampirique et de voir comment l'écriture de la croyance aux vampires s'est perpétuée selon le même enjeu de croyance que les premiers écrits, il s'agit dans un premier temps d'analyser le processus ou mécanisme de fictionnalisation du vampire, qui est quasi intrinsèque au vampirisme. Le premier point traité dans ce chapitre concerne donc la fiction du vampire comme remplissage. Les discours et les querelles, par leur désir de justifier ou d'expliquer, propageant (tout en pouvant contester), participent d'un processus de remplissage fictionnel du vampire qui manifeste (voire entretient) la vide incompréhension du vampirisme. Le discours religieux prend le dessus d'une interprétation de la fiction du vampire qui est un corps vide qu'on cherche à remplir. L'apport littéraire, qui est notre dernier point d'étude, n'en sera que considérable : la superstition connue et *reconnue*, le mythe peut alors se mettre en place et la littérature devenir une étape importante de ce long parcours de contamination.

LE TOMBEAU VIDE
ET LE REMPLISSAGE FICTIONNEL

Le vampirisme est une croyance qui possède quelque chose de bien plus profond que la surface des rumeurs qui se propagent, quelque chose qui touche aux fondements de la religion, qui touche à l'art et qui permet de comprendre le devenir mythique d'une « simple » croyance superstitieuse et l'importance du mythe encore aujourd'hui. Le vampire est originellement et paradoxalement imprégné de l'élément fictionnel, du fait de la religion christique, celle-là même qui étymologiquement est associée à la réalité.

Les notions d'intensité, d'étendue mais également celle d'« immersion » et celle, toujours fondamentale, de collectivité, définissent la fiction du vampire.

Jean-Marie Schaeffer définit la notion de fiction comme un processus qui implique une immersion, du mimétisme et un facteur extérieur (une réception). Il introduit la notion de fiction de cette façon :

> La notion de *fiction* fait surgir immédiatement celles d'*imitation*, de *feintise*, de *simulation*, de *simulacre*, de *représentation*, de *ressemblance*, etc. Or, bien que toutes ces notions jouent un rôle important dans nos façons de parler de la fiction, elles sont rarement utilisées de manière univoque. Il n'est donc guère étonnant que la notion de "fiction" elle-même demeure insaisissable. (1999, p. 14-15)

La fiction serait elle-même vampirique.

Le siècle des Lumières est le siècle de l'illumination du monde par la raison, ou du moins son désir. C'est l'époque d'une remise en cause, et par conséquent d'une science de la Bible. C'est l'époque de la bipartition Orient/Occident (au moins du point de vue de leurs zones d'ombres respectives) et de la recherche de la vérité et de la réalité. Alors que la Bible est à considérer comme le miroir du monde selon Johann Wolfgang von Goethe (d'après Belaval et Bourel, 1986, p. 13), pour Carl Gustav Jung, la Bible aura permis de connaître les racines et fondements de la psyché humaine[5]. Pour Voltaire, le siècle des Lumières est moins le siècle d'une guerre contre la Bible que d'une guerre contre l'Église

5 Lire également Ellens et Rollins, 2004, p. 75.

accusée justement d'entretenir la fiction d'une foi destinée à maintenir un peuple illettré dans l'obéissance (Belaval et Bourel, 1986, p. 365). La Bible sert de « faire-valoir » au vampirisme. À un moment où les écrits commencent à foisonner sur le phénomène des vampires, on définit la fiction du vampire en s'interrogeant sur l'écriture religieuse.

Dès le « Traité sur les Stryges de Russie » du *Mercure Galant* de février 1694, le rapport est fait entre réalité et fiction, et on se réfère aux « Histoires » des Écritures. On s'interroge sur la vérité du fait vampirique en se référant à celles-ci :

> Cette histoire si elle est véritable nous produit plusieurs questions très-difficiles à éclaircir & à résoudre c'est pourquoy avant que d'y entrer, il est bon de commencer par la vérité du fait.
>
> Il n'y a pas lieu d'en douter puisque c'est une chose connuë en Pologne, & particulièrement en Russie, non seulement au vulgaire, mais aux plus intelligens & circonspects, qui ont confirmé cette relation, & sont autant de témoignages ausquels on ne doit pas résister. Il y auroit quelque sujet de douter si c'estoit un cas singulier, que l'on dist estre arrivé depuis peu, sans en avoir eu d'exemple par le passé ; mais comme pareille chose est arrivée en Russie depuis très-longues années, l'on se peut dire que ce soit de ces sortes d'avantures qui ont donné lieu plusieurs Fables & Histoire Romanesques. Nous aurions peine à croire les diverses Histoires qui sont dans l'Écriture, si le respect ne nous y obligeoit pas. Par exemple, les persécutions de Job par le Démon, les prodiges faits par Moyse en présence de Pharaon, & de ses Magiciens ; son passage de la mer rouge ; les forces de Samson ; la parole de l'asne de Baalam ; Nabuchodonosor ; l'engloutissement de Jonas dans le ventre de la Baleine ; l'enlèvement d'Abakuc de Judée en Chaldée, pour porter à manger à Daniel, le transport du corps de S. Philippes en Azot après avoir baptise l'Eunuque ; le Diable chassé du corps d'un possédé par J. C. & envoyé dans le corps d'une bande de pourceaux, & une infinité d'autres faits miraculeux. Quelques anciens Auteurs profanes & nouveaux, comme Homère, Horace, Ovide, Appollonius Thyaneus, Philostrate, & quelques Pères de l'Église même, nous ont rapporté plusieurs Histoires arrivées au-dessus des routes ordinaires de la nature corporele. [...]
>
> Toutes ces diverses fables & autres, ne sont pas tout à fait sans fondement, & il y eut des réalités qui ont servi de sujet à ces sortes de discours. (Marigner, 1694, p. 22-27)

La validité de tels ou tels écrits repose donc sur le respect, ainsi que sur la répétition du fait à plusieurs moments donnés dans le temps. D'autre part, l'élément *réel/réalité* est fondamental à toute fable ou à tout récit. Il s'agit d'une histoire de seuil comme le vampirisme est une histoire de seuil, au sens littéral comme au sens figuré et métaphorique. Cette problématique semble préfigurer la caractéristique du vampire que le cinéma exploitera abondamment et qui est son impossibilité à franchir le seuil d'une demeure sans y avoir été invité, au risque d'y révéler son inexistence : sa fiction.

Au XIXe siècle, le fait religieux s'associera définitivement à la fiction, en sociologie, chez le philosophe Auguste Comte : « L'intelligence humaine, dit-il, a passé par trois états – rien de plus, rien de moins (toujours l'escamoteur !) : – l'état théologique, qui est la fiction ; – l'état métaphysique, qui est l'abstraction, – et l'état positif, qui sera la démonstration » (dans Barbey d'Aurevilly, 1860, p. 360) Au sein du genre humain, la période de la théologie – qui n'est plus – est période de la fiction « c'est-à-dire de toutes les religions, depuis le fétichisme jusqu'à la religion positive » (*ibid.*). Nous devinons que cela comprend également la superstition. Et en poésie et histoire de l'art, Charles Baudelaire partage la même opinion mais ajoute la pensée créatrice de fiction en poésie et en art et son rapport à la foi qui stimule l'imagination et sa concrétisation représentative, au même titre sûrement que la superstition autrefois :

> Disons donc simplement que la religion étant la plus haute *fiction* de l'esprit humain (je parle exprès comme parlerait un athée professeur de beaux-arts, et rien n'en doit être conclu contre ma foi), elle réclame de ceux qui se vouent à l'expression de ses actes et de ses sentiments l'imagination la plus vigoureuse et les efforts les plus tendus. [...] La seule concession qu'on puisse raisonnablement faire aux partisans de la théorie qui considère la foi comme l'unique source d'inspiration religieuse est que le poëte, le comédien et l'artiste, au moment où ils exécutent l'ouvrage en question, croient à la réalité de ce qu'ils représentent, échauffés qu'ils sont par la nécessité. *Ainsi l'art est le seul domaine spirituel où l'homme puisse dire : « Je croirai si je veux, et, si je ne veux pas, je ne croirai pas*[6]. (1868, p. 276-277)

La religion est donc « la plus haute fiction de l'esprit humain » mais elle exige la foi comme unique source d'inspiration. Autrement dit, la religion, la foi qu'elle implique, la croyance sont nécessaires à la création. Il n'y a pas d'art sans croyance : Baudelaire illustre le passage de la religion à l'art. L'art laisse le choix de la croyance. Alors, l'art, qui est une fiction *consciente*, se pose contre la fiction de la religion. Un rapport peut être établi entre la fiction (de la religion) et l'imagination

6 Nous soulignons.

des villageois superstitieux (la superstition comme un autre versant de la foi) qui s'est extériorisée, concrétisée, a contaminé la réalité comme une formule magique qui serait censée prémunir du vampirisme.

En 1932, Henri Bergson poursuit la pensée de Baudelaire et s'interroge sur la superstition qui gouverne les esprits d'êtres raisonnables, et sur l'imagination fantasmatique qui engendre la superstition :

> Les représentations qui engendrent des superstitions ont pour caractère commun d'être fantasmatiques. La psychologie les rapporte à une faculté générale, l'imagination. [...] Convenons alors de mettre à part les représentations fantasmatiques, et appelons « fabulation » ou « fiction » l'acte qui les fait surgir. [...]
>
> De cette fonction relèvent le roman, le drame, la mythologie avec tout ce qui la précéda. Mais il n'y a pas toujours eu des romanciers et des dramaturges, tandis que l'humanité ne s'est jamais passée de religion. Il est donc vraisemblable que poèmes et fantaisies de tout genre sont venus par surcroît, profitant de ce que l'esprit savait faire des fables, mais que *la religion était la raison d'être de la fonction fabulatrice* : par rapport à la religion, cette faculté serait effet et non pas cause. Un besoin, peut-être individuel, en tout cas social, a dû exiger de l'esprit ce genre d'activité. [...] Une fiction, si l'image est vive et obsédante, pourra précisément imiter la perception et, par là, empêcher ou modifier l'action. [...] Dans ces conditions, on ne s'étonnerait pas de trouver que l'intelligence, aussitôt formée, a été envahie par la superstition, qu'un être essentiellement intelligent est naturellement superstitieux, et qu'il n'y a de superstitieux que les êtres intelligents.
>
> [...] L'immense variété des croyances auxquelles nous avons affaire est donc le résultat d'une longue prolifération. De leur absurdité ou de leur étrangeté on peut sans doute conclure à une certaine orientation vers l'étrange ou l'absurde dans la marche d'une certaine fonction de l'esprit ; mais ces caractères ne sont probablement aussi accentués que parce que la marche s'est prolongée aussi loin : à ne considérer que la direction même, on sera moins choqué de ce que la tendance a d'irrationnel et l'on en saisira peut-être l'utilité. [...] nous dirions, pour plus de précision, que la tendance considérée est un instinct, si ce n'était justement à la place d'un instinct que surgissent dans l'esprit ces images fantasmatiques. (1937, p. 111-115)

Bergson parle d'un « élan vital », un besoin de créer, de fabuler. Les superstitions naissent de représentations fantasmatiques. La fiction est l'acte qui fait surgir ces représentations fantasmatiques. À la base de la superstition, il y aurait donc cette tendance de l'esprit qu'est la fiction. La fiction fait partie du domaine de l'imagination, fonction dont relèvent les écrits romanesques, dramatiques ou mythologiques. Mais alors la religion qui a toujours existé serait antérieure. La fiction serait l'effet (augmenté) de la religion et non la cause (car il n'y a pas toujours eu des romanciers ou dramaturges alors que la religion si) ; sa « raison d'être » dépend de la religion. La religion permet à la fiction d'exister et non l'inverse. Elle est bien antérieure à la fiction. Et l'aspect collectif fait partie de la fiction (et à l'intérieur de cette collectivité, on admet l'intérêt individuel). Un « besoin social » a exigé un moment donné de l'esprit la fiction. Ce besoin est celui de l'explication raisonnée, *a posteriori*, et empirique. Il semble être celui de la vérité. Dans la perspective de ce besoin, la fiction viendrait s'opposer à la raison à un moment où l'intelligence (et donc la vérité empirique) est « retenue ». La fiction intervient pour parer à l'inexplicable, à ce qui n'a pas encore été ni expérience ni faits. La fiction est une image qui est une imitation de la perception. Elle se situe avant l'expérience, avant le fait et sa réalité ; elle en est une imitation antérieure, imitation de quelque chose qui n'est pas encore vérifié. La fiction est donc symptomatique d'un besoin social, elle est une image de substitution. Et le vampire devient bientôt surface de projection(s) sociale(s) déjà entièrement contenu de fiction(s) de la religion.

Michaël Ranft puis Dom Calmet parlaient d'« histoires », de « racontars » des paysans villageois qui se répandent notamment sur la mastication des morts dans leur tombeau. La fiction comme effet se fonde sur l'incompréhension du fait, et l'impossibilité de l'expliquer de façon empirique par les villageois : la religion pré-existante vient se mêler à celle-ci. Associant superstition et imagination, Michaël Ranft parle d'emblée de fiction en évoquant l'Azazel des Juifs qui racontèrent – comme les Turcs quand ils dominaient la Serbie Septentrionale[7], puis l'administration autrichienne – de nombreuses histoires de morts-vivants et de démons, confirmant la véracité du fait « avec des arguments de bonne femme dont la réfutation serait ennuyeuse ». Dans ces histoires de morts-vivants, « on sait que les Juifs croient à l'existence de quatre Démons de haut rang qu'ils appellent Sammaël, Azazel, Afaël et Muchazaël. » (1995, p. 47) Azazel, démon de la mythologie juive et persane donc, aurait été

---

7 Domination jusqu'au Traité de Passarovitz qui en 1718 fait passer la Serbie sous l'administration autrichienne. D'où, selon Michaël Ranft, « la multiplication des incursions de surveillance policière qui vont involontairement contribuer à fixer le phénomène. » (1995, p. 47).

condamné comme ange déchu par la malédiction divine à manger de la terre et de la poussière pour avoir pris la forme d'un serpent tentateur[8]. On a pensé ensuite qu'Azazel se nourrissait de la chair et de tout ce qui subsiste du corps humain après la mort. Si on admet l'état cadavérique et affamé d'Azazel, on l'admet également du vampire ; si on admet la malédiction d'Azazel, on admet également qu'un être devienne vampire après avoir commis un acte illégal, illégitime ou non naturel. À cela s'ajoute le fait que, toujours selon la « légende », dès qu'un homme (ici juif) vient à mourir, à peine enseveli, l'Ange de la Mort Sammaël vient s'asseoir sur son tombeau et à cet instant même son âme (végétative ?) revient dans son corps et le réveille. Or, s'exclame Ranft, ce ne sont que des « sottises » que l'on aurait « honte de colporter », et « s'il est permis de dire la vérité, il s'agit d'une fiction » c'est-à-dire « d'une vague légende que les gens de chez nous ont tirée de textes rabbiniques mal compris. » (1995, p. 48) De ce fait, l'origine de la mastication des morts trouve un appui dans l'imagination des hommes à un moment donné de leur histoire… religieuse. La fiction en est bien un effet de surcroît.

Dans le cadre des populations qui tendent vers l'art magique, les études leur reconnaissent une imagination « très ardente », voire excessive. Les études tardives sur la pensée magique des primitifs apparaissent avec Lucien Lévy-Bruhl[9] qui s'intéresse principalement à l'étude des peuples sans écritures. Cette caractéristique que nous envisageons aussi pour les populations « vampirisées » sous-entend une importance de la voix, du parler, du discours, du récit. Dans une période sinistre qui a connu des épidémies dévastatrices, les survivants qui craignent de subir le même sort retournent dans leur tête les paroles de ceux qui sont morts et qui disaient avoir été visités et tourmentés par les défunts (cas du vampire Plogojovitz) ; et avant d'être eux-mêmes frappés par le sort funeste, ils décident d'ouvrir le cercueil et de découvrir pourquoi le mort vient torturer les mourants en leur envoyant des visions épouvantables.

---

8 Génèse III. 14 et Is. 65.25, ou dans l'Apocalypse d'Abraham, XXIII, 5.

9 Et les peuples indigènes et des sociétés inférieures rappeleront les peuples des Balkans ou des Carpates : « *Les morts vivent, au moins pendant un certain temps* [*cf.* les morts-vivants et zombies] ; ce sont des vivants d'une autre sorte que nous, pour qui certaines participations sont rompues ou affaiblies, mais qui ne cessent que peu à peu d'appartenir à leur groupe social. Pour comprendre la mentalité des primitifs, il faut renoncer d'abord à l'idée que nous avons de la mort et des morts, et tâcher d'y substituer celle qui domine dans leurs représentations collectives. » (Lévy-Bruhl, 2007, p. 56). Nous soulignons.

La découverte du cadavre en état de vie végétative est si stupéfiante, inexplicable et incompréhensible qu'un sentiment d'horreur les pétrifie. S'ajoute le fait qu'un morceau de linge est lacéré ou sorti de ses plis :

> Ce semblant de prodige a entraîné aussitôt le petit peuple superstitieux à penser que le défunt avait dévoré ses vêtements dans le tombeau ; et parce qu'au même moment ils avaient vu mourir ses proches d'une mort singulière, ils n'ont pu faire autrement que d'établir une relation entre le mal et la dévoration des vêtements. Dès que le *récit* fut passé dans la bouche des vieilles femmes, il se répandit dans le public avec un luxe de nouveaux détails ajoutés chaque jour. Tu ne t'étonneras donc pas, Bienveillant Lecteur, si tant de racontars sur les morts mâcheurs sont parvenus à tes oreilles[10]. (1995, p. 112-113)

La fiction est bien, dans ce contexte, un besoin social et collectif de trouver une explication à ce qu'on ne comprend pas, à ce qui a été considéré comme un prodige. Une autre forme de cette tendance de l'esprit qu'est la fabulation, le besoin d'inventer des histoires, s'opère dans un second temps après que les populations occidentales et dans notre exemple, la France, ont pris connaissance ou plutôt ont été contaminés par le vampirisme.

Dans *Le Glaneur de Hollande* du lundi 3 mars 1732, nous étions surpris par le titre de l'article de Jean-Baptiste de La Varenne : « Question physique *sur* une espèce de prodige dûment attesté » (nous soulignons). L'auteur refuse de remettre en question les témoignages récoltés par des personnes « dignes de foi ». Le texte sur le vampire Arnold Paole, nu et dépourvu de toute critique de l'auteur, qui dit que cela est inutile, est immédiatement suivi (et avant qu'une histoire de cimetière n'intervienne) par celui d'une jeune femme qui aurait accouché de trois enfants : deux blancs et un noir. Non seulement ce phénomène est qualifié de miracle au sens biblique du terme (la femme a accouché pendant « l'Octave de l'*Épiphanie* »), mais cette acception biblique (non encore fantastique comme les récits du *Dictionnaire infernal* les présenteront) est mise en valeur par les noms donnés aux enfants : ceux des trois Rois Mages. Ainsi « le noir a été nommé Gaspar comme le Mage Éthiopien, & les deux blancs Melchior et Balthasar. » Ce qui est surprenant est la remarque qui suit :

> Il est vrai qu'on ne trouve pas ces noms dans l'Écriture ; & qu'il n'y a aucun vestige, qu'entre ces trois Sages il y en ait eu un noir ; mais qu'importe ? *Sic viluere Poetä, sic pictores* ; c'est ce qui fait la Vénérable Tradition : Quoiqu'il en

10 Nous soulignons.

> soit, cet accouchement monstrueux n'en est pas moins réel, moins surprenant, & moins digne de l'attention des Naturalistes. (La Varenne, 1732)

Cette histoire d'appellation n'est donc pas attestée. Elle *est*, tout simplement. Et dans ce cas la Tradition vient rencontrer un fait, qu'il soit monstrueux ou pas, mais admis, permis par l'Autorité biblique (le signe est lu comme divin). Nous avons affaire à un fait naturel auquel vient s'ajouter, comme pour le vampirisme, une condition contextuelle : un jour férié. C'est une affaire de croyance dont la source et la validation se trouvent dans la religion. Le 17 mars, ce récit est complété d'un appendice sur le vampirisme qui résume les réactions des lecteurs du 3 mars, que Jean-Baptiste de La Varenne nomme « Public » : les uns ayant les yeux « clair-voïans » et attentifs ; les autres ayant fait de ce « Prodige » un des principaux articles de leur croyance. Il donne alors un autre exemple du « sucement prodigieux » mais nous remarquons dans cet exemple une absence de nom et une construction sous la forme d'une comparaison à l'autre article qui concerne Arnold Paole :

> On écrit tout nouvellement d'*Olmultz*, en *Moravie*, que, depuis quelque tems, on a trouvé à *Stadlieb*, petite Ville appartenant au Cardinal de *Schrottembach*, plusieurs personnes attaquées de ce mal, & des Cadavres pleins de Sang, avec *tous les mêmes* Symptômes que *l'on a vus* chés les *Heyduques*. Les Principaux, & les Magistrats du Lieu, en ont fait dresser des Procès-verbaux, en bonne & dûë forme, & les ont envoies aux Académies & Universîtés, dont on attend la décision, avec impatience[11]. (*ibid.*)

La fiction interviendrait, s'inscrirait dans ce passage entre les procès-verbaux « en bonne et due forme » et le rapport galant.

La fiction intervient au terme d'un processus de création, d'invention, du fantasme de « remplir » l'inexistant, quelque chose qui n'existe pas, l'inconnu, le vide et le néant, qui sera en passant une définition du vampire et de l'horreur qu'il figure (en littérature et au cinéma). Le vampirisme est une peur de la mort qui pousse les hommes à un « remplissage », sous quelque forme que ce soit, religieuse ou magique. Dans son sens intrinsèque, l'imagination est contenue par la mort, elle n'existe pas sans la mort, sans sentiment de perte. Mais elle est aussi résurrection et éternel retour. Se tisse un lien très étroit, presque définitionnel entre le vampirisme et l'imagination, la création, la fiction.

11 Nous soulignons.

Car l'imagination est un « assemblage monstrueux[12] », au sens où elle ne connaît pas les limites de l'espace-temps ; elle fait partie du fantasme indétachable de la mémoire ; elle contient la peur, les émotions. Elle ne nous quitte point pendant la solitude. Au contraire, son pouvoir serait comme le « Il » (1887), qui se substitue au « Elle », de Maupassant, ou encore le « Ça » (1986) monstrueux, informe et inattendu de Stephen King : l'Imagination est là où se fonde l'horreur.

Les actions du mort ne sont que « complétudes » d'un état d'esprit passé du vivant. Tout se joue avec l'âme végétative dotée d'une imagination puissante à effets magiques. Au moment de la mort, elle reste dépendante et attachée un certain moment aux images, idées ou pensées qui ont occupé l'esprit de l'individu au cours de sa vie : tout ce qu'il a pu craindre ou fantasmer, peut arriver après la mort. Ainsi, le cadavre peut hanter et les proches être hantés : leur empreinte ont été laissées les uns sur les autres. Deux imaginations jouent ici : celle du vampire et celle du vivant, qui exercent l'une sur l'autre une action réciproque. Il s'agit de combler un manque et de répéter éternellement ce comblement[13].

---

12 « Instrument de nos biens ou de nos maux, c'est elle qui en nous les retraçant également, leur communique une durée, qu'ils n'auroient pas par eux-mêmes, & nous en rend encore après qu'ils sont évanouïs ; ou le charme ou l'amertume toujours sensibles : unie à nous par des liens plus étroits encore que ce Génie que les Anciens feignoient naître & mourir avec nous, elle partage non seulement comme lui notre destinée, mais le plus souvent elle la fait : Compagne inséparable, elle est avec nous dans nos maisons & dans celles des autres, elle nous suit dans le voyage, & ne nous quitte point dans la solitude ; partout prête à nous servir, comme à nous nuire, sans toile & sans couleur elle nous peint malgré leur absence les objets qui nous sont chers, comme ceux qui nous sont odieux ou indifférents, infidèle le plus souvent dans le portrait qu'elle nous fait des uns & des autres elle emprunte presque toujours de la passion, les traits par lesquels elle les retrace : Tantôt importune, elle nous remet continuellement les mêmes devant les yeux ; tantôt inconstante, elle voltige des uns aux autres ; tantôt extravagante & folle, elle les enchaîne sans choix, & tantôt sage & réglée, elle ne les assortit qu'après en avoir découvert les rapports ; légère elle n'est point arrêtée par l'intervalle des lieux, qu'elle parcourt dans un instant, & où par une innocente magie elle nous transporte avec elle ; infatigable, à peine connoit-elle la différence des veilles & du sommeils ; *assemblage monstrueux* enfin, elle réunit en elles les qualités les plus contraires, & les caractères les plus opposés, & tenter de la peindre ce seroit vouloir représenter un même homme qui changeroit à chaque instant de forme & de figure, ou vouloir tracer dans un même tableau l'Histoire en même tems de tous les hommes. » (Wolff, 1745, p. 89-91). Nous soulignons.

13 Nous supposons ici, avec les plus grandes précautions, une approche psychanalytique que reprendront plus tard les cinéastes dans leur mise en scène du vampire, une approche psychanalytique de la croyance et de ses actes comme processus d'extériorisation de l'inconscient, voyant dans le vampirisme un acte de pulsions de vie (sexuelles) et de mort.

Par conséquent, nous supposons qu'à partir du moment même où la superstition, qui contient déjà un degré d'imaginaire, est « transmise » à travers les témoignages et récupérée pour être traduite, commentée ou critiquée, nous entrons dans le processus de fictionnalisation du vampire. Nous supposons qu'à partir du moment même où la superstition est récupérée par la littérature, qu'elle est romancée, un autre statut définitionnel entre en jeu, et le mythe peut alors naître.

L'AUBE D'UNE LITTÉRATURE « ÉPIDÉMIQUE » DE LA CROYANCE AUX VAMPIRES

> Qu'on le veuille ou non, on invente, on crée, c'est le fond de la littérature ; et je tiens que l'on se moque, lorsqu'on prétend qu'on ne doit peindre ni faux déraillement, ni faux naufrage.
> Antoine ALBALAT, *Les ennemis de l'art d'écrire*[14].

Les lignes qui suivent vont s'intéresser à différents écrits de la fiction vampirique, ou littérature de vampires, qui sont contemporains des rapports et discours de et sur la croyance aux vampires, qui émergent dès le XVIIIe siècle et qui vont contribuer à installer le mythe du vampire. Le vampirisme devient objet d'une esthétisation littéraire et artistique. Nous nous attacherons particulièrement à analyser la façon dont le récit vampirique qui se veut témoignage, donc réalité, est introduit par l'auteur au lecteur, ainsi qu'à l'importance du format textuel choisi par l'auteur dans le cadre d'un processus de mise en place d'une croyance aux vampires. Un cadre est installé et un modèle de représentation(s) du ou des vampires et de leur perception par les différents personnages de l'histoire se forme. La littérature vampirique est large, elle débute en Allemagne, sous une forme poétique, pratiquement au même moment

14 1905, p. 134.

où les textes de témoignage circulent. Nous nous concentrerons sur les textes littéraires fondateurs, qui forment une continuité du fait de l'inspiration qu'ils provoqueront chez les uns et les autres, retrouvant un peu de ce contexte épidémique de la croyance, cette fois-ci fictionnelle.

Avant que ne paraisse le roman de Bram Stoker, *Dracula*, en 1897, il est possible de distinguer une certaine chronologie de la littérature vampirique au siècle des Lumières. La littérature vampirique est d'abord germanique, conformément à tous les premiers écrits (les rapports) principalement originaires de cette partie centrale de l'Europe au moment de l'émergence du vampirisme. Le vampirisme se manifeste intensivement dans les écrits durant l'année 1732. Et le premier impact littéraire se fait remarquer en 1748 dans le poème *Der Vampir* de Heinrich August Ossenfelder. Puis, un des textes les plus célèbres de la postérité sera la ballade de *Lenore*, par Gottfried August Bürger en 1773. Quoiqu'il ne s'agisse pas explicitement de vampire (le mot y est absent), la ballade raconte l'histoire cauchemardesque d'un revenant de la tombe, qui traverse à toute allure un territoire sur son cheval, et qui emportera la triste Lenore avec lui. Johann Wolfgang von Goethe participera également à cette littérature avec *La Fiancée de Corinthe* en 1797 avant que cet intérêt vampirique ne concerne principalement que les anglophones[15].

Dans toute la production littéraire vampirique, nous constatons une sorte de mode vampirique, et qu'il se dégage un phénomène de production collectif qui va former le vampire. Peu à peu, une définition du fantastique émerge et vient s'associer à la figure du vampire et ses caractéristiques. Dans le cadre de notre réflexion sur la notion de fiction au sein de la croyance vampirique, le genre fantastique semble puiser sa source même au sein de ces questionnements qui bousculent le XVIIIe siècle sur la réalité ou non des vampires, leur existence (si bien attestée) ou non, comme s'il les prolongeait. Le fantastique est défini notamment par Tzvetan Todorov en 1970, en tant que genre littéraire (puis cinématographique), comme « l'hésitation éprouvée par un être qui ne connaît que les lois naturelles face à un évènement apparemment surnaturel » (1970, p. 29) et inexplicable. Le fantastique se caractérise

15 Il serait possible de compléter notre sélection par la lecture d'œuvres du poète romantique anglais Robert Southey, et notamment : en 1798, la ballade *The Old Woman of Berkeley* ; en 1801, le poème épique *Thalaba the Destroyer*. Et par la lecture de l'œuvre du poète germanique Johann Ludwig Tieck, *Wake Not the Dead* en 1800.

bien par les notions d'hésitation, d'incertitude et de doute ; ceux-ci concernant deux explications concurrentes et, la plupart du temps, génératrices du sentiment d'horreur : soit l'explication est rationnelle (il est possible que le phénomène ne soit qu'un rêve, qu'une hallucination, etc.), soit l'explication est surnaturelle et irrationnelle. Ainsi il écrit :

> Dans un monde qui est bien le nôtre, celui que nous connaissons, sans diables, sylphides, ni vampires, se produit un événement qui ne peut s'expliquer par les lois de ce même monde familier. Celui qui perçoit l'événement doit opter pour l'une des deux solutions possibles : ou bien il s'agit d'une illusion des sens, d'un produit de l'imagination et les lois du monde restent alors ce qu'elles sont ; ou bien l'événement a véritablement eu lieu, il est partie intégrante de la réalité, mais alors cette réalité est régie par des lois inconnues de nous. [...] Le fantastique occupe le temps de cette incertitude. (*ibid.*)

L'hésitation est la principale condition pour accéder au fantastique selon Tzvetan Todorov. Mais nous pouvons ajouter qu'elle est aussi la condition pour accéder au vampirisme (elle est en tout cas expérience vampirique) : c'est ce que nous avons vu jusque-là dans les différents écrits sur les vampires, dans lesquels il règne un doute perpétuel, un propos oscillant entre témoignage d'une réalité et sa dénégation confirmant. Le vampirisme est lié dès ses origines au fantastique (et inversement) et deviendra rapidement par la littérature, représentatif d'une poétique de l'incertain, ou plus particulièrement, d'une esthétique de l'horreur fondée sur la présence-absence du vampire, qui perturbe sa croyance et déclenche doute et hésitation. C'est l'hésitation de tout lecteur qui se diffuse et le lecteur sera contaminé par identification au personnage principal du récit (*cf.* Dom Augustin Calmet était lecteur de Michaël Ranft ou de Jean-Baptiste de Boyer d'Argens, etc.). La plupart des récits que nous allons étudier tiennent l'hésitation jusqu'au bout[16], perturbant le choix d'une réponse définitive de la part du lecteur.

Dans ce siècle des Lumières, le vampire de l'époque romantique émerge petit à petit à mesure que les textes littéraires apparaissent, des textes de plus ou moins grande importance, de plus ou moins grande influence, mais qui dans leur ensemble, associent originalité et répétition, et s'exercent dans une interrogation continuelle sur la croyance

16 Si elle se prononce pour la validité des lois régissant notre réalité, l'œuvre bascule dans le domaine de l'étrange, mais si elle convient que le phénomène peut être expliqué par un nouveau régime de lois, elle relève du merveilleux. *Dans tous les cas* nous sommes dans le fantastique.

aux vampires. Ces textes deviennent alors le sujet de nos interrogations sur la croyance même des poètes et écrivains et de la croyance qu'ils mettent en place au sein de leur œuvre. Cela s'exerce toujours selon le principe d'une contamination formelle originelle de la croyance aux vampires, dans le but de progressivement (inconsciemment) constituer une figure définitive du vampire, d'un vampire définitivement nommé.

Nombre d'ouvrages ont été publiés – de Jean Marigny à Estelle Valls de Gomis, en passant par Tony Faivre ou Barbara Sadoul – retraçant les origines littéraires du vampire jusqu'à Dracula et au-delà. Nous ne prétendons pas revenir sur cette histoire littéraire. Bien que certes nous l'évoquons ici, ce qui nous intéresse est bien la circulation de cette écriture formelle de la croyance aux vampires, à l'origine de la formation du mythe et qui est au fondement de cet ouvrage. Dans ce chapitre sur la fictionnalisation du vampire nous souhaitons donc nous attacher à mettre en avant la structure et les genres formels (le poème, la nouvelle, d'abord); les procédés d'écritures et les procédés narratifs. Nous proposons de nous arrêter sur les ressorts de la littérature vampirique naissante, qui marque une nouvelle phase dans la croyance du vampirisme.

POÉSIE ALLEMANDE : NAISSANCE D'UN VAMPIRE ROMANTIQUE ET D'UNE FIGURE ANTAGONISTE DU CHRIST

Entre la période romantique et la période (de la décadence) victorienne, la figure du vampire alterne entre malédiction insoupçonnable et monstruosité inconsidérable. Le vampire fictif devient la figure privilégiée d'une forme poétique. Ce format poétique est une force par sa forme brève qui semble aller droit au but, refusant tout détour, sauf peut-être celui d'un refrain qui serait retour (du mort) et répétition.

Les poètes allemands récupèrent et imposent les principaux traits vampiriques qui sont liés à une moralité et à une sexualité décadentes, et proposent un supplément licencieux à la croyance aux vampires qui est en train de devenir mythe. Ils exploitent ces traits de façon à créer des images dans l'esprit du lecteur. Un sujet récurrent est celui de la confrontation des parents au désir de leurs enfants, désir déviant et dévié par le vampire, ainsi que celui du blasphème religieux. Se dessine également le trait mythique d'un vampirisme qui est un amalgame de textes chrétiens et païens.

Heinrich Augustin von Ossenfelder, Der Vampyr *(1748)*

Une première vague vampirique littéraire, qui n'est pas encore romantique, émerge immédiatement au moment où les témoignages des paysans et les rapports médicaux sont diffusés dans les journaux et les dissertations philosophiques. La dimension fictionnelle serait d'abord poétique et elle s'appuierait sur le discours religieux qui a fait du vampire une figure anti-christique, une figure de tentation et de déviance superstitieuses. Aussi loin que nous pouvons remonter en ce qui concerne la fiction vampirique littéraire, c'est l'année 1748 qui semble[17] en être la première « attestation » (d'ailleurs le mot s'impose), quand Heinrich Augustin von Ossenfelder écrit et publie dans un recueil son poème au titre simple et direct *Der Vampyr.* À l'origine de ce court poème et première forme de vampire littéraire, il y a le critique et poète allemand Christlob Mylius qui demande à son ami Heinrich August von Ossenfelder d'écrire un poème pour sa revue scientifique *Der Naturforscher* (1747-1748), sur un sujet spécifique donné (Crawford, 2016, p. 23). Mylius souhaite que, conformément à son concept pour la revue, Ossenfelder écrive un poème reflétant le thème de l'article ou de l'histoire qui l'a précédé dans la publication. L'article en question était une lettre de l'ami du roi Frédéric le Grand, Jean-Baptiste de Boyer d'Argens, soit une des *Lettres Juives* (la 125e) que Mylius publia en deux fois les 18 et 25 mai 1748 et qui, nous le savons, rapporte des histoires de vampires. Le poème d'Ossenfelder sur le thème des vampires représente, voire transpose d'une certaine façon le sujet de la lettre de Boyer d'Argens sur la superstition des vampires d'Europe de l'Est, en particulier la référence au *Visum et repertum* (*ibid.*), et en fait un texte court chargé d'implicites et d'imaginaires vampiriques. En voici les vers :

> Ma chère jeune fille croit
> Inflexible, vivement et fermement
> À tous les enseignements donnés
> D'une mère toujours pieuse ;
> Comme les gens du Theyse
> Aux vampires immortels
> Le Heiduque croit fermement.

17 Marigny, 2011, p. 68.

Mais ma petite Christine tu attends
Tu ne veux pas du tout m'aimer ;
Je veux me venger de toi
Et aujourd'hui à Tokaj
Boire à la santé d'un vampire.
Et tandis que tu te seras doucement endormie
De tes belles joues
Sucer le pourpre frais.
Et alors tu seras effrayée
Quand je vais t'embrasser
Car je te donnerai un baiser de vampire :
Et tremblant vraiment
Affaiblie dans mes bras
Tu traverseras le seuil de la mort
Et là enfin te demanderai-je
En comparaison de l'enseignement reçu
Quels sont donc les charmes d'une mère[18] ?

Il s'agit d'un premier écrit extrêmement pervers, dont la forme courte poétique est très directe et ne semble pas admettre de détour impersonnel : elle permet de fixer une image connotée du vampire et de saisir, voire d'éprouver l'instant d'une vampirisation. Le poète raconte à la première personne le désir d'un vampire de se venger d'une jeune femme qui ne l'aime pas et qui repousse ses avances. Le poème d'Heinrich August Ossenfelder est un premier exemple de littérature qui met en scène la figure du vampire mais aussi *"the first case in which the monster serves to represent a psychological state*[19]*."* (Butler, 2010, p. 63) Le « Je » est étonnamment celui du vampire qui fait entendre sa voix, et qui accuse donc à la première personne une éducation trop rigide, voire la mauvaise éducation de la mère : l'autorité parentale et l'éducation, qui est chrétienne, sont remises en cause par le vampire. Il reproche dès les premiers vers à la femme qu'il aime de suivre trop strictement

18 Nous traduisons. Texte original : *„Mein liebes Mägdchen glaubet / Beständig steif und feste, / An die gegebenen Lehren / Der immer frommen Mutter ; / Als Völker an der Theyse / An tödtliche Vampiere / Heyduckisch feste glauben. / Nun warte nur Christianchen, / Du willst mich gar nicht lieben ; / Ich will mich an dir rächen, / Und heute in Tockayer / Zu einem Vampir trinken. / Und wenn du sanfte schlummerst, / Von deinen schönen Wangen / Den frischen Purpur saugen. / Alsdenn wirst du erschrecken, / Wenn ich dich werde küssen / Und als ein Vampir küssen : / Wenn du dann recht erzitterst / Und matt in meine Arme, / Gleich einer Todten sinkest / Alsdenn will ich dich fragen, / Sind meine Lehren besser, / Als deiner guten Mutter ?"*(Ossenfelder, 1748).

19 Nous traduisons : « le premier cas dans lequel le monstre sert à représenter un état psychologique. »

ces préceptes moraux. Le vampire se présente alors comme une figure licencieuse immorale et vengeresse, qui s'impose contre la tradition (les anciens, les parents, les valeurs d'une éducation traditionnelle catholique) et encourage au sacrilège et à l'impiété. La jeune femme s'appelle d'ailleurs, symboliquement, Christine. Le vampire l'appelle *Christianchen* (c'est-à-dire « petite Christine »), diminutif allemand qui signifie qu'il a un lien émotionnel avec elle (*ibid.*) : le prénom suggère la confession religieuse de la jeune femme, et son emploi, sa virginité ; les deux renforcent l'idée de son respect scrupuleux des règles religieuses énoncées par l'ancienne génération. Le vampire se présente bien ici comme une déviance : il propose à une jeune femme vierge de comparer les délices de la mort avec les principes d'une éducation maternelle rigoureuse. De ce fait, il remplace la sainte éducation et propose à la jeune femme qui se prénomme Christine d'accéder à la vérité, c'est-à-dire à *sa* vérité.

Le titre du poème, explicitement « Le Vampire », ainsi que les mots « *Heyduck* » et « *Tokaj* », l'ancrent dans un contexte historico-géographique et renvoient clairement aux témoignages qui relatent les apparitions de Peter Plogojovitz et Arnold Paole, qui sont contemporains du poète Ossenfelder, ce dernier y ayant eu sûrement accès, de quelques façons que ce soit, comme les témoignages on le sait avaient très rapidement circulé. Très vite, Ossenfelder situe précisément le lieu de l'action du vampire et fait appel non seulement au savoir du lecteur mais aussi à son imaginaire (chargé de toute une contemporanéité épidémique vampirique). En effet, et comme le remarque Heide Crawford dans son analyse du poème, Ossenfelder établit un lien géographique direct et spécifique avec le nord-est de la Hongrie comme origine du vampire littéraire, reliant ainsi le poème étroitement à l'article sur les histoires de vampires d'Europe de l'Est qui l'a précédé dans le journal (2016, p. 24). La référence au Theyse, c'est-à-dire à la rivière Tisza, le plus long affluent en Hongrie, renforce l'ancrage géographique oriental, voire exotique, autochtone. Le poète fait référence à toute la zone contaminée par l'épidémie vampirique à la même époque de l'écriture du poème, en nommant cette rivière qui prend sa source en Ukraine et coule à environ 600 kilomètres au sud, du nord-est de la Hongrie, près de la frontière avec la Slovaquie et l'Ukraine, pour rejoindre le Danube en Serbie et au Monténégro (*ibid.*, p. 24-25). Le poème se charge ainsi d'une valeur documentaire. Et du point de vue imaginaire, le vampire *précise* sa localisation géographique sur les rives de la Tisza aux vers 10 à

12 quand il dit qu'il s'apprête à se venger et à boire à sa santé : le nom Tokaj fait référence soit à un vin blanc de Hongrie et de Slovaquie, soit à la région qui produit le cépage. Dans tous les cas, le mot est documenté et documentaire et appelle au savoir du lecteur qui peut immédiatement situer et reconnaître le lieu du vampire, mais aussi accepter l'existence de ce vampire qui dit « je » et qui vient de là où il est né.

La localisation géographique précisément donnée dans ce poème est donc importante et participe de cette écriture formelle de la croyance aux vampires car elle associe le premier vampire littéraire (la fiction) connu à une zone d'Europe de l'Est d'où proviennent les témoignages et rapports sur les vampires (la réalité) recueillis quelques années plus tôt, et notamment le rapport de Flückinger, qui nous nous souvenons est une réponse aux enquêtes sur le vampirisme en Serbie, plus particulièrement à l'Est de la Tisza, près des Alpes de Transylvanie en Roumanie. Comme l'écrit Heide Crawford, le cadre du poème le long de la Tisza et sa place dans le journal de Mylius en tant que représentation poétique des histoires de vampires est une preuve incontestable que la littérature de vampires européenne moderne a été influencée par les histoires de vampirisme qui ont été recueillies pour Charles VI en Hongrie, en Serbie et en Roumanie (*ibid.*). Et pour nous cela représente une preuve de la perpétuation, de la circulation de cette écriture formelle de la croyance aux vampires qui se fonde sur des réalités de l'existence des vampires dans le but de faire toujours plus croire aux vampires (créer des émotions), même quand il s'agit de les nier (effet de la fictionnalisation). Ossenfelder semble dans tous les cas avoir éprouvé le besoin de fournir un cadre précis à son poème car il savait que le lectorat du journal de son ami associerait immédiatement ces régions de Hongrie aux histoires de vampires qui circulaient, via les rapports et les médias, dans toute l'Europe occidentale à ce moment et qui avaient captivé nous l'avons vu l'intérêt de tant de gens et auxquelles ce lectorat était familier.

Conformément à la tradition superstitieuse, le vampire est dans ce poème un être mauvais, qui menace la paisible religion du christianisme personnifiée en la personne de Christine (symboliquement le Christ) qui est bientôt pervertie par le vampire vindicatif („*Du willst mich gar nicht lieben ; / Ich will mich an dir rächen*“[« Tu ne veux pas du tout m'aimer ; / Je veux me venger de toi »]). Le vampire devient la personnification de la superstition qui pervertit la foi religieuse. Le poème d'Ossenfelder traite de la lutte au XVIIIe siècle de la raison contre l'obscurantisme superstitieux. Il nous parle du siècle des Lumières qui doit faire face à la superstition, et présente le vampire comme la métaphore de cette menace que la superstition représente pour les gens et leur foi religieuse.

Nous observons d'autre part une évolution du champ lexical qui passe de la raison (« croit », « pieuse », « enseignement », « mère ») à la sensation ou l'émotion en même temps que la vampirisation. Autrement dit, le vampire apparaît comme une épreuve physique, et se réalise par, dans, sur le corps (de sa victime), comme à son origine. À travers le champ lexical et son évolution se dégage (la recherche d')une émotion vampirique qui passe par l'emploi nombreux de mots liés à la sensation du corps et au contact physique (doucement endormi, venir en rampant, faire couler le sang, trembler, embrasser, dans mes bras – qu'on soupçonne froids), chargés de violence, à la double connotation de la satisfaction d'un désir charnel jusque dans la mort, de l'expérience mortifère d'un contact charnel (rencontre suggérée de l'Éros et du Thanatos) ; le tout définissant pour la première fois le motif vampirique par excellence de toute fiction vampirique : le baiser du vampire. Ossenfelder reprend à son compte les informations des histoires de vampires qu'il a pu lire au moins dans la lettre de Boyer d'Argens et ajoute de nouveaux éléments pour décrire son vampire, éléments qui allaient devenir canonique : notamment, la dimension charnelle et immorale du vampire, ou l'érotisation de la peur et de la mort. Dans la littérature de la croyance aux vampires, la croyance se joue du côté de l'esthétique et des émotions, du côté d'une écriture qui promet (ou menace) de nous faire éprouver physiquement le vampire.

Le baiser du vampire est passages de seuils : de la vie à la mort, de l'enseignement religieux (rationnel) et sacré au sacrilège profane, respectivement, de l'enseignement spirituel maternel à l'enseignement charnel vampirique. Il y a un mouvement du vampire dans ce poème, mouvement fatal et inéluctable qui est désir (*cf.* Ranft). Le vampire est mû par le désir (d'union, de vengeance, à assouvir). Le vampire désire rejoindre la femme qu'il aime et convoite, et (par l'intermédiaire de son baiser) ne faire qu'un avec son corps ; désir allant de pair avec son souhait de mettre fin à une relation chaste et pieuse que Christine entretient avec la religieux, voire le Christ, par l'intermédiaire de sa mère. Au terme de cette rencontre, c'est la (petite) mort qu'éprouve Christine dans l'étreinte de son amant qui a pris le relais d'un nouvel enseignement.

La menace du Christianisme est dans ce poème assimilée à la séduction (*ibid.*, p. 24), séduction incarnée par le vampire. Séduction qui est mortifère. La jeune femme du poème n'est identifiée que par son éducation et sa foi religieuses, indirectement par sa vertu, sa moralité et son innocence. Tout cela est menacé de corruption vampirique : le vampire est synonyme de mort et de destruction car sa séduction est la menace de détruire la vertu de Christine, c'est à dire de faire disparaître une très grande partie de son identité, ce qui signifie la mort. Et il y a une progression de cette séduction ou destruction du Christianisme qui passe d'abord par son dénigrement, sa dépréciation. En effet, en accusant la jeune femme dans ce poème de croire obstinément aux préceptes moraux de sa mère, tout comme les simples gens des régions le long du Theyse croient aux vampires, le vampire compare, réduit au même niveau et assimile la croyance démodée stricte enseignée par le christianisme, à la superstition des vampires : pour lui, semble-t-il le christianisme n'est qu'une autre croyance superstitieuse. Alors, à la foi de Christine pour cet enseignement qui l'éloigne de lui répond sa colère et la force des mesures nécessaires à prendre pour contrer cette foi superstitieuse et fausse. Le vampire opère une réduction du Christianisme, comme Ossenfelder opère d'un renversement ou détournement de la croyance christique comme pure religion : à la déviance religieuse répond la vérité vampirique. Cette structure quasi oxymorique met ainsi au premier plan la dialectique superstition-religion qui prévalait au siècle des Lumières.

Rappelons que nous sommes deux ans après que le vampirisme soit devenu une affaire de querelles et de contestations, notamment représentée par les attaques de Voltaire contre la *Dissertation* de Dom Augustin Calmet. Cette première forme de récit fictif poétique coïncide donc avec une époque qui a pensé le vampire comme figure inversée du Christ, et le vampirisme comme le détournement du modèle de la résurrection christique, sa perversion. Alors que la parole du Christ est médiate, la parole du vampire devient immédiate. Mais identiquement, le vampire se réalise dans et par le Verbe qui s'incarne ici au sein d'un corps. Le vampire devient pour la première fois un dangereux séducteur et cela dans un contexte religieux : il détourne de la vertueuse religion chrétienne. Et en annonçant sa venue, en menaçant d'embrasser Christine (au sens vampirique du terme) parce qu'elle lui résiste, en expliquant enfin comment elle se sentira une fois qu'il aura achevé sa séduction sur elle, toutes ces images sollicitées par Ossenfelder suggèrent que le vampire la violera. Un champ lexical de la sensualité et de la sexualité licencieuses („*Sind meine Lehren besser, / Als deiner guten Mutter ?*"– « En comparaison de l'enseignement reçu / Quels sont donc les charmes d'une mère ? ») sera désormais associé au vampire de la fiction littéraire : la croyance ou la foi équivaut à la confiance[20]. L'image du vampire présenté comme une figure à la fois érotique et dangereuse, rampante et animale, rejoint clairement la figure du diable mais également, conjointement, celle des incubes séducteurs liés au domaine du cauchemar et des terreurs nocturnes. Ici le vampirisme devient « une forme de relation amoureuse qui apporte le plaisir et la mort. » (Marigny, 2011, p. 68)

Comme nous l'avons précédemment étudié, la croyance aux vampires et le phénomène vampirique en Europe centrale au XVIIIe siècle a dans un premier temps été étudié par des scientifiques occidentaux, envoyés sur les lieux pour enquêter, et qui ont ainsi pu attester la réalité vampirique et la lier à des théories que les savants ont développées sur la décomposition et la détermination du moment de la mort. Et nous remarquons que le premier poème sur le thème du vampire est publié dans une revue scientifique. Cela peut certes être expliqué par le fait que le phénomène vampirique a été étudié au départ comme un phénomène scientifique intriguant ensuite différents champs du savoir, mais nous pouvons également ajouter que l'endroit de cette première publication qui est en plus fictive appuie la réalité du vampire et la perpétue. D'ailleurs, le vampire devient presque celui qui se bat contre la superstition religieuse tandis qu'il revendique un statut qui le lie à la connaissance et au savoir, à la vérité.

Gottfried August Bürger, Lenore *(1774)*

La ballade *Lenore* de Gottfried August Bürger est un des titres les plus célèbres généralement associés à la plus ancienne littérature vampirique. Publié en 1774, le texte a été fondamental pour l'introduction du thème des vampires dans la littérature (occidentale) et connaît une forte postérité tout au long du XIXe siècle, traduit en anglais (par William Taylor) mais également en français (par Gérard de Nerval, en 1829[21]),

20 Et le vampire semble aussi prendre la place d'un représentant patriarcal absent, anticipant les productions filmiques du studio britannique Hammer dans les années 50-60.

21 Gérard de Nerval en fait deux traductions : une en prose en 1929, dans le *Mercure de France au XIXe siècle*, reprise en 1830 dans son volume de *Poésies allemandes*. Et une en vers,

jusqu'à être une des influences majeures pour Bram Stoker. Les morts vont vite. Voilà ce qu'il nous dit et qui est cité par Stoker dans *Dracula* bien qu'il ne soit pas réellement question de vampires dans ce poème : ce qui importe est la transcription du mouvement vampirique et la sensation de la rapidité décrite des morts qui reviennent.

Bürger raconte l'histoire d'une jeune femme, Lénore, dont l'époux ne revient pas de la guerre, plus précisément la bataille de Prague, le 6 mai 1757, au début de la Guerre de Sept ans (1756-1763). Le contexte historico-géographique de la fiction est de nouveau contemporain du poète, du lecteur, et renvoie à la réalité d'un passé proche. Bürger travaille sur *Lénore* d'avril à septembre 1773, et la publie donc en 1774 dans le *Göttinger Musenalmanach*. Le poète se serait largement et notamment inspiré d'une chanson folklorique dont il aurait entendu les paroles chantées par une jeune servante, mais aussi d'autres poèmes, drames et ballades[22], et enfin de la popularité du phénomène vampirique qui lui est tout aussi contemporain. La source de la ballade est orale et l'histoire originale prenait place durant la Guerre de Trente ans (1618-1648) au terme de la bataille mettant fin à la période bohémienne et palatine en 1623. Chez Bürger, l'histoire est adaptée un siècle plus tard pour plus de pertinence et d'adhésion du lecteur.

Au début du poème, toute une discussion se noue entre une mère et sa fille Lénore, en ce qui concerne la foi et sa nécessité. L'époux de Lénore, Wilhelm, parti pour la bataille de Prague à la suite du roi Frédéric le Grand, n'a pas donné signe de vie quand la querelle fut terminée et tandis que chaque armée retournait dans ses foyers. La foi est d'emblée remise en question par Lénore alors qu'elle seule « attendait en vain le baiser du retour[23] » (Bürger, 1868, p. 384) :

> Oh ! ma mère, ma mère, il est mort ! mort ! que périsse le monde et tout ! Dieu n'a point de pitié ! Malheur ! malheur à moi !
>
> – Dieu nous aide et nous fasse grâce ! Ma fille, implore notre père : ce qu'il fait est bien fait, et jamais il ne nous refuse son secours. – Oh ! ma mère, ma mère ! vous vous trompez Dieu m'a abandonnée : à quoi m'ont servi mes prières ? à quoi me serviront-elles ?

---

parue en 1830 dans la revue *La Psyché*.

22 « Auszug aus einem Briefwechsel über Ossian und die Lieder alter Völker » (1773) de Johann Gottfried von Herder ; "Sweet William's Ghost" (1765) de Thomas Percy, *Götz von Berlichingen* (1773) de Goethe et "An Leonore" (1715) de Johann Christian Günther.

23 Nous consultons une traduction en prose.

> [...]
> – Mon Dieu ! ayez pitié de nous ! Celui qui connaît le père sait bien qu'il n'abandonne pas ses enfants : le Très-Saint-Sacrement calmera toutes tes peines ! – Oh ! ma mère, ma mère !.... Aucun sacrement ne peut rendre la vie aux morts !.....
> – Mon Dieu ! ayez pitié de nous. N'entrez point en jugement avec ma pauvre enfant ; elle ne sait pas la valeur de ses paroles..... ne les lui comptez pas pour des péchés ! Ma fille, oublie les chagrins de la terre ; pense à Dieu et au bonheur céleste ; car il te reste un époux dans le ciel !
> – Oh ! ma mère, qu'est-ce que le bonheur ? Ma mère, qu'est-ce que l'enfer ?..... Le bonheur est avec Wilhelm, et l'enfer sans lui ! Éteins-toi, flambeau de ma vie, éteins-toi dans l'horreur des ténèbres ! Dieu n'a point de pitié.... Oh ! malheureuse que je suis ! (*ibid.*, p. 384-385)

Le désespoir de Lénore face à la mort probable de Wilhelm atteint donc son paroxysme dans ce long dialogue passionné avec sa mère, un dialogue explicite qui s'étend sur sept strophes, caractérisant les émotions, et surtout la foi des deux femmes, et faisant avancer l'action, voire la précipitant vers sa funeste fin. Dès le début de leur conversation, il est clair que la mère a une foi religieuse très forte, tandis qu'en face sa fille abandonne la sienne, cette construction en opposition créant alors d'emblée une tension. La rupture de Lénore avec la foi, et par extension avec Dieu, le sentiment de doute qui l'envahit annoncent les paroles liées au malin (on prédit, voire on appelle les enfers), l'infidélité (du côté de la foi, Dieu est l'« époux dans le ciel » (*ibid.*, p. 385) dont Lénore ne veut plus) et l'entrée fatale dans la sphère fantastique. À quoi et en qui faut-il désormais croire semble demander la jeune femme ? À l'absence de pitié divine répond l'absence de piété de Lénore au point d'une rupture définitive. Bientôt le désir suicidaire de Lénore, qui est blasphématoire, fait surgir l'horreur des ténèbres. Lénore souhaite et appelle le retour du mort, c'est-à-dire ce que précisément aucun sacrement ni Dieu ne peut permettre.

Wilhelm se réveille de la tombe à l'heure de minuit et vient chercher Lenore. Il réussit à la persuader de parcourir « cent lieues » jusqu'à leur demeure, une information spatio-temporelle qui caractérise un lieu originel du vampire, venu d'un ailleurs lointain, de nulle part. Il ne peut s'arrêter. Il vient « du fond de la Bohème » emporté dans une course effrénée contre le sablier, qu'appuie la construction de la ballade. Comme l'illustre l'extrait suivant :

> – Comment veux-tu que nous fassions aujourd'hui cent lieues pour atteindre à notre demeure ? Écoute ! la cloche de minuit vibre encore. – Tiens ! tiens ! comme la lune est claire ! ... Nous et les morts, nous allons vite ; je gage que je t'y conduirai aujourd'hui même.
>
> [...] La jeune fille se chausse, s'élance, saute en croupe sur le cheval [...] Cheval et cavalier respiraient à peine ; et, sous leur pas, les cailloux étincelants.
>
> Oh ! comme à droite, à gauche, s'envolaient à leur passage, les prés, les bois et les campagnes ! comme sous eux les ponts retentissaient ! (*ibid.*, p. 386-387)

un espace-temps vampirique émerge, celui auquel le mort n'appartient plus, mais celui où il est possible de faire retour et dont il semble impossible d'échapper. Comme le vampire, Wilhelm craint le chant du coq et définit son appartenance au monde de la nuit. La forme poétique qui est donc celle de la ballade autorise au poème un refrain : *Les morts vont vite*, répété à plusieurs reprises par Wilhelm pour répondre à la question inquiète, elle-même répétée de Lénore sur la raison de la rapidité de sa course ; répété à plusieurs reprises par le poète comme une adresse à la mémoire du lecteur, comme pour le lui rappeler et lui révéler la réalité de l'état de Wilhelm : un cavalier lancé dans une course contre la montre, un mort qui va vite. Ce refrain seul restera dans la postérité. Il est comme un appel à la future victime, mais il régit également l'ensemble du texte qui emporte le lecteur dans une danse macabre effrénée, dans un mouvement irrémédiable, vers une fatalité sinistre et malheureuse. Tout au long du poème en effet, le sentiment que quelque chose de dramatique va arriver est éprouvé, ainsi que le sentiment, comme l'écrit Germaine de Staël en 1813 dans son essai *De l'Allemane*, d'une âme qui est constamment mise en branle : « Au moment où le blasphème est prononcé, l'on sent dans l'histoire quelque chose de funeste, et dès cet instant l'âme est constamment ébranlée. » (1838, p. 151) La forme de la ballade contribue à cette épreuve émotionnelle du lecteur en permettant de faire régner tout au long des trente-deux strophes (de huit vers chacun dans sa version poétique) une rapidité vertigineuse, un rythme à bout de souffle, où les objets paraissent et disparaissent, les sentiments se précipitent, la catastrophe arrive à toute vitesse et éclate au point de non retour :

> tout l'art des paroles et de leurs sons est employé pour exciter la terreur. La rapidité des pas du cheval semble plus solennelle et plus lugubre que la lenteur même d'une marche funèbre. L'énergie avec laquelle le chevalier hâte

sa course, cette pétulance de la mort cause un trouble inexprimable ; et l'on se croit emporté par le fantôme, comme la malheureuse qu'il entraîne avec lui dans l'abîme. (*ibid.*, p. 152)

Le vampire est la Mort (jusque dans ses attributs, tenant la faux et le sablier) qui vient car Lénore a blasphémé Dieu, son devoir d'avoir la foi, remettant ainsi en question son pouvoir, et donc sa protection. Le vampire intervient alors à l'instant précis où se forment une faille, une fêlure au sein de la croyance. On se souvient des hypothèses énoncées par Dom Calmet, encore contemporaines au moment où le jeune Gottfried August Bürger écrit le poème : Dieu enverrait sur terre des êtres malfaisants pour punir les humains. La possibilité du délire mystique ou passionnel est également suggérée puisque Lenore « arrachant ses cheveux, elle se jette à terre et s'y roule avec délire. » « Elle se meurtrit le sein, elle se tordit les bras jusqu'au coucher du soleil, jusqu'à l'heure où les étoiles dorées glissent sur la voûte des cieux. » (Bürger, 1868, p. 385) La description semble celle de l'état d'un être frustré en proie au cauchemar ou à l'hallucination, voire à l'hystérie, synonyme de désirs refoulés et de pulsion de mort.

Le décor est posé et dégage une atmosphère sinistre et mortifère : cimetière, funérailles, bière, nuées de corbeaux, chants sinistres, chants de funérailles, potences et fantômes aériens qui dansent autour de la roue, tous constituant un champ lexical de la mort et du mauvais présage. Le sentiment d'une ironie est aussi éprouvé à travers l'échange des deux amants dont les propos évoluent graduellement mais contradictoirement, Lénore manifestant un effroi qui s'accroît à mesure de la course, Wilhelm cherchant à la rassurer avec un mélange d'ironie et d'insouciance terrifiant ; le tout alors que la nature se transforme de plus en plus sur son passage, en un décor sinistre de veillé funèbre. Le vent qui siffle dans la forêt, la cloche de minuit, la lune, les morts : un paysage vampirique canonique est en train de se construire dans l'imaginaire du lecteur. À travers les paroles de Wilhelm, les mots s'offrent au lecteur par le détour de la métaphore et de l'image. Wilhelm est un « nous » qui ne monte à cheval qu'à minuit : « Nous et les morts, nous allons vite ».

Le voyage à cheval a le double effet de créer du suspense et d'intensifier l'atmosphère surnaturelle et horrifique de la ballade. En effet, nous nous souvenons que le motif du cheval ou du cavalier est récurrent dans les études médicales sur le cauchemar. L'atmosphère surnaturelle de la course à cheval est donc celle du cauchemar : c'est une véritable scène cauchemardesque que décrit, voire nous fait vivre Bürger qui utilise des animaux (le cheval, mais aussi les corbeaux) qui ont toujours joué un rôle (esthétique, dramatique) important dans les mythologies, les contes de fées et autres fables merveilleuses et récits fantastiques, et dont l'usage ici renforce la dimension onirique cauchemardesque. De plus, tout se passe la nuit. Comme le remarque Heide Crawford, le motif du cheval quand il est en mouvement comme ici, pris dans une course effrénée, ajoute également une perspective unique au thème de la nature incontrôlable, car nous avons là un animal qui est resté sauvage et imprévisible, malgré sa domestication par les êtres humains. Le cheval et sa nature imprévisible reflètent alors non seulement les forces incontrôlables de la nature, mais aussi les émotions imprévisibles et extrêmes de celui qui le monte, ainsi que sa lutte avec ses démons intérieurs (Crawford, 2016, p. 40), comme il en sera de même dans d'autres récits vampiriques, aussi bien dans le *Giaour* de Lord Byron que dans *La Morte amoureuse* de Théophile Gautier et jusqu'au *Dracula* de Bram Stoker ; la ballade de Bürger introduisant alors pour la première fois un motif récurrent de la fiction vampirique. Ainsi, la prédominance du motif du cheval (et par extension celui du cavalier) dans *Lénore* est étroitement associée au vampire Wilhelm. Mais de nouveau, la fiction s'inspire d'un savoir originel, de la réalité d'un fait, d'un acte. En effet, le poète semble avoir tenu compte du folklore et des superstitions d'Europe de l'Est où le cheval est lié au vampire : l'une des méthodes les plus courantes pour détecter un vampire dans un cimetière, pour déterminer la présence d'un vampire dans une tombe, est de faire passer un cheval par-dessus toutes les tombes. S'il refuse de passer par-dessus une tombe, cela signifie que celle-ci renferme un vampire. Nous admettons par conséquent la présence nombreuse et caractéristique de cet animal dans les histoires de vampires, qui crée une esthétique cauchemardesque ainsi qu'une lecture sur la nature imprévisible du vampire, le tout générant un sentiment fantastique et des effets d'horreur. Et chacun puisant sa source dans une réalité (savoir médical, rituelle), sentiment de réel et de croyance peuvent alors saisir le lecteur.

Le cheval et le cavalier ne respirent qu'à peine ; la demeure est située loin, et un lit de noce silencieux, humide et étroit, fait de six planches et deux planchettes les attend (la promesse d'un cercueil n'est qu'évidente), confirmant, malgré le bal de noce annoncé, la destinée funeste de ce voyage nocturne qui aboutit bientôt dans un décor cauchemardesque où les tombes « à l'éclat de la lune, apparaissent de tous côtés. » (Bürger, 1868, p. 388) Et le bien-aimé Wilhelm révèle sa réalité comme la chute finale de cette danse macabre :

> Ah ! voyez !... au même instant s'opère un effrayant prodige : hou ! hou ! le manteau du cavalier tombe pièce à pièce comme de l'amadou brûlée ; sa tête n'est plus qu'une tête de mort décharnée, et son corps devient un squelette qui tient une faux et un sablier.
>
> Le cheval noir se cabre furieux, vomit des étincelles et soudain... hui ! s'abîme et disparaît dans les profondeurs de la terre [...] (*ibid.*)

Bürger cherche l'effet de croyance et passe par l'émotion d'horreur en créant une image d'épouvante choc, qui ne peut que rester graver dans l'esprit du lecteur. La notion de « prodige » fait alors immédiatement écho aux discours sur les vampires comme celui de Michaël Ranft ou celui de Dom Calmet qui ont utilisé le même terme pour parler du phénomène vampirique. La référence peut aussi témoigner d'une transposition littéraire de ces discours savants et des rapports : Wilhelm revient auprès de sa femme comme Peter Plogojovitz revenait auprès de la sienne selon le rapport Frombald.

La fin de la ballade possède le ton de la fable avec sa morale et sa mise en garde :

> [...] des hurlements, des hurlements descendent des espaces de l'air, des gémissements s'élèvent des tombes souterraines... Et le cœur de Lénore palpitait de la vie à la mort.
>
> Et les esprits, à la clarté de la lune, se formèrent en ronde autour d'elle, et dansèrent, chantant ainsi : « Patience ! patience ! quand la peine brise ton cœur, ne blasphème jamais le Dieu du ciel ! Voici ton corps délivré.... que Dieu fasse grâce à ton âme ! » (*ibid.*)

Les gémissements et les hurlements de Lénore du début de la ballade se transforment en ceux qui annoncent la fin de sa vie. La pitié de Dieu est de nouveau mais ironiquement (r)appelée à la fin du poème. C'est bien le blasphème et la foi dénigrée qui, comme *sommeil de la raison*, causent le réveil des monstres. La ballade de Bürger est une référence, même si le mot « vampire » n'est pas écrit, en tant qu'influence de Bram Stoker, dans la constitution d'un imaginaire fictionnel vampirique. Elle s'inscrit par ailleurs dans l'héritage des récits de témoignage vampirique et peut faire du mort Wilhelm un vampire comme on insiste à la fin sur la distinction entre l'âme et le corps. Le corps est délivré et peut errer, évoluer comme le revenant-*en-corps* qu'est le vampire.

À l'expressivité de Lénore répond la monotonie de Wilhelm qui répète les mêmes paroles :

> Les anciens et les poëtes du moyen âge ont parfaitement connu l'effroi que cause, dans de certaines circonstances, le retour des mêmes paroles ; il semble qu'on réveille ainsi le sentiment de l'inflexible nécessité. Les ombres, les oracles, toutes les puissances surnaturelles, doivent être monotones ; ce qui est immuable est uniforme ; et c'est un grand art, dans certaines fictions, que d'imiter par les paroles la fixité solennelle que l'imagination se représente dans l'empire des ténèbres et de la mort. (De Staël, 1838, p. 154)

La monotonie du cavalier nocturne Wilhelm contient donc toute sa réalité.

Bürger semble s'être fortement inspiré du poème précédemment étudié *Der Vampyr* d'Ossenfelder. Chacun pose immédiatement la question de la foi christique en mettant en scène une sorte de trinité fantastique, horrifique, constituée de la mère, de la fille et du vampire. Si la figure de la mère apparaît toujours pieuse, la foi de la fille n'est pas la même d'un poème à l'autre : tandis que Christine chez Ossenfelder est punie par le vampire parce qu'elle fait preuve d'un excès de foi religieuse, Lénore est punie de mort (d'une certaine façon par Dieu, via le vampire) pour son rejet de la foi (significativement elle rejette le Ciel avec Dieu, pour l'enfer sous terre avec le vampire). La ballade de Bürger raconte donc la colère et la révolte d'une jeune femme contre Dieu et la Providence qui lui ont causé une douleur incommensurable associée à la perte d'un être cher. La colère et la révolte se traduisent par un abandon de la foi, celui-ci étant bientôt et terriblement puni par l'être aimé lui-même revenu de la tombe pour emporter son épouse avec lui sous terre (puisqu'elle a rejeté l'époux du Ciel). Comme l'écrit Heide Crawford, Bürger dans son poème donne voix et vie au folklore, à l'imagination populaire et à la superstition sous la forme du revenant Wilhelm, en se concentrant sur l'une des plus grandes superstitions associées aux vampires en particulier et aux revenants en général : à savoir, les conséquences de l'abandon de sa foi (2016, p. 31).

D'autre part, à la différence du poème d'Ossenfelder qui fait parler uniquement son vampire et dont la parole appelle la future victime

Christine, la voix est chez Bürger, d'abord féminine, et est celle d'une épouse qui refuse de faire le deuil de son fiancé, qui en veut à Dieu et qui *appelle*. La voix est d'abord celle de la future victime, avant d'être celle du revenant-en-corps. La ballade se rapproche cependant du poème d'Ossenfelder par le même rapport mère/fille qui suggère un conflit générationnel comme le vampirisme était dans les récits paysans commentés par Michaël Ranft un moyen de régler ses comptes avec sa famille. On retrouve également la même importance accordée au désir que la jeune femme (la jeunesse) cherche à libérer et que le vampire ou le mort revenu promet de libérer ; la même représentation du mort comme figure anti-christique tentatrice, réveillée, voire mise en mouvement par des désirs blasphématoires. La répétition de ces motifs dans deux poèmes, c'est-à-dire dans de courts formats, manifeste le fait qu'un modèle de fiction vampirique, avec une trame narrative et une construction dramatique types, avec ses figures archétypales et aux traits arrêtés, dans le but de créer des effets d'épouvante (et donc de croyance), est en train de se forger, inspiré par les précédents discours contemporains de la querelle (notamment religieux – d'où le poids de l'ouvrage de Dom Calmet). Cette répétition confirme la propagation d'une structure formelle de la croyance qui adapte et transpose sa rhétorique à un format littéraire. Les poètes allemands ne pouvaient que récupérer à leur convenance et à leur avantage poétique cette créature à laquelle on croyait et dont la réalité avait été scientifiquement prouvée. Car :

> la source inépuisable des effets poétiques en Allemagne, [est] la terreur : les revenants et les sorciers plaisent au peuple comme aux hommes éclairés : c'est un reste de la mythologie du Nord, c'est une disposition qu'inspirent assez naturellement les longues nuits des climats septentrionaux : et d'ailleurs, quoique le christianisme combatte tontes les craintes non fondées, les superstitions populaires ont toujours une analogie quelconque avec la religion dominante. Presque toutes les opinions vraies ont à leur suite une erreur ; elle se place dans l'imagination, comme l'ombre à côté de la réalité : c'est un luxe de croyance qui s'attache d'ordinaire à la religion comme à l'histoire ; je ne sais pourquoi l'on dédaignerait d'en faire usage. Shakspeare a tiré des effets prodigieux des spectres et de la magie, et la poésie ne saurait être populaire quand elle méprise ce qui exerce un empire irréfléchi sur l'imagination. Le génie et le goût peuvent présider à l'emploi de ces contes : il faut qu'il y ait d'autant plus de talent dans la manière de les traiter, que le fond en est vulgaire ; mais peut-être que c'est dans cette réunion seule que consiste la grande puissance d'un poëme. (De Staël, 1838, p. 150-151)

Le vampire, de plus, dit désormais « Je » et sa personnalisation est une des marques de rhétorique qui a pour fonction de faire croire un lecteur (*cf.* la réalité du nom). Dans la ballade, ce « Je » devient d'ailleurs un « Nous » symptomatique de la propagation vampirique. Au terme de la ballade, un sentiment fantastique nous a saisi, par la forme de celle-ci et l'art du poète qui a su mêler « ce que nous voyons tous les jours à ce que nous ne voyons jamais, et ce qui nous est connu nous fait croire à ce qui nous étonne. » (*ibid.*, p. 154)

Bürger se dirigeait dans sa jeunesse vers les études théologiques, mais il s'en éloigne et leur préfère une vie de libertinage et de poésie. Il appartient au mouvement *Sturm und Drang* et combine de fait dans sa ballade, et ce dès les premiers vers, des éléments caractéristiques de ce mouvement, telles que la passion et l'accent mis sur les émotions plutôt que sur la raison. D'ailleurs, comme le remarque Heide Crawford : "*Remembering that vampire stories were brought to Germany partly through scientific, ethnographic, and medical treatises, we can glimpse the dialectical process whereby reason and science produce the opposite, a world of the supernatural and of strong emotion where Burger's passionate character Lenore is the hero*[24]". L'histoire de cette ballade renvoie aux grands thèmes mythiques de la vie humaine et aux tourments qui l'accompagnent comme l'amour, le désir et les pulsions, la foi, le désespoir, le sentiment d'abandon, la douleur, la punition, la mort. Nous sommes à l'aube d'une littérature de vampires qui interroge et utilise ces grands thèmes, et dont l'écriture formelle mise ses effets de croyance notamment sur les émotions de son lecteur, et principalement des émotions d'épouvante et d'horreur, des émotions fantastiques, voire érotiques, à forts effets de réel. Ces émotions sont puisées au plus profond des superstitions qui animent le cœur et le corps des individus. Germaine de Staël écrit d'ailleurs que « Bürger est de tous les Allemands celui qui a le mieux saisi cette veine de superstition qui conduit si loin dans le fond du cœur » (1838, p. 151). Et *Lénore* raconte cette émotion superstitieuse contre laquelle la raison ne semble plus rien pouvoir, donc au point où la raison manque, au point de la folie.

---

24 Nous traduisons : « En se souvenant que les histoires de vampires ont été apportées en Allemagne en partie à travers des traités scientifiques, ethnographiques et médicaux, nous pouvons entrevoir le processus dialectique par lequel la raison et la science produisent le contraire, un monde de surnaturel et de forte émotion où le personnage passionné de Lénore de Burger est le héros » (Crawford, 2016, p. 36).

La rébellion de Lénore contre Dieu repose entièrement sur ses émotions. Pour les poètes *Sturm und Drang*, cette prise en compte des sentiments et des passions des êtres humains est essentielle pour donner une image complète de la condition humaine et elle permet au poète de montrer une personne dans sa totalité individuelle (Crawford, 2016, p. 36). Alors, nous pouvons suggérer que le lecteur peut mieux se reconnaître et s'identifier aux personnages de la fiction.

Johann Wolfgang von Goethe, La Fiancée de Corinthe *(1797)*

Clôturant ce triptyque de poètes allemands, Johann Wolfgang von Goethe, dans son poème narratif *Die Braut von Korinth* (*La Fiancée de Corinthe*), introduit en 1797 dans l'imaginaire littéraire et dans un processus de mythification, le personnage du vampire féminin. Goethe installe également une nouvelle situation d'énonciation : celle de la venue en territoire inconnu d'un « étranger », ici un jeune homme « venu d'Athènes à Corinthe, encore inconnu dans ce lieu[25] » (Goethe, 1880-1912, p. 82), et dont on attend de voir s'il recevra l'hospitalité attendue. Nous apprenons dès les premiers vers que ce jeune athénien « comptait sur la bienveillance d'un citoyen » en particulier, le père d'une jeune fille qu'il avait dès le jeune âge fiancé au jeune homme. Le jeune Athénien arrive donc à Corinthe afin de rencontrer sa fiancée, dans le cadre d'un mariage arrangé. Mais encore, le jeune homme qui vient rencontrer sa future épouse est caractérisé par sa religion profane, voire sa « non-religion » : il est païen et son mariage dépendra de sa reconversion au christianisme. Goethe insiste dès les premières vers de son poème sur l'origine païenne du jeune Athénien qui se rend dans une famille chrétienne. Et, dans ce lieu où il est hébergé, il devra acheter chèrement la faveur de ceux qui sont « chrétiens et baptisés », donc croyants (*ibid.*). Mais faut-il encore savoir séparer le bon grain et l'ivraie… D'emblée, Goethe propose de nous raconter l'histoire d'une rencontre, celle du christianisme et du paganisme, à travers une histoire de vampires qu'il situe dans l'affirmation suivante : « Vient-il à germer une croyance nouvelle, souvent l'amour et la fidélité sont arrachés comme méchante ivraie. » (*ibid.*)

---

25 Nous consultons une traduction en prose.

Le jeune athénien est accueilli « avec la plus grande bienveillance » par la mère de la jeune fille en question, qui le conduit dans sa chambre et lui sert du vin et de la nourriture avant de le laisser seul. Comme dans les poèmes précédents, la thématique du rêve est suggérée : « la fatigue fait oublier le boire et le manger, si bien que, tout habillé, il se couche sur le lit ; et il est *sur le point de* s'endormir, lorsqu'un étrange convive ouvre la porte et s'avance. » Nous soulignons l'importance de cet état d'« être sur le point », c'est-à-dire d'être dans un entre-deux, entre la veille et le sommeil donc, et c'est précisément là que le vampire apparaît : « À la lueur de sa lampe, il voit une jeune fille, vêtue et voilée de blanc, entrer dans la chambre avec un modeste silence ; un bandeau noir et or entour son front. En le voyant, saisie d'effroi, elle lève avec surprise une main blanche. » (*ibid.*) Cet « étrange convive » est une jeune fille vêtue d'un voile blanc, entrant silencieusement comme un fantôme dans sa chambre. Ces quelques lignes d'une première description de la jeune fille insistent sur une dominante chromatique blanche qui peut renvoyer à une double réalité : elle est une présence fantomatique, revenante en corps, à la lividité cadavérique ; elle est figure virginale et donc elle peut être la fiancée promise. Le vampire est d'abord défini par des couleurs, qui lui deviendront caractéristiques. Il est très important de s'attacher aux couleurs associées au vampire, qui suggèrent une photogénie de l'horreur : le blanc donc, mais aussi le noir et le doré, qui ajoutent l'esthétique orientale et romantique à la scène vampirique. Elle refuse l'argent, mais accepte le rouge :

> Et déjà ils échangent les gages de fidélité ; elle lui présente la chaîne d'or, et il veut lui offrir une coupe d'argent d'un travail incomparable. « Elle n'est pas pour moi, mais donne-moi, je te prie, une boucle de tes cheveux. »
>
> À cet instant sonna l'heure funèbre des esprits : alors seulement elle parut être à l'aise. De ses lèvres pâles, elle but avidement le vin couleur de sang : mais le pain de froment, qu'il lui présentait avec amitié, elle n'en voulut pas le plus petit morceau.
>
> Puis elle présenta la coupe au jeune homme, qui la but, comme elle, avec ardeur, avec empressement. Il invite l'amour à ce repas secret. Hélas ! son pauvre cœur était malade d'amour. Mais elle résiste, si vivement qu'il la prie, jusqu'à ce qu'il tombe éploré sur le lit. (*ibid.*, p. 83-84)

Cet extrait définit précisément le moment de la vampirisation du jeune homme par une consommation partagée de sang. Finalement, la femme en blanc se révèle être, *à l'instant où sonne l'heure funèbre*, dangereuse, et entraîne chez le jeune homme une pulsion d'amour charnel (« invitant l'amour à ce repas »). Germaine de Staël a décrit cette scène comme

> la scène la plus extraordinaire que l'imagination en délire ait pu se figurer ; un mélange d'amour et d'effroi, une union redoutable de la mort et de la vie. Il y a comme une volupté funèbre dans ce tableau, où l'amour fait alliance avec la tombe, où la beauté même ne semble qu'une apparition effrayante [...]
>
> Sans doute un goût pur et sévère doit blâmer beaucoup de choses dans cette pièce ; mais quand on la lit dans l'original, il est impossible de ne pas admirer l'art avec lequel chaque mot produit une terreur croissante : chaque mot indique sans l'expliquer l'horrible merveilleux de cette situation. Une histoire, dont rien ne peut donner l'idée, est peinte avec des détails frappants et naturels, comme s'il s'agissait de quelque chose qui fût arrivé ; et la curiosité est constamment excitée sans qu'on voulût sacrifier une seule circonstance pour qu'elle fût plus tôt satisfaite. (1838, p. 154-155)

définissant (bien que critiquant) l'ultime scène d'une fiction de vampires où l'image s'épanouit entre le rêve et le cauchemar, le fantasme et le délire, mais *comme s'il s'agissait de quelque chose qui fût arrivé*, donc réellement, naturellement, et hantera lecteurs et spectateurs d'œuvres futures.

Dans cette scène, une distinction est constamment faite entre religions païenne et chrétienne et elle prend sa source dans ce moment d'« une illusion maladive » de la mère qui « dans sa convalescence, jura que jeunesse et nature seraient désormais asservies au ciel. » (Goethe, 1880-1912, p 83) Le motif de la mère pieuse et stricte dans sa foi, en conflit avec sa fille plus légère ou qui n'a pas la foi (soit qu'elle l'a perdu, soit qu'elle n'en veut pas) est repris, et comme prolongé par Goethe : la Fiancée serait une Christine ou une Lénore vampirisée qui revient. La trinité archétypale de la fiction vampirique littéraire naissante se présente donc de nouveau dans cette ballade : la jeune fille est condamnée au vampirisme par une mère reconvertie au christianisme, foi nouvelle que n'a pas acceptée sa fille et dont cette dernière donne un sombre portrait : le Christ devient l'unique être invisible à la fois redouté et adoré (et non plus la foule des anciens dieux mythiques) et les sacrifices sont désormais humains (non plus animaux). La jeune corinthienne vit désormais dans une lutte intérieure (ses pulsions de vampire) et extérieure (sa mère et le christianisme), comme maudite.

La ballade de Goethe s'inspire par ailleurs d'un récit grec antique[26], l'histoire de Philinnion et de Mâchâtes, racontée par le chroniqueur grec

26 Lire Eibl, 1989, p. 1233-1237.

Phlegon de Tralles au IIe siècle après J.-C. dans son recueil d'histoires surnaturelles, *Le Livre des merveilles*. L'histoire est écrite sous la forme d'une lettre avec un nombre suffisant de détails pour que le lecteur puisse y croire[27], et raconte l'histoire d'une jeune femme décédée, Philinnion, qui revient après sa mort pour passer trois nuits (de noce) avec un jeune homme, un « invité », nommé Mâchâtes. Les parents alertés de la jeune fille, et surtout sa mère, mettent fin à ces visites. Philinnion se révélant être une créature pré-vampirique, une lamie. Autrement dit, Goethe transpose ce récit antique d'une croyance païenne, voire il le met à jour en en faisant une histoire moderne de vampires, donc l'histoire d'une croyance superstitieuse chrétienne. La rencontre entre paganisme et christianisme s'inscrit donc dans le processus d'élaboration littéraire. Goethe présente à travers une figure moderne de son siècle, le vampire, une société déchirée par la division religieuse et par l'intermédiaire de cette même figure, il interroge la croyance (aux vampires, de communautés, au sein d'une lutte entre religions) qui lui est contemporaine.

Quand sonne « l'heure funèbre », la jeune corinthienne boit avidement « le vin couleur de sang » (Goethe, 1880-1912, p. 83). Elle ne mange pas. De ce fait, elle transgresse les symboles christiques tout en affirmant sa religion : boire le vin, c'est-à-dire le sang, n'est pas un privilège clérical (dans le rite romain) mais offert à tous les fidèles (dans le rite grec et païen) ; boire le vin, c'est-à-dire le sang est un moyen non pas de communier avec le Christ mais de se remémorer une vie charnelle. Goethe insiste sur l'importance du sang et, tout en puisant dans les rapports et discours sur les vampires, forge l'imaginaire définitionnel du vampire qui dans toute fiction sera exclusivement associé au sang. Par la même occasion, Goethe semble faire la « critique du refoulement de la sensualité par la religion chrétienne » (Antonowicz, 1995, p. 24). Le sang est la métaphore centrale et constitue une sorte de substance première fondant l'unité de tous les corps de revenants. Le sang est la matière originelle qui donne la vie au vampire ou le réveille, qui anticipe ou annonce la fusion des corps : la vampirisation évolue vers une scène

27 Lire sur ce point « Histoire de fantômes antique : Philinnion et Mâchâtes » (Mark, 2019). L'article offre une lecture du conte de Phlegon de Tralles. – La forme semble anticiper l'écriture formelle de la croyance aux vampires qui se constitue au XVIIIe siècle et dont l'ultime représentant est le roman de Bram Stoker *Dracula*, soit un roman épistolaire tout entier construit dans le but de faire croire son lecteur au vampire qui y évolue. Un ouvrage en cours de publication traitera de ce point.

d'amour passionnel et profane, construite sur la rencontre entre deux états de corps différents, l'un glacé et l'autre brûlant, l'un mort et l'autre vivant, et où les champs lexicaux de chaque état respectif fusionnent tout au long de plusieurs lignes comme les deux corps se rencontrent ; le tout créant une scène à effet presque synesthésique, une scène érotique que le lecteur ne peut éprouver que par les sens :

> Elle s'avance et se couche auprès de lui. « Ah ! qu'avec douleur je vois tes angoisses ! Mais, hélas ! si tu touches mes membres, tu sentiras avec horreur ce que je t'ai caché ! Elle est blanche comme la neige, mais froide comme la glace, l'amante que tu t'es choisie. »
>
> Il la saisit avec ardeur de ses bras vigoureux, animé par la force de la jeunesse et de l'amour : « Espère encore de te réchauffer auprès de moi, quand même tu me serais envoyée du sépulcre ! Échange de soupirs et de baisers ! Torrent d'amour ! N'es-tu pas embrasé, quand tu me sens brûler ? »
>
> L'amour les enchaîne de nœuds plus étroits ; les larmes se mêlent à leurs transports ; elle aspire avidement les flammes de sa bouche ; chacun ne se sent plus vivre que dans l'autre ; l'amant réchauffe par son ardeur le sang glacé de son amante, mais il ne sent point de cœur battre dans la poitrine. (Goethe, 1880-1912, p. 84)

De nouveau, le vampire se réveille, se révèle et s'épanouit en réponse à des émotions puissantes qui ont atteint les limites de la vie et de la mort. Comme plus tard dans *La Morte amoureuse* de Théophile Gautier, « [l]a présence féminine n'exerce pas une simple fascination ; elle provoque un véritable "transport" dans des territoires mystérieux où le sujet risque l'égarement et la dépossession. » (Martin[28], 1996, p. 21)

Le poème est écrit en crescendo, conformément à une gradation de l'intensité du désir qui devient charnel. Mais plus elle l'attire, plus elle le repousse : « si tu touches mes membres, tu sentiras avec horreur ce que je t'ai caché ! Elle est blanche comme la neige, mais froide comme la glace, l'amante que tu t'es choisie. » (Goethe, 1880-1912, p. 84) Il se définit dans cette scène vampirique et à travers, disons, l'absence de résistance du jeune athénien ou son élan amoureux, un état d'esprit païen, un état d'esprit qui se donne entièrement à l'amour, qui ne présente aucun refoulement de la sensualité, des passions et des pulsions, qui ne manifeste aucune peur (« espère encore de te réchauffer auprès de moi, quand même tu me serais

28 Je remercie grandement M. Christophe Martin, professeur à Sorbonne Université, pour ses remarques et suggestions qui me permirent de parfaire cet ouvrage.

envoyée du sépulcre ! »). Nous pourrons par la suite observer que cet état d'esprit insouciant, inconscient, naïf sera, à quelques variations près, celui de la première victime du vampire, celui qui ne croit pas ou qui ne croit plus, qui n'entend pas les mises en garde, même quand elles viennent du vampire lui-même (comme c'est le cas ici). Il s'agit effectivement de vampirisme ici, même si le mot n'est pas prononcé. D'ailleurs, cette hésitation originelle ne se situerait-elle pas, dans ce genre d'écrit, dans le fait que le mot soit, ou non, écrit ? comme pour maintenir le mystère pour un lecteur qui, à cette époque, en sait beaucoup sur les vampires d'Europe de l'Est.

Le vampire de Goethe est identifié par : le fait qu'il ne se nourrisse que de sang, la notion de fascination et d'attirance physique qu'il dégage, l'état d'évidement de l'énergie vitale, la luxure (« Est-il dans la maison de pareilles prostituées, qui d'abord se prêtent aux désirs de l'étranger ?... », *ibid.*), le féminin, la fatalité du chant du coq, la confrontation avec la mère (« Mère, mère ! dit-elle d'une voix sépulcrale, ainsi donc vous m'enviez cette belle nuit ! », *ibid.*), et les attributs cadavériques (un corps glacial, des lèvres pâles, une ombre fantomatique, le linceul comme seul couvert de sa nudité). Le vampire de Goethe est également identifié par son état et un comportement transgressifs. Nous apprenons clairement que la jeune fille qui a visité l'Athénien et qui est devenue sa fiancée, est morte et revenue de son tombeau :

> Ne me suis-je éveillée que pour le désespoir ? N'est-ce pas assez pour vous de m'avoir portée si jeune dans le linceul, dans la tombe ?
>
> Mais un arrêt particulier me pousse hors de mon étroit asile, pesamment couvert ; les sourdes hymnes de vos prêtres et leurs bénédictions sont impuissantes ; l'eau et le sel ne peuvent refroidir un cœur où la jeunesse respire. Ah ! la terre ne refroidit point l'amour. (*ibid.*, p. 85)

Le vampire de Goethe est un élément qui trouble le foyer, il est une menace pour les bonnes mœurs de cette nouvelle société fraîchement convertie. Mais cette fiancée de Corinthe est simplement venue réclamer l'époux qu'on lui avait promis et qui lui revient :

> Ce jeune homme me fut promis dans le temps où le temple gracieux de Vénus subsistait encore. [...]
>
> Je suis poussée hors de la tombe pour chercher encore le bien qui me fut ravi, pour aimer encore l'homme déjà perdu et sucer le sang de son cœur. Quand c'est fait de lui, je dois passer à d'autres, et les jeunes gens succombent à ma fureur. (*ibid.*)

Le vampire de Goethe est donc aussi vengeance : vengeance contre une mère fanatique qui l'a sacrifiée et dont elle continue d'être la victime, vengeance qui s'exerce à travers un terrible chantage : ou bien sa mère accepte d'exhumer son corps et de le brûler, ou bien elle aura plusieurs morts sur la conscience, la Fiancée promettant de sucer le sang du cœur d'autres jeunes hommes jusqu'à ce que tous succombent à sa fureur. Le vampire revient et continue de règler ses comptes avec sa famille. Le vampirisme semble alors s'imposer comme une figure par excellence du gothique qui « pose le problème de l'irrationnel en termes de générations, de scénario familial. » (Valls de Gomis, 2005, p. 71)

Le vampire semble représenter un archaïsme mythique, mythologique : elle était promise au jeune homme dans le temps où le temple gracieux de Vénus subsistait encore, et semble continuer de vivre dans ce temps. Et la destruction du vampire ici sur le bûcher selon le rite ancien est associée à la religion des dieux antiques. Le vampire ne peut être détruit que par la religion, la croyance qui lui est appropriée. Autrement dit, la prière suprême que la fiancée fait à sa mère est de pratiquer un rituel païen, proche de la foi superstitieuse, ce qui n'est plus autorisé par sa nouvelle religion. Le vampire est définitivement défini par Goethe comme une figure de la transgression : transgression des frontières entre les vivants et les morts, ce qui représente « une injure à l'ordre divin et cosmique » (Viegnes, 2019) ; transgression qui réside dans sa promotion de l'amour charnel qui surpasserait l'amour spirituel. L'ultime transgression, la plus immorale est le coït que la vampire mène avec le jeune athénien entre pulsion de vie et pulsion de mort, instant qui ressemble d'ailleurs à une sorte de rituel orgiaque païen où consommation de vin et de sang se mêlent à un rapport charnel passionnel. Le vampire mène une vie contre-nature. Par cela, Goethe « condamne […] le refoulement du désir imputable à une stricte morale chrétienne, et il anticipe […] la thèse freudienne du retour violent du refoulé » (*ibid.*), thèse préexistante et substantielle au vampirisme. Pour Goethe, le christianisme est une religion négatrice de la nature.

Il faut aussi retenir que le vampire est également présenté par Goethe comme une victime : à travers l'hymne à l'amour et à la jeunesse, à la liberté, qu'exprime la fiancée et qui s'épanouissaient dans le culte païen (références à Bacchus et à Vénus), nous devinons qu'elle a refusé la vie monacale à laquelle sa mère semblait la destiner par la reconversion.

Le tombeau est alors devenu sa « cellule secrète » et le linceul son voile. Mais elle présente le tombeau, ainsi que la terre, comme ce qui lui permet paradoxalement de ne plus être privée des joies terrestres, et de retrouver une certaine liberté. Le corps de la Fiancée peut être « métaphorisé comme lieu » (Martin, 1996, p. 21) renfermant passions, désirs, pulsions, de la vie, qui ne peuvent plus être contenus et que seul la mort permet d'épanouir :

> Le christianisme se trouve ainsi associé symboliquement dans « La Fiancée de Corinthe » à un système clos, refermé sur l'unicité presque parménidienne du divin, et où l'enfermement dogmatique entraîne la mort de l'âme comme du corps. À l'inverse, le culte des anciens dieux est du côté de l'ouvert, comme si leur pluralité même était une garantie dialogique contre la pétrification du désir. La fin du poème, à travers les paroles de la fiancée, suggère une libération et une dilatation dans l'immensité, avec cette image d'un envol vers les anciens dieux. Ainsi la revanche finale sur sa mère serait aussi une revanche de l'ancien culte sur le nouveau qui l'a supplanté. (Viegnes, 2019)

L'érotisme s'épanouit donc dans la mort finale des amants païens.

Le christianisme est présenté par Goethe comme « une religion barbare qui a supplanté un culte plus doux et plus conforme à l'ordre naturel, contrairement à l'image qu'il a voulu donner de lui-même dans l'Antiquité et lors de la conquête espagnole des Amériques. » (*ibid.*) Dès ces premiers vers, Goethe insiste clairement sur le passage d'une religion à une autre et questionne ce que cela implique d'abandonner son ancien culte (demeurer un hôte bienvenu, renier ce qui est sacré du jour au lendemain). Goethe nous explique qu'il n'est pas facile de passer d'une foi à une autre, et que ce passage peut se faire dans la violence (ici la mort et le sacrifice pour sceller la reconversion). Mais un corps mort qui n'est pas reconnu par l'Église, ou qui ne se reconnaît pas dans sa nouvelle Église, est rejeté de la terre et devient vampire, condamné au retour : Goethe fait donc appel à un autre discours savant, plus théologien, qui associe vampirisme et excommunication. Tout au long de son poème et à travers son vampire, Goethe souligne la difficulté d'abandonner sa croyance originelle, qui constitue presque une identité à part entière : la fiancée est restée païenne (comme arrêtée dans le temps du culte d'autrefois), le retour du vampire devenant le retour d'une foi qui demeure, d'une croyance originelle qui persiste, et qu'il faut (de nouveau) tuer par la violence. Goethe évoque les guerres de religion et tous ceux qui en ont été les victimes sacrifiées : des victimes humaines, et non plus les animaux du culte païen. Goethe présente des vampires qui sont des êtres sacrifiés par la nouvelle religion et fait écho aux discours de Rousseau, Dom Calmet ou Voltaire sur la désignation des excommuniés par un culte ou un autre, sur l'autorité défaillante ou abusive de l'Église. Tandis que nous sommes toujours en plein conflit Réforme / Contre-Réforme, la critique de Goethe se présente donc comme très virulente contre le christianisme.

Les récits vampiriques sont ainsi nés dans une forme populaire comme la ballade. Ils s'inscrivent dans l'héritage d'un discours oral sur les vampires, le discours d'un peuple qui a circulé et s'est répandu au-delà des frontières d'un village. Le choix de la ballade se révèle donc comme le plus approprié pour asseoir le début d'une littérature de la croyance aux vampires, pour continuer de véhiculer les discours sur, et le vampirisme.

Les ballades de Goethe se sont souvent bien nourries de sources orales. Celle de *La Fiancée de Corinthe* s'est nourrie de la voix épidémique sur les vampires. En tout cas, Goethe s'en est servi pour symboliquement traiter de la rencontre-transition entre le christianisme et le paganisme : alors, la figure du vampire se charge de traits symboliques qui appuient sa situation sur la frontière, sur un entre-deux perpétuel, entre passé et présent.

Nous sommes bien au fondement d'un mythe, du mythe qui naît de la diffusion de voix orales (*cf.* Homère), de la circulation d'un discours, et dans notre cas, d'une forme d'écriture, allant du témoignage oral aux rapports de témoignages et à leur circulation précédemment analysée ; du mythe tel que Roland Barthes l'a défini (*cf.* chapitre I, 1, « Circonstances intérieures et circonstances extérieures »). En tant que langage, discours, le mythe pose la question de la croyance, il en serait même l'étape finale, le point aboutissant de la croyance au vampire, et rebondissant sur une autre forme, littéraire, poétique et esthétique. En tant que discours, le mythe pose de même la question de la vérité et de la réalité qu'elle contient.

Nous assistons donc à une poétisation progressive du discours oral qui fait persister l'écriture de la croyance aux vampires, où savoir et fiction se rencontrent pour produire un même effet de réel : l'oralité du texte littéraire est une réalité qui ressurgit à la surface d'une forme fictive (à intention fictive) et crée malgré tout un effet de réel. Là est le fondement de l'élaboration du mythe du vampire. Les écrits continuent de diffuser la *parole* vampirique transposée dans l'écriture. La désignation même du texte de Goethe comme « poème vampirique[29] » est révélateur de l'intention d'un texte qui élabore un pacte de croyance avec son lecteur.

Par ailleurs, le pays des vampires est attesté par les poètes allemands comme étant désormais l'Orient et leur sexe se situe du côté du féminin[30] (vampire passif puis vampire actif). Il faut encore noter qu'au même moment que Goethe, le poète romantique anglais Samuel Taylor Coleridge, qui théorisera bientôt la disposition du lecteur à la croyance dans son texte sur la « suspension *ponctuelle et volontaire* de l'incrédulité » en 1817[31], commence l'écriture de son poème *Christabel*, qu'il publiera en 1816 après avoir terminé la rédaction de la deuxième partie rédigée en 1800 après un séjour en Allemagne (Coleridge, 1816, p. V), et qu'une poésie vampirique se soit peu à peu forgée. Le poème raconte l'emprise vampirique d'une femme sur une autre, préfigurant la nouvelle *Carmilla* de Sheridan Le Fanu en 1872. Si le mot vampire n'est pas prononcé, le poète compte sur la suggestion d'une nuit pendant laquelle deux jeunes femmes, une belle et jeune Christabel, et une mystérieuse Lady Geraldine (rencontrée la nuit dans le bois, tout de blanc et peu vêtue), la première ayant recueilli la seconde sous son toit et prenant soin d'elle, (se) couchent ensemble ; d'une nuit qui rajeunie et revigore la première tandis que la seconde se réveille avec un lourd sentiment de honte, de

29 Selon Kaja Antonowicz (1995, p. 15), Goethe aurait lui-même désigné la *Fiancée de Corinthe* par cette appellation générique. Nous n'avons cependant pas trouvé la source de cette affirmation.

30 C'est aussi la naissance de la femme fatale, préfiguration de la vamp, monstre vampire féminin on ne peut plus réel.

31 Samuel Taylor Coleridge dit plus précisément : "In this idea originated the plan of the *Lyrical Ballads*, in which it was agreed that my endeavors should be directed to persons and characters supernatural, or at least romantic, yet so as to transfer from our inward nature a human interest and a semblance of truth sufficient to procure for these shadows of imagination that *willing suspension of disbelief* for the moment which constitutes poetic faith." (1898, p. XVII). Nous soulignons. – Jacques Darras traduira l'expression "willing suspension of disbelief" par : « Cette idée nous suggéra le plan des *Lyrical Ballads* ; l'accord fut que je porterais mes efforts en direction des personnes et caractères surnaturels ou du moins romantiques ; le but étant de puiser au fond de notre nature intime une humanité aussi bien qu'une vraisemblance que nous transférerions à ces créatures de l'imagination, de qualité suffisante pour frapper de suspension, ponctuellement et délibérément, l'incrédulité, ce qui est le propre même de la foi poétique. » (Coleridge, 2007, p. 379)

chagrin et de culpabilité la poussant à aller prier. Coleridge compte sur la suggestion et révèle la puissance d'un texte, d'une écriture qu'a assimilée le lecteur, un lecteur capable désormais de désigner (là où se trouve) le vampire. Et si dans sa Préface, le poète anticipe les critiques d'un manque d'originalité, voire d'éventuelles accusations de plagiat, Coleridge innove dans la forme d'écriture poétique qu'il présente ainsi :

> *I have only to add, that the metre of the Christabel is not, properly speaking, irregular, though it may seem so from its being founded on a new principle: namely, that of counting in each line the accents, not the syllables. Though the latter may vary from seven to twelve, yet in each line the accents will be found to be only four. Nevertheless this occasional variation in the number of syllables is not introduced wantonly, or for the mere ends of convenience, but in correspondence with some transition in the nature of the imagery or passion*[32]. *(ibid.*, p. VII.)

L'inquiétante étrangeté, l'anormal vampirique et les émotions que le vampire crée au sein de ceux qui croisent son chemin, voire la rencontre avec le vampire sont répercutés, traduits *déjà* dans la forme d'écriture que revendique le poète. Coleridge introduit également le thème de la séduction saphique, avec un attachement aux sensations du rapprochement des corps féminins, et le lie à l'histoire de vampires, tout en cultivant un surnaturel psychologique et en entretenant, par la suggestion formelle, les pouvoirs psychologiques et les intérêts métaphoriques du vampirisme (la culpabilité liée au sentiment d'avoir péché, l'emprise et la hantise), y compris sur le lecteur qui est saisit par et dans le mystérieux de l'histoire, annonçant un certain nombre d'histoires de vampires. Bien avant Carmilla, la vampire Geraldine s'introduit au sein d'une famille (deuxième partie du poème), y évoluant insidieusement pour tenter de la détruire inévitablement. Bien avant *Carmilla*, le poème de Coleridge, qui sera lu par Lord Byron lors d'une soirée orageuse dans sa villa suisse, en compagnie d'un certain John William Polidori, annonce une génération de vampires anglophones qui allait conduire au plus renommé d'entre tous, Dracula.

---

32 Nous traduisons : « Je n'ai qu'à ajouter que le mètre de Christabel n'est pas, à proprement parler, irrégulier, bien qu'il puisse le paraître du fait qu'il est fondé sur un principe nouveau : celui de compter dans chaque ligne les accents et non les syllabes. Bien que ces derniers puissent varier de sept à douze, cependant, dans chaque ligne, les accents ne seront que quatre. Néanmoins, cette variation occasionnelle du nombre de syllabes n'est pas introduite sans raison ni pour des raisons de commodité, mais en correspondance avec une transition dans la nature de l'imagerie ou de la passion. »

Au tout début du XIXe siècle, au Royaume-Uni, la matière vampirique du siècle des Lumières, ainsi que sa puissance littéraire de croyance, est creusée et on commence à développer et prolonger l'écriture de la croyance aux vampires en extrême occident.

LITTÉRATURE ANGLAISE ET VAMPIRISATION DES « INFIDÈLES »

Les auteurs irlandais et britanniques vont se passionner pour le vampirisme, sous l'égide notamment de Lord Byron, qui connut bien les terres orientales balkaniques, la Grèce et ses alentours qu'il découvrit et où il vécut entre 1809 et 1811. Il combattit même en tant que libéral pendant la Guerre d'Indépendance de la Grèce, peu avant sa mort, à Missolonghi, en 1824.

La postérité attribue particulièrement aux poètes John Stagg et Lord Byron, mais encore John William Polidori, la paternité des premiers et explicites récits vampiriques en Occident (nous entendons surtout au Royaume-Uni). Ils sont ceux qui, pour nous, ont installé un canon des caractéristiques vampiriques qui feront la postérité et le mythe, mais surtout un modèle représentatif de fiction vampirique qui perpétue (même intentionnellement) la rhétorique du « faire croire aux vampires » des Lumières.

John Stagg, The Vampyre *(1810)*

Le premier texte anglais qui évoque explicitement la figure du vampire demeure *The Vampyre*, ballade constituée de 152 vers, écrite par le poète anglais John Stagg, et publiée en 1810. Il raconte l'histoire d'une vampirisation dont est victime (directement ou indirectement) un homme nommé Herman, sa femme Gertrude, et son meilleur ami Sigismund, soit trois personnages aux prénoms allemands qui sonnent comme ceux que nous pouvions lire dans les rapports de témoignages (ceux des médecins et des autorités militaires qui signaient ces rapports). L'histoire, qui semble se dérouler en Allemagne, situe tout en la rappelant la localisation du vampire, opérant un effet de réel pour le lecteur qui connaît les histoires de vampires. Le poème est un dialogue à deux voix qui rapporte à la première personne les questions d'une femme sur l'état de santé physique de son mari malade, qui lui apprend qu'il est tourmenté par son ami décédé, qui, devenu un vampire, revient chaque nuit pour lui sucer le sang, cela expliquant sa consumation.

Il est intéressant de noter que le poème commence avec une série d'interrogations qui énumèrent les différentes caractéristiques du vampire, rappelant celles que les rapports et discours ont transmises, et ayant un effet d'accumulation tragique comme progresse la vampirisation mortifère :

> *Why looks my lord so deadly pale ?*
> *Why fades the crimson from his cheek ?*
> *[...]*
> *Why, at the silent hour of rest,*
> *Dost thou in sleep so sadly mourn ?*
> *[...]*
> *Why heaves thy breast ?*
> *Why throbs thy heart ?*
> (Stagg, 1816, p. 229)
>
> Pourquoi mon seigneur est-il si mortellement pâle ?
> Pourquoi la couleur de sa joue perd-elle son éclat ?
> [...]
> Pourquoi, à l'heure silencieuse du repos,
> Pleures-tu dans ton sommeil si tristement ?
> [...]
> Pourquoi ta poitrine se soulève-t-elle ?
> Pourquoi ton cœur palpite-t-il[33] ?

Dans ce poème, un dialogue est donc amorcé par une femme qui demande à son mari Herman de lui parler, de communiquer sur le mal qui le saisit et qui la jette dans une incompréhension douloureuse, douleur que véhicule cette accumulation de questions qui commencent principalement par l'adverbe "*why*"/« pourquoi », dont la reprise anaphorique insiste sur l'incompréhension de la situation et la demande d'explication. Cet adverbe pourrait aussi résumer l'entreprise historique de production textuelle sur les vampires où chaque fois il fut question d'enquêter, de s'interroger et d'essayer d'expliquer. Le poème donne une seule réponse : l'action réelle, la réalité du vampire. À travers ses mots et ses questions, des images se forment dans l'esprit du lecteur qui peut reconnaître (aidé par le titre de la ballade) l'état de vampirisation

33 Nous traduisons.

dont souffre Herman, et redouter une fin tragique aussi bien pour cet homme que cette femme.

Le discours, chargé d'une expression de souffrances, est romantique et les paroles révèlent l'isolement macabre, morbide et mélancolique du vampire Herman, ainsi que le regret de l'épouse. Le vampirisme est assimilé à la maladie, une maladie incurable, incroyable, transmise par Sigismund, le meilleur ami décédé d'Herman. Ce dernier l'avait aidé tant qu'il pouvait dans ses derniers jours, jusqu'à ce qu'il soit lui-même atteint et contaminé :

"But say, my Herman, what's the cause
Of this distress, and all thy care.
That, vulture-like, thy vitals gnaws,
And galls thy bosom with despair?

"Sure this can be no common grief,
Sure this can be no common pain?
Speak, if this world contain relief,
That soon thy Gertrude shall obtain."

"O Gertrude, 'tis a horrid cause,
O Gertrude, 'tis unusual care,
That, vulture-like, my vitals gnaws,
And galls my bosom with despair.

"Young Sigismund, my once dear friend,
But lately he resign'd his breath;
With others I did him attend
Unto the silent house of death.

"For him I wept, for him I mourn'd,
Paid all to friendship that was due;
But sadly friendship is return'd,
Thy Herman he must follow too!

"Must follow to the gloomy grave,
In spite of human art or skill;
No pow'r on earth my life can save,
'Tis fate's unalterable will!

"Young Sigismund, my once dear friend,
But now my persecutor foul,
Doth his malevolence extend
E'en to the torture of my soul.
(*ibid.*, p. 230-231)

Mais dis-moi, mon Herman, quelle est la raison
De cette détresse et de ton tourment.
Qui, telle un vautour, ronge tes parties vitales,
Et irrite ton cœur d'un désespoir ?

Pour sûr cela ne peut être un chagrin commun,
Pour sûr cela ne peut être une souffrance banale
Parle, si ce monde contient un soulagement
que bientôt ta Gertrude obtiendra

Ô Gertrude, c'est là une horrible raison,
Ô Gertrude, c'est là une attention rare,
Qui, telle un vautour, ronge mes parties vitales,
Et irrite mon cœur d'un désespoir ?

Le Jeune Sigismund, mon cher ami d'autrefois,
Mais qui récemment abandonna son souffle ;
Que j'ai avec d'autres assisté
Jusqu'à la demeure silencieuse de la Mort.

Pour lui j'ai pleuré, pour lui j'ai porté le deuil,
J'ai rendu hommage à toute notre amitié
Mais malheureusement cette amitié est revenue,
Ton Herman doit la suivre lui aussi !

La suivre jusqu'à la sinistre tombe,
En dépit de tout l'art et de talents humains ;
Aucune puissance sur terre ne peut sauver ma vie,
Ainsi est la volonté inaltérable du destin !

Le Jeune Sigismund, mon cher ami d'autrefois,
Mais maintenant mon immonde persécuteur,
Étend sa malveillance
Jusqu'à torturer mon âme même[34].

La ballade entretient et joue sur une répétition incantatoire comme le pacte avec le vampire est scellé et emploie un ensemble de figure de répétitions comme l'anaphore ("*Young Sigismund, my once dear friend,*" "*Sure this can be no common…*" [« Le Jeune Sigismund, mon cher ami d'autrefois, », « Pour sûr cela ne peut être un chagrin commun, »]), l'anadiplose ("*Thy Herman he must follow too! / Must follow to the gloomy grave*" [« Ton Herman doit la suivre lui aussi ! / La suivre jusqu'à la sinistre tombe, »]) ou encore l'épiphore ("*That, vulture-like, thy vitals gnaws, / And*

34 Nous traduisons.

galls thy bosom with despair ?" [« Qui, telle un vautour, ronge tes parties vitales, / Et irrite ton cœur d'un désespoir ? »] répété en fin de strophe, d'abord dans une interrogation, puis dans une affirmation appuyant la confirmation des doutes de Gertrude) qui renforcent l'inévitable destinée de Herman dont l'aide amicale est devenue pacte avec le vampire (l'ami devient persécuteur menaçant son âme), vampire qui continue de demander de l'aide, aide qui doit se poursuivre au-delà ("*must follow*" : l'anadiplose semble insister sur la précipitation de l'état). Herman fait l'épreuve fantastique du phénomène « non commun » vampirique.

Herman dit que cet ami continue de le hanter même dans la tombe et rappelle là encore le vampire originel qui revient auprès de ses proches :

> *"From the drear mansion of the tomb,*
> *From the low regions of the dead,*
> *The ghost of Sigismund doth roam,*
> *And dreadful haunts me in my bed!*
>
> *"There, vested in infernal guise,*
> *(By means to me not understood,)*
> *Close to my side the goblin lies,*
> *And drinks away my vital blood!*
>
> *"Sucks from my veins the streaming life,*
> *And drains the fountain of my heart!*
> *O Gertrude, Gertrude! dearest wife!*
> *Unutterable is my smart.*
> (*ibid.*, p. 232)
>
> Depuis le lugubre manoir de la tombe
> Depuis les basses régions des morts,
> Le fantôme de Sigismund rôde,
> Et effrayant me hante dans mon lit !
>
> Là, vêtu d'un déguisement infernal,
> (Par des moyens que je ne comprends pas)
> Près de moi le gobelin est allongé,
> Et boit tout mon sang vital !
>
> Suce dans mes veines la vie qui coule à flots,
> Et draine la fontaine de mon cœur !
> Ô Gertrude, Gertrude ! très chère épouse !
> Indicible est ma douleur[35].

35 Nous traduisons.

L'ami devient l'ennemi, celui qui aida continue d'aider, et le lit protecteur et reposant de la victime devient une tombe d'où sort le mort alors qu'il devrait y rester reposant, allongé. Les nombreuses exclamatives et la prétérition (il dit ne pas pouvoir exprimer sa douleur toute en l'exprimant) renforcent la complainte d'Herman au point de faire vivre au lecteur les émotions qui l'animent, sa douleur et sa souffrance (qui sont aussi amoureuses puisqu'il s'adresse à sa femme Gertrude). Par ce discours qui donc témoigne de l'horreur d'une expérience cauchemardesque (Sigismund apparaît comme un être de cauchemar), ainsi que d'une résignation mêlée de fureur et de mélancolie, quant à la perte, à venir, de la vie (au sens très large de la relation de Herman avec sa femme, sa mort, voire son identité), Stagg fait du vampire Herman une pure figure romantique. Le lecteur qui est familier des rapports de témoignages qui rapportaient l'état des personnes vampirisées peut alors se mettre à la place d'une victime de vampire, et partager son émotion. En effet, l'emphase dont est chargée la ballade, construite de telle sorte à exagérer l'état de vampirisation d'Herman, révèle l'intention du poète de faire ressentir cet état à son lecteur, identification qui est manifeste d'un effet de croyance en la réalité du vampire. Comme si le poète comptait moins sur le fond que sur la forme pour faire éprouver à son lecteur l'expérience du vampire.

Le vampire est aussi appelé « goblin » ou gobelin. Il s'agit d'une créature malveillante du folklore médiéval européen et dont deux des particularités sont : sa nature domestique (il est une espèce de lutin domestique qui se retire dans les endroits cachés de la maison[36] – l'attachement du vampire au foyer originel, familial, n'en est que plus appuyé) ; et son lien à la terre. Le vampirisme émerge alors de ce champ lexical qui associe l'incompréhension, la maladie, la terre (le gobelin et l'inhumation), et le folklore médiéval. Le poème s'inscrit dans tout un héritage qui rappelle, voire transpose poétiquement parlant, la naissance du vampirisme, ce que John Stagg revendique d'ailleurs dans l'"*argument*" qui ouvre son poème dans la publication originale.

En effet, John Stagg introduit son poème par un court "*argument*" qui analyse sommairement l'histoire de *The Vampyre*. Le poète fonde d'emblée son texte sur une réalité (et ce même s'il n'y croit pas), sur la réalité historique de ce qui a été attesté, à savoir que des morts sortent de leur tombeau la nuit et retournent auprès de leurs proches :

36 Plancy, 1863, p. 305.

> *The story of the* Vampyre *is founded on an opinion or report which prevailed in Hungary, and several parts of Germany, towards the beginning of the last century: – It was then asserted, that, in several places, dead persons had been known to leave their graves, and, by night, to revisit the habitations of their friends.*(*ibid.*, p. 228)

> L'histoire du *Vampyre* est fondée sur une opinion ou un rapport qui a prévalu en Hongrie, et dans plusieurs régions d'Allemagne, vers le début du siècle dernier : – On a alors affirmé, qu'en plusieurs endroits, des morts avaient quitté leurs tombes, et, de nuit, avaient revisité les habitations de leurs amis[37].

Toute l'origine du vampirisme est sollicitée par le poète : aussi bien les rapports que les lieux, les témoignages et les actes qui valident, avec un effet de surenchère (« affirmé », « en plusieurs endroits », « des morts » ; "*and if it had not been for a lucky thought of the clergy, who ingeniously recommended staking them in their graves, we should by this time have had a greater swarm of blood-suckers than we have at present, numerous as they are*" (*ibid.*) / « et si le clergé n'avait pas eu la brillante idée de recommander ingénieusement de les empaler dans leurs tombes, nous aurions à ce moment-là eu un plus grand essaim de suceurs de sang que nous n'en avons actuellement, aussi nombreux qu'ils soient[38]. ») ; les discours de savants, notamment religieux, qui expliquent et propagent. Le ton de John Stagg est certes volontairement ironique[39], mais alors qu'il s'inspire des premiers écrits, scientifiques et savants, sur les vampires, le poète fait preuve malgré tout d'une recherche documentaire à l'origine de son texte littéraire, la fiction se chargeant alors d'effets de réel.

John Stagg se présente comme un véritable chercheur en rappelant que nombreux ont été les universitaires et les théologiens à développer des raisons probables pour expliquer la cause physique d'un phénomène aussi rare (*ibid.*, p. 228), rareté du phénomène qu'il rappelle à travers la voix de Herman qui parle d'un mal « non commun », donc pas banal. Il fait aussi référence au discours ésotérique, notamment sur l'âme végétative, quand il parle, précisant que cela est *attesté*, du pouvoir de volition de l'esprit après la mort, permettant au corps, quand il n'est pas putréfié, « de faire ces prodigieuses excursions hors de la tombe, et de rentrer à volonté sans aucun inconvénient apparent. » (*ibid.*) Stagg ajoute aux explications que d'autres savants étaient d'avis qu'il s'agissait

37 Nous traduisons.

38 Nous traduisons.

39 Lire à ce propos Groom, 2018, p. 105.

d'une classe de démons, censés être très nombreux, qui s'emparaient de toute excroissance humaine, se rendaient partiellement corporels et parfaitement visibles à volonté. Il cite enfin les voyageurs, modernes, qui ont attesté que l'existence des vampires était très largement reconnue et créditée par les Néerlandais (*the Dutch*), et quelques autres colonies en Amérique manifestant pour la première fois la contamination vampirique au-delà des frontières européennes. John Stagg dans cet argument accumule, comme il le fera dans son poème, des réalités de la croyance aux vampires, faisant alterner référence aux savants, témoignages de voyageurs et fait médical, rendant compte du large champ de pensée sur le vampirisme. Il lie enfin une pratique médicale réelle au vampirisme par une association causale douteuse quand il ajoute : "*I do not imagine that a thousandth part of the world are acquainted with the reason why the secundine, immediately after the nativity of the foetus, is so carefully deflagrated by the obstetric and others, who preside at the* accouchement." (*ibid.*) / « Je n'imagine pas qu'une millième partie du monde soit au courant de la raison pour laquelle l'arrière-faix, aussitôt après la naissance du fœtus, est si soigneusement déflagré par l'obstétricien et ceux qui président à l'*accouchement.* » Il s'agit de détruire cette substance humaine pour prévenir toute emprise démoniaque, toute substance humaine étant très convoitée par « ces nombreux démons domestiques ». Il est intéressant de remarquer cette définition du vampire comme un « démon domestique », au même titre donc que le gobelin, définition qui rappelle et respecte, comme nous l'avons dit, le retour du vampire dans son foyer originel.

Le dernier "*argument*" (de réalité historique du vampire, à fort effet de réel) est celui du cauchemar que John Stagg semble présenter indirectement. En effet, continuant sur cet argument médical et la nécessité de détruire le cordon ombilical dès la naissance d'un bébé pour éviter toute possession, Stagg poursuit que lorsque les excroissances humaines manquaient alors, les démons, qui avaient une telle volonté de se rendre en partie corporels et visibles à leur guise, se contentaient de charognes trouvées dans les abattoirs :

> *From which we may infer the reason so many of our common apparitions have, per force, been compelled to appear in the forms of horses, cows, sheep, asses, dogs, cats, &c. &c. in fine, every sort of animal; so that many of these might, in fact, be said to be the ghosts of the animals they represented, rather than of any particular person.* (*ibid.*, p. 229)

> D'où nous pouvons déduire la raison pour laquelle tant de nos apparitions communes ont été forcées de paraître sous les formes de chevaux, de vaches, de moutons, d'ânes, de chiens, de chats, etc. etc. enfin toutes sortes d'animaux ; de sorte que beaucoup d'entre eux pourraient, en fait, être considérés comme les fantômes des animaux qu'ils représentaient, plutôt que d'une personne en particulier[40].

L'intention de cet "*argument*" est bien celui de faire circuler dans son poème tout un bagage d'archives historiques, plus ou moins croyables, plus ou moins crédibles, mais en tout cas à fort effet de réel. Et il n'hésitera pas à employer des images morbides à forte connotations (validations ?) médicales dans son poème, celui-ci devenant une ballade germanique gore. Il en est ainsi de la rencontre de Gertrude avec l'horrible vampire Sigismund après la mort de Herman, dans un face à face décrivant et délimitant les contours du vampire :

His jaws cadaverous were besmear'd
With clotted carnage o'er and o'er,
And all his horrid whole appear'd
Distent, and fill'd with human gore!
(*ibid.*, p. 234.)

Ses mâchoires cadavériques étaient tachées
Partout de sang coagulé,
Et tout son horrible corps apparaissait
Distendu, et rempli de sang humain[41] !

Ce portrait du vampire, soigné par John Stagg, reste une image-choc qui se fige dans l'esprit du spectateur, et confirme l'esthétique d'horreur gothique de l'ouvrage du poète (d'ailleurs annoncé dans son titre *The Minstrel of the North; or, Cumbrian Legends. Being a Poetical Miscellany or Legendary, Gothic, and Romantic Tales*). Et quant à Herman, sa vision choque tout autant :

With blood his visage was distain'd,
Ensanguin'd were his frightful eyes,
Each sign of former life remain'd,
Save that all motionless he lies.
(*ibid.*, p. 235)

40 Nous traduisons.
41 Nous traduisons.

De sang, son visage était taché,
Ses yeux effrayants étaient injectés de sang,
Chaque signe de sa vie antérieure demeurait,
Mais suspendu dans un mensonge[42].

Nous avons l'impression de lire les descriptions de vampires faites par Flückinger dans son rapport : l'image du vampire se fige dans la forme poétique et circulera, contaminant l'imaginaire littéraire.

Les dernières strophes du poème poursuivent logiquement vers le rituel de clôture de tout témoignage d'expérience vampirique, de toute histoire de vampires, où ceux qui s'interrogent enquêtent puis éliminent : ici, Gertrude avec d'autres habitants du village vérifient les affirmations de Herman (les questions suggèrent un doute, doute à l'origine de la croyance) avant de procéder au rituel de destruction des vampires (selon les conseils d'Herman devenant comme la Fiancée de Goethe, un autre maudit littéraire du vampirisme), acte final attestant définitivement de la réalité vampirique.

La présence de plus en plus importante des vampires dans la poésie montre à quel point la figure s'est installée dans le domaine de l'imaginaire, à quel point le vampire était à la fois une figure familière, reconnaissable et en développement (fictionnel) au début du XIXᵉ siècle. La fiction permet au vampire de s'épanouir et de se réaliser. Deux écrivains et deux œuvres romantiques britanniques ont permis d'établir définitivement le vampire pour le reste du siècle, et jusqu'à nos jours.

Lord Byron : avant Dracula, Le Giaour *(1813) et autres fragments*

George Gordon Byron, dit Lord Byron, fait preuve en 1813 de la première initiative vampirique explicite et concrète, du point de vue de sa valeur documentaire (il y a une anthropologie filée dans la fiction), et d'une forme littéraire de récit de voyages qui apparaît et perpétue la croyance aux vampires en littérature : le texte fait suite à un voyage en Orient et dans les notes, Byron fait référence à cet autre écrivain-voyageur que fut Tournefort. Lord Byron, nous l'avons dit, connut très bien la Grèce. Ses élans ethnographiques ou seulement sa générosité et

42 Nous traduisons.

son intérêt pour les cultures humaines lui ont à ce moment permis de connaître les peurs des autochtones de cette partie de l'Europe envers les *broucolaques* ou *vroukolaques* que nous connaissons bien comme étant les ancêtres ou le versant grec des vampires slaves. Éveillant en lui une veine surnaturelle vampirique, il en résulte donc en 1813 le poème narratif ou conte romantique oriental en vers du *Giaour, Fragment d'une histoire turque*, qui raconte l'histoire d'amour tragique d'un guerrier vénitien avec une jeune esclave d'un pacha turc. Conte romantique oriental en vers, *Le Giaour* est détaché de toute ironie quant à la croyance aux vampires, et constitué de « fragmens décousus » (Byron, 1830-1831, p. 5) dont les vides sont laissés à l'imaginaire du lecteur.

Lord Byron a à peine atteint la majorité lorsqu'il visite le Portugal, l'Espagne et la Grèce. De ces voyages, il produit et publie son premier hymne à l'immortalité, les deux premiers chants du *Pèlerinage de Childe-Harold* (1812-1818). Naissait alors un intérêt nouveau pour les pays étrangers et leur mystères ; pour l'incroyance et l'hérésie, pour l'Orient particulièrement et son atmosphère (Belloc, 1824. p. 39), l'histoire (la réalité de la guerre), mêlée à son autobiographie (histoire personnelle de Byron) ; des thèmes qui sont annoncés dès les premières lignes du *Giaour*. L'Orient du Giaour offre un cadre très original, empreint d'une période romantique et picturale orientaliste. La notion de croyance s'imposera sous le signe de la confidence : il s'agit de s'identifier et de comprendre le vampire. De ce fait, la question est toujours celle de l'élan de tout porteur de plume de chercher à comprendre, de trouver une source au vampirisme, de l'expliquer. Et la vogue gothique romantique cherche du côté des passions de l'âme, du sentiment amoureux et de ses combats.

Les premières lignes sont teintées de nostalgie, d'une mélancolie romantique et morbide : on se désole de la nature piétinée par l'homme, on s'attriste de la mort de la nature, et on la compare au dernier souffle d'un être qui trépasse comme une formule incantatoire ou un mauvais présage :

> Celui qui s'est penché sur le cadavre d'un être expiré avant que le premier jour de la mort soit enfui, le premier sombre jour du néant, le dernier du danger et de la détresse (avant que les doigts dévorants de la destruction aient effacé les traits ou la beauté respire encore), et a remarqué l'air doux et angélique, l'extase du repos qui est là, les traits fixes, quoique tendres, qui relèvent la langueur d'une paisible joue, et – mais pour cet œil triste et voilé qui ne

> brûle plus, ne sourit plus, ne pleure plus ; pour ce front immobile et froid ou l'apathie de la mort effraie le cœur désolé de celui qui le contemple, comme s'il avait le pouvoir de lui faire partager le destin qu'il redoute et dont il ne peut cependant se détacher : oui ! pour ces choses, et ces choses-là seules, pendant quelques moments – une heure traîtresse, – il pourrait mettre en doute le pouvoir tyrannique du trépas ; tant est beau, tant est calme, tant est doux, le premier, le dernier ; aspect révélé par la mort ! (Byron, 1830-1831, p. 9)

Il y a un pouvoir hypnotique de la mort, un pouvoir mêlé d'horreur. Car le mort renvoie, comme un miroir, à la destinée propre. Lord Byron parle d'expérience, de son rapport à la mort (Note 5, *ibid.*). Cette aspiration du moment (peut-être occasionnant son départ de la terre britannique) semble trouver une appropriation au pays des broucolaques. Le récit est très bien documenté et s'est construit sur les fondements d'un rapport de voyage qui charge de réel l'histoire :

> Tel est aussi l'aspect de ce rivage : c'est la Grèce ; mais la Grèce qui n'a plus de vie ! si froidement douce, si tristement belle, que nous tressaillons, car l'âme manque là ! Son charme est celui de la mort qui ne disparaît pas entièrement avec le souffle de la vie ; mais c'est une beauté qui a cette fleur sinistre, cette couleur appartenant à la tombe, dernière et fugitive lueur de l'expression, auréole dorée qui plane sur une ruine, le rayon d'adieu du sentiment ; qui n'est plus ! étincelle de cette flamme d'une origine peut-être céleste, qui éclaire encore, mais qui n'échauffe plus désormais sa terre chérie ! (*ibid.*, p. 10)

Le narrateur (Lord Byron) nous parle d'une Grèce « qui n'a plus de vie », évidée de son énergie vitale, exsangue de toute âme et il s'en lamente, appelant le retour d'un passé ancien. Il nous parle d'une Grèce hantée, comme le château d'Otrante d'Horace Walpole l'était, d'une Grèce vampirisée et donc effrayante. Le vampire est sollicité comme métaphore et génère une image. La Grèce est désormais personnifiée en un être qui n'a pas disparu avec le souffle de la vie, une enveloppe vide, froide et mortifère. Il nous parle d'une terre de héros et de tyrans, d'un arrière-fond historique de guerre, d'une Grèce qu'il aime jusqu'à mourir pour elle, qu'il connaît et dont il se fait le témoin ; le témoin d'une terre maudite et immortelle, où les héros morts ne sont pas vraiment morts, où « la muse montre aux regards des étrangers les tombeaux de ceux qui ne peuvent mourir » (*ibid.*, p. 11) : l'étranger qu'est Byron est guidé par l'inspiration de morts-vivants.

Nous ne savons pas si Lord Byron avait connaissance de la ballade de Bürger, ce qui est fort probable car elle fut traduite pour la première fois en anglais en 1790 sous le titre *Lenora* par le traducteur par excellence romantique de l'époque William Taylor. Rappelons que c'est le poème allemand qui fut le plus traduit et diffusé à cette époque. Les références à ce poème de Bürger semblent de ce fait évidentes : entre en scène un coursier noir monté par un mystérieux et ténébreux cavalier qu'on ne peut arrêter : c'est le Giaour ou l'Infidèle, « passant comme un météore », à la fois haï et admiré :

> Loin, – loin, – il fuit, et mes regards étonnés le suivent à peine ; et quoique, semblable à un démon de la nuit, il ait passé et se soit évanoui à ma vue, son aspect et son maintien ont laissé dans mon âme un souvenir de trouble et de confusion, et les pas retentissants de son coursier noir résonnent encore à mon oreille étonnée. (*ibid.*, p. 13-14)

Les morts vont vite si nous nous souvenons bien et il était question de l'« infidèle » Wilhelm dès les premières lignes de la ballade. Frayeur, passions, puis haine, et surtout infidélité (comme les premiers vampires germaniques) qualifient le Giaour, mais nous ne savons pas encore pourquoi. Un bestiaire émerge dans un paysage désert où « les ronces croissent sur une poussière désolée », celui qu'on attribuera à la littérature fantastique : l'araignée, la chauve-souris, le hibou, le dogue sauvage (« L'araignée solitaire couvre les murs de sa toile grisâtre ; la chauve-souris bâtit son nid dans son harem ; et le hibou s'est emparé de la plus haute tour de son château fort : le dogue sauvage, tourmenté de soif et de faim, hurle sur les bords de ses bassins desséchés », *ibid.*, p. 16) ; un bestiaire qui est associé au simoun (ou semoum), ce vent de désert, violent, chaud et sec, chargé de sable, qui souffle au Sahara, et dans certaines régions du Moyen-Orient sur les côtes de la mer Méditerranée. Le Giaour est et passe comme le simoun, « avant-coureur de la désolation et de la mort, sous le souffle dévorant duquel les cyprès même s'anéantissent – arbre sombre, et encore triste lorsque les autres douleurs sont évanouies ; seul fidèle aux souvenirs passagers de la mort. » (*ibid.*, p. 10) Il est donc immédiatement et sera à chaque fois par la suite associé à une nature déchaînée, des océans qui se mêlent dans les vagues à des fleuves, avec fureur, un tonnerre fracassant, des éclairs reluisants et effrayants, et une écume blanchâtre orgueilleuse.

La nature est démoniaque, presque apocalyptique : un paysage oriental constitue le décor de la fiction vampirique, où le vampire s'associe aux éléments climatiques et météorologiques par métonymie.

Le Giaour est amoureux de Leïla, esclave du pacha Hassan. Elle aurait trompé ce dernier avec le guerrier vénitien pour se venger de sa condition. La croyance se joue encore une fois dans le domaine amoureux mêlé à celui des guerres de religions : « Oh ! celui qui a connu l'éclat des yeux de Leïla pourrait-il ajouter foi à cette partie de sa croyance, qui dit que la femme n'est que poussière, un jouet sans âme destiné aux caprices sensuels d'un tyran ? » (*ibid.*, p. 24) Les apparences féminines sont trompeuses, la beauté est vénéneuse. Leïla est si belle et si pure qu'il ne faut pas avoir confiance en elle (*ibid.*, p. 23). La femme n'est pas vampire ici, mais déjà confirme un archétype naissant de la femme (ver)tueuse, fatale.

En ce qui concerne le narrateur, nous apprenons très loin dans le texte qu'il est Turc. C'est lui qui appelle le guerrier vénitien le Giaour. La littérature pose d'emblée le statut d'un fantôme, d'un vampire, d'un être rejeté de la terre, au moins mystérieux sinon diabolique : il n'y pas de doute dans le merveilleux. La notion de croyance se trouve dans le titre : le Giaour est un nom donné par les musulmans aux chrétiens. C'est un terme de mépris donné par les Turcs aux infidèles et non-croyants (ou non-musulmans). Le Giaour est également « un apostat de sa propre et vile croyance » (*ibid.*, p. 28). Il n'a donc pas d'identité comme c'est souvent le cas dans les récits de vampires ; il est un étranger, un inconnu : celui qu'on ne connaît pas en plus de celui qu'on ne nomme pas.

Un combat s'annonce entre Hassan et l'Infidèle : notons que l'aspect « non croyant » contenu dans le nom *giaour* ou *infidèle* est lié au démoniaque, forcément, à la trahison, au blasphème et aux peurs superstitieuses, à la vengeance identitaire et originelle. C'est pour cela qu'après avoir tué Hassan, le Giaour est maudit par les houris qui le condamnent à devenir vampire. Il s'agit d'une variation poétique qui réécrit l'excommunication qui condamnait le mort à revenir :

> Mais toi, faux infidèle ! tu seras livré à la faux vengeresse de Monkir, et tu n'échapperas à ses tourments que pour errer autour du trône perdu d'Eblis. Un feu dévorant, inextinguible, t'entourera, te consumera, te dévorera le cœur. Aucune oreille ne peut entendre, aucune langue ne peut dire les tortures de cet enfer intérieur ! Mais d'abord, envoyé sur la terre comme, un vampire,

ton cadavre sera arraché de sa tombe. Alors tu hanteras comme un fantôme ton lieu natal, et tu suceras le sang de toute ta race. Là, à l'heure de minuit, tu tariras la source de la vie de ta fille et de ta sœur, de ta femme.

Cependant tu assisteras avec dégoût au banquet où, malgré toi, tu devras te nourrir de ton livide et vivant cadavre ; tes victimes, avant d'expirer, reconnaîtront un démon dans leur père, et comme elles te maudiront, tu les maudiras, et ces jeunes fleurs, tes filles, seront flétries sur leur tige. Mais une d'elles doit surtout mourir pour expier ton crime, la plus jeune, la plus aimée de toutes, qui te bénira, en t'appelant du nom de *père.* – Ce nom déchirera ton cœur ! Cependant, tu devras achever ton œuvre sanglante, et voir s'effacer sur sa joue le dernier coloris de la vie ; s'éteindre de son œil la dernière étincelle, et contempler le dernier regard vitreux qui se glacera sur son teint lipide. Alors, d'une main impie, tu arracheras les tresses de sa chevelure dorée ; chevelure dont une boucle enlevée pendant sa vie eut été portée comme un gage de la plus tendre affection. Mais maintenant tu l'emportes, souvenir de ton affreuse agonie ! Humectée de ton meilleur sang, elle s'échappera de tes dents grinçantes et de ta lèvre hideuse. Alors, retourne, en arpentant, à ton noir tombeau, va – et livre-toi à tes hideuses frénésies avec les Afres et les Goules, jusqu'à ce qu'ils fuient d'horreur loin du spectre encore plus maudit qu'eux. (*ibid.*, p. 32-33)

Les noms houris[43], Monkir[44], Eblis[45] ; les mots « faux », « infidèle », « impie » et d'autres qui ce sont accumulés et répétés depuis le début du poème, constituent tout un champ lexical de la croyance qui interroge la foi du Giaour, le désigne comme infidèle et enfin le condamne comme vampire. Lord Byron insiste bien, par un usage de l'accumulation (de prédictions funestes et tragiques) et de l'hyperbole, sur la réalité maudite du vampire (il est même « encore plus maudit » que les Afres et les Goules). La femme, la sœur et la fille du vampire représentent trois âges de la vie, trois âges de la vie menacés par le vampire, cela insistant sur la temporalité illimitée de la malédiction vampirique. Avec Lord Byron, le vampire est de nouveau victime et l'écriture poétique scande son dilemme (ne pas avoir le choix entre sacrifier et survivre, ou épargner et périr). La malédiction menace le Giaour d'un enfer *intérieur* sans fin,

---

43 Ce sont des personnages célestes, les « vierges merveilleuses du paradis de Mahomet » (Plancy, 1863)

44 Monkir est l'un des deux anges (l'autre est Nékir) qui, « selon la croyance des musulmans, interrogent le mort aussitôt qu'il est dans le sépulcre, et commencent leur interrogatoire par cette demande : – Qui est votre seigneur, et qui est votre prophète ? » (*ibid.*)

45 Ange chassé du Paradis pour avoir désobéi à Dieu, il est une variante du Diable dans le Coran.

et fait de lui un de ces héros romantiques qui « ont trop désiré, trop impétueusement, d'un élan insensé, comme un cheval sans bouche, et désormais leur destin intérieur les pousse dans le gouffre qu'ils voient et ne veulent plus éviter. » (Taine, 1878, p. 369) Cela est renforcé par un champ lexical de l'enfoncement, de même que parallèlement le lecteur s'enfonce petit à petit dans cette histoire fragmentée où tout ne nous est pas dit, jusqu'à ce que le mot soit enfin prononcé. Alors nous savons ce qu'est devenu le guerrier infidèle : un vampire. La malédiction opère un processus de vampirisation du Giaour conformément à la religion qu'il représente, là d'où il vient, et où la présence des vampires est encore d'actualité. Lord Byron s'appuie moins sur une quelconque légende que sur les récits qu'il a entendus lors de ses voyages, des récits où les morts reviennent en corps pour s'en prendre à leur famille. D'autre part, le vampire, reconnaissable à son « teint livide », est clairement associé au sang et au fait qu'il ne puisse consommer que cela, victime d'une soif insatiable. Le vampire est condamné à sucer le sang de femmes et d'enfants, de ses proches et de sa famille, car il est maudit, puni : c'est une nouvelle explication à la réalité vampirique que récupère la fiction littéraire ici. Ainsi, les éléments fictionnels et la réalité de ces êtres sur lesquels on projette ses peurs et qu'on ne nomme pas s'associent :

> La croyance superstitieuse aux vampires est encore générale dans le Levant. L'honnête Tournefort nous a conté une longue histoire que M. Southey cite dans ses notes sur *Thalaba*, sous le nom de *Vroucolochas*, comme il les appelle. Le terme romaïque est *Vardoulacha*. Je me rappelle une famille entière effrayée du cri d'un enfant qu'elle croyait causé par une semblable visite. Les Grecs ne mentionnent jamais ce mot sans horreur : J'ai trouvé que *Broucolokas* est un vieux et légitime mot hellénique, – au moins est-il ainsi appliqué à *Arsénius*, qui, selon les Grecs, fut animé par le démon après sa mort. Les modernes, cependant, se servent du mot mentionné plus haut[46]. (Byron, 1830-1831, p. 60)

Puis à la note suivante :

> La fraîcheur du visage et des lèvres humides de sang sont les signes infaillibles pour reconnaître un vampire. Les histoires racontées en Hongrie et en Grèce sur ces mangeurs horribles sont singulières, et quelques-unes sont attestées de la manière la plus *incroyable*[47]. (*ibid.*)

---

46 À propos de la note 37, p. 32.
47 À propos de la note 38, p. 33.

Nous pouvons remarquer un désir documentaire au sein de la fiction de la part de Lord Byron qui fut lui-même voyageur. De plus, nous notons une différence très nette avec les textes précédents : les thématiques du voyage et du voyageur, du passage des frontières vie/mort, anciens/modernes, mais aussi terrestres et géographiques apparaissent parallèlement à la croyance qui se propage à partir du XVIIIe siècle. Cette propagation se manifeste à l'intérieur des textes, en tant que sujet littéraire, et à l'extérieur, symboliquement, le mouvement géographique de la croyance au vampire par l'écriture.

Le poème semble se lire comme une réécriture de la ballade de Lenore : les morts vont vite. Et la malédiction sera une hallucination liée au délire. On tarde dans un premier temps à faire appel au vampire, à donner la résolution du problème. Lord Byron instaure un effet d'attente et de questionnement (ici chez le lecteur, plus tard chez d'autres personnages) pour accroître une appréhension, peut-être une angoisse naissante, un des ressorts de la peur et de l'horreur. La thématique du regard saisissant est également impliquée : « ceux sur lesquels tombe le regard de cet homme sont comme frappés de consomption, et ne peuvent fuir son prestige magique. » (*ibid.*, p. 35) Se dessine déjà le motif de l'hypnose vampirique. Celui qui a « un sourire si horrible » (comme le vampire Sigismund du poème de John Stagg), c'est avec « effroi » que le regard s'arrête sur lui. Il est une ombre flottante et opaque, au front pâle. La description est claire bien qu'imagée, entre image-choc et cauchemardesque, et désormais associée aux thématiques romantiques de l'amour maudit et tragique :

> Sa robe flottante dont les larges plis l'enveloppent balaie la poussière, tandis qu'il s'avance dans l'enceinte du temple parsemée de colonnes. Il est aperçu avec terreur, lui qui contemple d'un air sombre les cérémonies qui sanctifient l'enceinte sacrée. Mais lorsque l'hymne religieux ébranle le chœur, que les moines s'agenouillent, lui se retire, et on voit son ombre errer sous ce portique qu'éclaire une lampe isolée et vacillante ; c'est là qu'il attend la fin des cérémonies – et écoute la prière, sans jamais en murmurer une seule. Regardez : – près de ce mur à moitié éclairé, le voilà qui rejette en arrière son capuchon ; ses noirs cheveux tombent en désordre et recouvrent son front pâle, comme si la Gorgone avait arraché de sa tête ses plus noirs serpens, et qu'elle les eût jetés sur le front terrible de cet étranger ; car il décline les règles du couvent, et laisse croître cette chevelure impie : mais il porte toujours la robe de notre ordre. [...] Si jamais un mauvais ange a revêtu la forme d'un mortel, telle a été celle qu'il a choisie. Par toutes mes espérances dans la miséricorde divine, de tels regards n'appartiennent ni à la terre ni au ciel ! (*ibid.*, p. 37-38)

La dent est grinçante : les morts mastiquent ; et la lèvre forcément hideuse (une substance en sort). Le vampire est masculin, et est pire que les Goules et les Afres. La définition littéraire du vampire en tant qu'être de fiction et dans la fiction, use de références réelles, c'est-à-dire liées à la réalité, et merveilleuses, l'Orient. Autrement dit, nous est imposé un monde donné, un cadre qui a déjà un imaginaire précis et qui va accueillir le vampire, l'Orient comme un ailleurs où cela est possible. Le vampire parle à un moine, offre à contempler le poids d'une douleur impérissable, la tristesse de ses souvenirs, le souvenir d'un amour pour une femme, d'une haine pour un homme, le désir de dormir sans rêver, le désir de mort. Le sentiment religieux et le désir de religion sont également mis à mal par la malédiction vampirique.

Le désir est source de réalité ici, non de rêve ; ainsi, les images ou fictions de folie ou de rêve sont ramenées à la réalité par le désir inconscient qui ne cherche qu'à s'exprimer, s'extérioriser d'un corps en lutte (comme si l'homme et le vampire luttaient au sein d'un même corps). Tel sera un des thèmes principaux du fantastique :

> Ne me parle plus de vision fantastique ; non, père, non, ce n'était point un rêve. Hélas ! le rêveur doit pouvoir d'abord dormir. J'étais éveillé, et j'aurais désiré pleurer, mais je ne le pouvais pas ; car mon front brûlant battait à chaque pulsation comme à présent ; je ne désirais que de pouvoir verser une larme comme si c'eut été pour moi quelque chose d'heureux, de nouveau et de cher. Je la désirais alors et je la désire encore. (*ibid.*, p. 50)

Le *Giaour* est un récit fragmentaire, une confession orale : Lord Byron offre la voix, les voix parfois, de témoins anonymes, et surtout celle du Giaour maudit (dans un monologue final passionné, confessionnel), au vampirisme. D'autant plus que nous apprenons que le narrateur est un « Confesseur » (*ibid.*, p. 52), anonyme garant de la voix du vampire. On ne sait ni son nom, ni ses origines, on sait seulement qu'il est différent, que c'est un étranger en terres turques. La parole est donc fragmentée, à la fois expressive et contenue, et rejointe par le secret : celui du père qui l'a assisté dans ses derniers moments et qui ne doit rien raconter. C'est une histoire rompue par fragments qui semble annoncer la forme d'écriture vampirique par excellence : le roman épistolaire de Bram Stoker à la fin du XIXe siècle. Mais avant, elle sera source d'inspiration pour deux membres d'une petite communauté qui constitue l'entourage de Lord Byron : Lady Caroline Lamb et John William Polidori.

Dès les premiers poèmes, nous observons un effet de génération et une sorte d'anoblissement des récits paysans et des témoignages autochtones qui constituaient jusqu'à présent l'une des principales sources écrites. Chaque fois, la foi religieuse devient un motif interrogé (miroir d'un monde contemporain) et remis en question à travers des états d'âmes troublés moralement, émotionnellement et psychologiquement. Dans *La Fiancée de Corinthe* de Goethe, texte sur le christianisme écrit à la fin du XVIIIe siècle, nous sommes au moment où la Grèce est en train de devenir chrétienne. Le poème manifeste la nostalgie du retour à l'ancien dieu gréco-romain, c'est-à-dire le fantasme d'une immortalité. Le seuil de la croyance est figuré par deux personnages féminins qui sont construits en miroir : nous avons une sœur païenne qui remplace une sœur chrétienne. Quant au personnage du Giaour dans le poème éponyme de Lord Byron, il s'oppose aux turcs, le christianisme à l'Empire ottoman. Nous sommes chaque fois dans l'entre-deux religieux : dans le vampirisme, tout repose sur les seuils. *Le Vampire* de John Polidori sera quant à lui une courte nouvelle qui illustre un parcours géographique symbolique et significatif du vampire qui traverse l'Europe (et ses conflits, interrogeant la foi, indirectement, métaphoriquement).

À l'origine de cette nouvelle de Polidori, il y a d'abord un autre *Fragment* d'une histoire de vampire, dont l'écriture a également été engagée par Lord Byron, durant l'été 1816 où il se réunit dans sa villa suisse (la villa Diodati) en compagnie de John Polidori, Mary et Percy Shelley et Clare Clairmont. Lors d'une nuit pluvieuse, leur imagination fût éveillée par la lecture du poème *Christabel* et des histoires du recueil *Fantasmagoriana, ou Recueil d'histoires d'apparitions de spectres, revenans, fantômes, etc., traduit de l'allemand par un amateur* (1812). Ils se lancèrent alors le défi d'écrire chacun une histoire de revenant. Lord Byron commence une nouvelle histoire de vampires avant que la contrainte de la prose ne l'empêche de continuer[48]. Sous la forme d'un *fragment*, il établit pour-

48 Byron, 1832, p. 339 : "*'You and I,' said Lord Byron to Mrs. Shelley, 'will publish ours together.' He then began his tale of the Vampire; and, having the whole arranged in his head, repeated to them a sketch of the story one evening; – but, from the narrative being in prose, made but little progress in filling up his outline. The most memorable result, indeed, of their story telling compact, was Mrs. Shelley's wild and powerful romance of Frankenstein.*" Nous traduisons : « "Toi et moi", dit Lord Byron à Mme Shelley, "nous publierons ensemble les nôtres." Ensuite, il commença alors son récit du Vampire ; et ayant tout arrangé dans sa tête, leur répéta une esquisse de l'histoire un soir ; – mais, parce que son récit était écrit en prose, il ne put

tant les lignes principales, que poursuivra John Polidori, imaginant la suite et permettant le passage d'une forme poétique, brève et courte, à une œuvre plus longue, romancée et narrée, avec un début et une fin, comme s'il était l'initiateur qui confirme la réunion de tous les écrits fragmentaires d'antan, consolidant une croyance qui atteind le lecteur.

Fragment d'un roman (ou *Un fragment* ou *L'enterrement : un fragment*) raconte une histoire qui se déroule en « 17** », soit au siècle des Lumières de Voltaire. La réalité temporelle fait immédiatement sens dans l'esprit du lecteur. À la première personne, un narrateur raconte son admiration, voire son étrange et incompréhensible vénération pour un homme nommé Augustus Darvell, et cependant qualifié par la froideur et la distance. Le narrateur confie au lecteur un désir puissant d'amitié (associant confusion et indifférence) qui le saisit : le désir semble être celui d'une possession, et l'histoire celle d'une emprise. Ce personnage mystérieux et impénétrable qu'est Darvell est décrit par le narrateur comme un être robuste, admirable en tout point et, ce qui est le plus important, trouvant son *existence* dans le regard d'autrui. Au cours d'un voyage qu'ils entreprennent tous les deux, et après quelques déambulations, ils s'arrêtent à l'Est, une « destination primitive » : « Après avoir traversé différents pays du sud de l'Europe, nous nous dirigeâmes vers l'est, notre destination primitive, et c'est lors de notre parcours dans les contrées orientales que se produisit l'incident qu'il me faut à présent. » (Byron, 2018, p. 64) Le récit se transforme en une confession et le ton de la confidence se charge d'un appel indirect à croire en la réalité des événements qui vont être racontés. Mais encore, la localisation géographique appelle l'histoire de vampire à venir.

Parallèlement à la progression du voyage dans ces coins reculés de l'Europe, la santé de Darvell commence à se dégrader « sans qu'on vit en lui les symptômes d'une maladie déterminée » (*ibid.*) ; s'affaiblissant de jour en jour sans être malade pour autant. Une chose est sûre : il est en train de dépérir, devenant de plus en plus silencieux et veillant la nuit. L'imaginaire d'un lecteur ne peut que se figurer à cet instant les contours d'un être vampirisé ou vampire passif : c'est la description

guère progresser. Le résultat le plus mémorable, en effet, de leur récit compacté, était le roman puissant et tumultueux Frankenstein de Mme Shelley. » Un autre mythe allait être créé ce soir-là… – Lire également le chapitre « Villa Diodati » dans *The Diary of Dr. John Polidori* 1911.

archétypale de l'état d'une victime de vampire, tels que les rapports de témoignage ou d'autopsie, tels que les discours et notamment les *Dissertations* de Dom Calmet l'ont tant de fois répétée. Les deux hommes sont déterminés malgré tout à poursuivre le voyage, mais le mal-être de Darvell les oblige à s'arrêter, près du temple d'Artémis à Ephèse, *près d'un cimetière turc* :

> L'unique caravansérail que nous avions croisé était à plusieurs heures de marche derrière nous. On n'apercevait nulle part le moindre vestige de village et cette triste « cité des morts » semblait le seul asile possible pour mon malheureux ami qui semblait appelé à devenir le dernier de ses habitants. (*ibid.*, p. 65)

Plus les deux hommes avancent et s'enfoncent (y compris métaphoriquement) vers des endroits très reculés (y compris de la raison), plus le narrateur assiste à la déchéance de la vie de Darvell et plus le fantastique et l'élément surnaturel apparaissent. Darvell est doté d'un savoir, de la connaissance d'un passé qui lui permet par exemple de situer un point d'eau (connaissance géographique du territoire et de ses profondeurs donc), mais cette connaissance semble aller beaucoup plus loin (comme celle d'une autre vie). Et près des colonnes du temple d'Artémis (ou temple de Diane pour les romains et dans le texte), cette déesse des naissances et (Diane) de la transition entre la vie et la mort, il semble nous être paradoxalement annoncé la naissance d'un être, la naissance d'un vampire.

Les dernières lignes du fragment présentent un être humain, se dévitalisant à petit feu, un savoir secret, un pacte (celui de ne jamais révéler sa mort), une énergie perdue en terre orientale, puissante et mystérieuse. L'hésitation quant à l'état de Darvell est tenue jusqu'au bout, perturbant le choix d'une réponse définitive de la part du lecteur. Mais la magie, plus particulièrement une espèce de formule magique gravée en caractères arabes sur un anneau, est finalement sollicitée comme promesse de résurrection, conformément à cet imaginaire d'un Orient mythologique et aux pouvoirs qu'on lui prête dans l'imaginaire occidental au début du XIXe siècle. Bien que le roman soit inachevé, Darvell était appelé à revenir… sous les traits de Lord Rutheven en 1819. Le format littéraire s'allonge et s'étend pour offrir une liberté à l'écriture formelle de la croyance aux vampires, toujours manifestant (par sa forme, sa rhétorique, ses éléments dramatiques, etc.) le souhait de « faire croire » le lecteur.

La nouvelle de John Polidori constitue l'ultime relais formel de cette écriture du « faire croire aux vampires » entre la fin du XVIIIe siècle et le début du XIXe siècle. Dès les premières lignes que nous citions en introduction, l'œuvre se constitue comme un modèle.

Le Vampire est un composé littéraire fortement inspiré de ce *fragment* commencé par Lord Byron, auquel s'ajoute le premier roman de Lady Caroline Lamb[49] *Glenarvon* qui présente un portrait peu flatteur de Lord Byron qu'on assimila à un vrai vampire. Le mythe du vampire commençait donc bien avec des images, à se fonder sur des images mais des images transposées sur une réalité : celles de Darvell conjointement à celles de Lord Byron et à son vécu de voyageur, d'écrivain et d'amant, des lectures d'histoires de fantômes et gothiques, un contexte esthétique romantique et une imagination débordante jusque dans la réalité puisque des hallucinations firent partie de cette nuit genevoise où Polidori visita la pensée du vampire.

Dans une lettre, Polidori expliqua le contexte de création. Il décrit par l'intermédiaire de plusieurs anecdotes concernant Lord Byron, un homme étrange et mystérieux, dormant avec ses armes à feux et végétarien, se moquant des civilités et aux nombreux ennemis qui le considèrent comme un paria, un proscrit, fuyant la foule, suscitant l'admiration poétique, mais également la fascination des femmes qui manquent de s'évanouir en entendant son nom, "*such is female curiosity and affectation*[50]*!*" (1819, p. XIII) Polidori raconte les circonstances de l'écriture du *Vampire*, cette fameuse nuit bercée par l'orage, la pulsion créatrice, et les hallucinations d'horreurs :

> Il se trouve qu'un soir Lord B., M. P. B. Shelly, les deux dames et le gentilhomme précédemment mentionnés, après avoir lu une œuvre allemande, intitulée *Phantasmagoriana*, commencèrent à relater des histoires de fantômes ; lorsque monsieur le baron eût récité le début de *Christabel*, alors inédit, le tout produisit un tel effet sur l'esprit de M. Shelly, qu'il sursauta et quitta soudainement la pièce en courant. Le médecin et Lord Byron le suivirent et le trouvèrent penché sur la cheminée, des gouttes de sueur froide coolant le long de son visage. Après lui avoir donné un rafraîchissement, ils découvrirent, en

49 Lady Caroline Lamb était une aristocrate et romancière britannique, particulièrement connue pour avoir eu Lord Byron comme amant en 1812. Lire *Curiosities of Literature* (Sutherland, 2008, p. 134) et *BlooDeath: The Best Vampire Short Stories 1800-1849* (Barger, 2011, p. 15).

50 Nous traduisons : « telle est la curiosité féminine et son affectation ! »

> le questionnant sur la cause de son alarme, que son imagination débordante lui ayant fait voir le sein avec des yeux de l'une des dames (ce qui avait été rapporté à propos d'une dame de son voisinage), il dut quitter la pièce afin d'effacer cette image[51].

La *lecture* des récits fantastiques, engage et entraîne à l'*écriture*, et stimulant les esprits, prédispose à ce genre de contes. Il s'agit bien d'un processus de circulation, de diffusion des écrits vampiriques qui ne contaminent plus par la voix, l'oral, la bouche mais par l'écrit. L'histoire du vampire est clairement inspirée par la Superstition dit-il, superstition qui règne dans les pays de l'Est. Le vampirisme semble encore une fois être symbolique, être le résultat d'une rupture entre monde païen et monde chrétien, Grecs et Latins, un moment frontière donc entre deux états de religion :

> [...] La superstition qui sert de fondement à ce conte est universelle dans l'Orient. Elle est commune chez les Arabes : cependant elle ne se répandit chez les Grecs qu'après l'établissement du christianisme, et elle n'a pris la forme dont elle est revêtue que depuis la séparation des églises grecque et latine. Ce fut alors qu'on commença à croire que le cadavre d'un latin ne pouvait pas se corrompre, s'il était inhumé en terre grecques, et à mesure que cette croyance s'étendit, elle donna naissance aux histoires épouvantables de morts qui sortaient de leurs tombeaux, et suçaient le sang des jeunes filles distinguées par leur beauté. (Polidori, 1864, p. 5-6)

John Polidori fait preuve d'une recherche documentaire (ou qu'il a pu obtenir de Lord Byron) et il rappelle que le vampirisme s'est répandu ensuite vers l'Ouest, contaminant la Hongrie, la Pologne, l'Autriche et la Lorraine, là où dans la croyance il n'existe que des êtres nocturnes, explicitement les vampires qui se nourriraient du sang de leurs victimes, celles-ci devenant décharnées et amaigries, jusqu'à mourir de

51 Nous traduisons. Texte original : "It appears that one evening Lord B., Mr. P. B. Shelly, the two ladies and the gentleman before alluded to, after having perused a German work, which was entitled *Phantasmagoriana*, began relating ghost stories ; when his lordship having recited the beginning of *Christabel*, then unpublished, the whole took so strong a hold of Mr. Shelly's mind, that he suddenly started up and ran out of the room. The physician and Lord Byron followed, and discovered him leaning against a mantle-piece, with cold drops of perspiration trickling down his face. After having given him something to refresh him, upon enquiring into the cause of his alarm, they found that his wild imagination having pictured to him the bosom of one of the ladies with eyes (which was reported of a lady in the neighbourhood where he lived) he was obliged to leave the room in order to destroy the impression." (*ibid.*, p. XV-XVI).

consomption. Faisant également référence aux témoignages, et précisément au cas de Medvegya et Arnold Paole, il *prouve* que dans le milieu intellectuel anglais les récits de témoignages sont connus :

> Le journal de Londres de mars 1733 contient un récit curieux et *croyable* d'un cas particulier de vampirisme qu'on prétend être arrivé à Madreygea en Hongrie. Le commandant en chef et les magistrats de cette place affirmèrent positivement et d'une voix unanime, après une exacte information, qu'environ cinq ans auparavant un certain Heyduke, nommé Arnold Paul, s'était plaint qu'à Cassovia, sur les frontières de la Serbie turque, il avait été tourmenté par un vampire, mais qu'il avait échappé à sa rage, en mangeant un peu de terre qu'il avait prise sur le tombeau du vampire, et en se frottant lui-même de son sang. (*ibid.*, p. 6)

L'emploi de l'italique insiste sur la crédibilité de cette histoire : il rappelle effectivement que le vampirisme fut une réalité. L'emphase insiste sur un fait exact et crédible ("*a curious, and, of course,* credible *account of a particular case of vampyrism*", *ibid.*, p. XX). Le contexte et le décor de l'histoire annoncée sont posés. C'est comme si Polidori résumait l'ensemble de ce que nous venons d'écrire : il rappelle les faits, les actes, les objets et les pratiques de défense contre les vampires. La fiction se charge donc de témoigner elle aussi du vampirisme, de fonctionner comme un document et l'écrivain devient un historien. Ironiquement, cet écrivain témoin, historien et qui atteste, est un médecin (celui de Lord Byron), comme Flückinger ou Glaser l'étaient avant lui. La croyance est "universelle" : "*The universal belief is, that a person sucked by a vampyre becomes a vampyre himself, and sucks in his turn.*" (*ibid.*) [« La croyance unanime est qu'une personne sucée par un vampire devient vampire elle-même, et suce le sang des autres[52]. »] Mais l'emploi du mot « rodomontade » en italique semble suggérer le désir de marquer au contraire une certaine distance : "*This monstrous* rodomontade *is here related, because it seems better adapted to illustrate the subject of the present observations than any other instance which could be adduced.*" (*ibid.*, p. XXII) [« On rapporte ici ce conte absurde, parce que, plus que tout autre, il nous a semblé propre à éclaircir le sujet qui nous occupe. » (trad. *ibid.*, p. 8.)] Le mot enrichi de l'italique semble être une hyperbole : autrement dit, ces histoires de vampires rodomontades ne sont rien à côté du présent sujet qui va être abordé.

52 Nous traduisons.

Polidori termine son introduction en citant tous les « synonymes » du vampire : « On remarquera en finissant, que quoique le nom de *Vampire* soit le plus généralement reçu, il a d'autres synonymes dont on se sert dans les différentes parties du monde, comme *Vroucolacha, Vardoulacha, Goule, Broucolaka*, etc. » (*ibid.*, p. 10) Il termine son introduction et introduit sur récit de vampire en citant les différentes appellations du vampire comme, encore une fois, pour insister et marteler son hybridité, son imposante présence au monde et dans différentes parties du monde, son image qui n'a pas de limite (d'ailleurs il termine par un « etc. » significatif de nominations infinies). Polidori avec son *Vampire* s'inscrit dans la continuité tout en agissant en tant que relayeur.

CONCLUSION

Entre la fin du XVIIe siècle et le début du XIXe siècle, une écriture de la croyance aux vampires se met en place. Le vampire apparaît et bouscule les différents champs du savoir et de la connaissance : on interroge alors chaque fois sa fiction ou la part de fiction qu'il contient, on interroge chaque fois le savoir qu'il apporte, qui le rapporte, que possède et qu'utilise celui qui écrit sur les vampires. Le vampire a évolué et continue d'évoluer, entre savoir et fiction, mais cette évolution ne dépend que de celle de sa croyance, et donc des textes qui l'interrogent et la discutent, l'affirment, la prouvent ou la nient, c'est-à-dire, la répandent. L'Histoire de la croyance aux vampires et des écrits qui la concernent est celle d'une interrogation perpétuelle sur l'existence effective du vampire.

Depuis les premiers écrits ou textes officiels sur les vampires, une forme vampirique au sens d'une écriture formelle s'est répétée, et selon le même principe qui consiste à interroger la croyance d'un destinataire-récepteur qui est auditeur mais surtout lecteur et spectateur. Le vampire est une forme vide (un cadavre disséqué à son balbutiement) que l'imagination a rempli de fictions selon le même but qui est toujours celui de « faire croire », même quand il s'agit de remettre en cause, voire d'interrompre le jugement par le doute et l'hésitation : c'est toujours la croyance qui est mise en jeu, questionnée à l'intérieur d'un écrit ou d'une fiction, et à l'extérieur, du côté du lecteur-destinataire. Le vampirisme ne s'est jamais détaché de cette écriture formelle qui a circulé et s'est transmise, selon un principe métaphorique de contamination, d'un territoire à un autre, d'un média à un autre, d'une science à une autre, d'un discours à un autre, d'une histoire à une autre. Cela ne s'arrêtera pas là et des traces d'une écriture initiale seront retrouvées jusque dans les productions cinématographiques récentes[1].

---

1 C'est cette question qui sera au centre d'un ouvrage à paraître prochainement.

Depuis le XVIIIe siècle, un processus, vampirique, s'est mis en place, celui du « vouloir comprendre » la croyance et du « vouloir expliquer » cette croyance qui est, même dans la contestation, manifestation d'un désir de « faire croire ». Qu'on le veuille ou non, ce processus de croyance s'est mis en place précisément au siècle des Lumières : les rapports font état de faits réels et les témoignages font du bruit, entretenant la croyance par leurs interrogations même, la confortant au moment même où ils la nient, ou tendant à « faire croire » alors même qu'ils expliquent. Les mêmes discours avec les mêmes motifs et le même type d'écriture se retrouvent dans les œuvres littéraires avec un désir accru, moyennant la recherche d'effets de réel, de faire adhérer le lecteur à la fiction du vampire.

Nous avons défini et parcouru une période, celle de la naissance et de l'élaboration de la croyance aux vampires : c'est au terme de cette période, du XVIIIe siècle jusqu'aux premières années du XIXe siècle, qu'une écriture arrêtée, identifiable et identitaire a pu être authentifiée. Des textes de nature diverse sont apparus comme fondateurs et canoniques : rapports médicaux (rapportant les témoignages autochtones), discours sur ces rapports, œuvres littéraires, autant de textes manifestant, résumant et prouvant, symboliquement, l'expansion d'une figure et de son discours en Europe, en un siècle et demi à peine.

Les deux premiers textes qui nous ont intéressés, les deux rapports médicaux (le rapport Frombald et le rapport Flückinger) qui décrivaient des exhumations et des autopsies de vampires, ont représenté des sources essentielles car ils contiennent les bases de la réalité qui définiront le vampire. De nature hybride, ces rapports consignent également, sous la forme de récits, les témoignages de villageois autochtones qui ont rencontré des vampires. Récits (vrais ou faux) et éléments cliniques de réalités se rencontrent pour constituer les référents de futurs écrits qui sont des discours savants, principalement philosophiques, religieux, scientifiques (médicaux), et anthropologiques. Ceux qui les prononcent sont des écrivains, philosophes, théologiens, médecins, des membres de la cour royale, des autorités locales ou des officiers militaires, des rédacteurs de gazettes et des auteurs d'articles. Le désir de « faire croire » relève souvent de l'ambition d'offrir au lecteur une information sensationnelle exclusive. L'évidence d'une parole rapportée est aussi renforcée par de nombreux échanges sous forme de lettres, qui annoncent un modèle formel de texte littéraire. Les discours sont apparus, traitant philosophiquement du vampire, interrogeant, validant, expliquant le phénomène comme le font les écrits des théologiens Michaël Ranft et Dom Augustin Calmet, ou le remettant en question, non sans ironie comme le fait Jean-Jacques Rousseau, ou encore le contestant radicalement comme le fait Voltaire. L'ensemble de ce traitement manifeste un large spectre d'intérêts et fait se croiser les champs et les frontières : l'Empire austro-hongrois, l'Allemagne, la France, le Royaume-Uni, tous ont parlé du vampirisme. Le vampirisme a une histoire dense, large et vaste, et le récit de vampires s'est développé au XVIIIe siècle dans plusieurs langues.

Différents champs de « réalité » sont contenus dans la croyance aux vampires. La question de la réalité s'est posée au niveau du mot « vampire » et de ce qu'il représente. Dans un contexte de guerres, les armées qui s'arrêtent un temps donné sur les territoires rapportent l'information que, dans certains villages, on croit aux vampires : un médecin vient attester l'état des corps et procède (ou participe) à la mise à mort d'un cadavre identifié, nommé et appelé vampire. Le vampirisme occupe une place instable et possède une nature polysémique car il est constitué de discours incertains mais de faits réels. Le vampirisme est une croyance qui s'est construite à la fois sur et contre les modèles bibliques et mythologiques. Il est devenu un mythe par la figure qui l'incarne, le vampire, car il suscite le scandale et la terreur, car il a été une maladie réelle qui s'est répandue : le scandale qu'il incarne est celui de la violence d'une pensée populaire associant le sacré et le profane ; scandale du traitement des corps, ou de certains corps qui font alors figure de boucs émissaires, terrorisant non pas une seule personne mais un territoire tout entier. Le vampirisme devient un mythe car la croyance est fondée sur l'horreur qu'impliquent son existence et sa réalité, et la part scandaleuse de vérité sur une nature humaine qu'il y a dans son discours.

La réalité du vampire (et de sa croyance) est donc déterminée par les actes, les pratiques de ses croyants, quelque chose de l'ordre du matériel, du palpable et dont nous en avons gardé des traces, sous la forme de fossiles, donc d'empreintes. Aujourd'hui, les anthropologues et les archéologues continuent de trouver les vestiges de la croyance aux vampires, des squelettes qui projettent l'image de cadavres qui ont souffert d'avoir été identifiés comme vampires. Si un vampire est un cadavre dont on constate, après exhumation, un état parfait de sa chair et du sang qui s'écoule par tous ses orifices, alors l'existence et la réalité du vampire sont validées, matériellement. Savoir ensuite si l'expérience de la visite du mort « en corps », entre dans les attributions définitionnelles est une affaire dont se chargent les discours puis la littérature. Le vampire est un corps marqué, qui laisse échapper quelque chose de *visible*, le sang. Le sang est symbolique de la vie (*le sang c'est la vie*, répétera d'ailleurs Dracula), d'une vie terrestre et matérielle. Le sang est un souvenir mais c'est aussi le sacrilège de son absorption christique. Sang, cercueil et bois qui le composent, pieu, pierre, objets qui relèvent du sacré (Mircea Éliade), qui renvoient à la scène de la crucifixion christique sont devenus des contenants vampiriques, de la réalité du vampire dès le XVIIIe siècle et sont d'ailleurs exploités jusque dans les images aujourd'hui : les éléments du récit apparaissent dès les premiers écrits attestés et sont porteurs de réalité au sein de la fiction. Le pieu, la croix, le miroir, le cercueil seront des supports originaux de la croyance vampirique, manifestant une dimension *réelle* de l'objet, et ils se sont constitués comme objets représentatifs d'une *esthétique* naissante de l'horreur qui s'épanouira bien plus tard, au cinéma.

Le vampire est un mot qui est déjà image et projection avant même que l'écran cinématographique ne s'en empare pour offrir une « autre » image de croyance. La croyance aux vampires, en tant que réalité, comporte déjà une part de fiction, la figure du vampire originel lui-même appelait à un remplissage fictionnel, en tant qu'enveloppe originellement vide. Nous l'avons dit, l'imaginaire du vampire est celui d'un cercueil ouvert et vide, de morts ouverts et scrutés, de corps remplis de sang qui laissent se répandre des choses devant le regard étonnés de spectateurs. Le corps vide du vampire donne naissance à une fiction qui circulera et se répandra, s'introduisant dans différents domaines de recherche, dans différents discours, sans être jamais réellement définie, car les images qu'ils suscitent dans l'esprit, qu'elles surviennent sous les formes du rêve, de l'hallucination, du cauchemar ou de la création littéraire, ne sont jamais vraiment saisissables. De ce vide naît la fiction du vampire. C'est parce que le vampire n'est *rien*, parce qu'il n'est qu'une absence qu'il peut devenir fantasme, qu'il peut remplir l'imaginaire et le combler. C'est parce qu'il n'a pas d'objet, et qu'il n'est pas représentable qu'il devient désir et projection. La figure du vampire se constitue à posteriori. La littérature cristallise sa figure et ses contenants de fiction pourvus d'effets de réel.

Le vampirisme est pensé comme un principe dynamique de contagion qui est un principe de transmission de traits fictifs dotés d'un puissant effet de réel. Conformément au parcours de la contamination vampirique, et selon une proximité d'intérêt géographique, la poésie allemande est le lieu des premiers balbutiements littéraires du vampire. Trois œuvres poétiques restent dans les mémoires et contribuent à sceller une figure antagoniste du Christ, une figure tentatrice, qui appartient à un passé fait de religion païenne. Elle culmine chez Goethe qui fait du vampire une figure de l'entre-deux et du passage d'une religion païenne licencieuse à une religion christique vertueuse. La croyance se mêle à la confusion et le schéma de la « mise en garde » qui ouvrira le roman de Bram Stoker et s'étendra à de nombreuses adaptations cinématographiques de *Dracula*, se met en place et, inséparable de lui, celui d'une figure victimale de voyageur. Qu'il soit homme ou femme, le vampire est tentation licencieuse, anormale et amorale, mais son histoire est toujours celle d'une frontière (principalement religieuse ou sexuelle) qu'il ne faut pas franchir au risque de devenir monstrueux. Dans ces récits, une écriture formelle de la croyance perdure : récits à la première personne, attentifs à se doter d'une référence historique, d'une localisation géographique, d'une référence aux textes attestés que sont les rapports ; tout cela manifestant le savoir d'un narrateur sur ce qui existe et son désir de faire ressurgir le savoir du lecteur. Et pour un lecteur qui sait, la connexion est établie avec des éléments du réel. L'écriture des discours qui manifeste un besoin incessant d'authentifier le vampire *par* le réel, devient donc, dans la fiction littéraire, une démarche visant à intégrer des éléments du réel (d'une époque, d'un rapport médical, d'un témoignage, d'un nom, etc.) pour faire croire au vampire. L'effet de réel est aussi un désir de réalité.

Dans la littérature, la structuration particulière des textes vampiriques (quel que soit le format du texte : poème, nouvelle, roman), est redondante, répétée infiniment avec ses variantes comme un fait divers qui serait devenu légende urbaine. Une « littérature de la croyance », visant à produire des effets de réels, culminera avec la représentation classique du vampire, Dracula, qui s'est imposée comme modèle incontestable : il est un vampire qui s'est construit sur un support littéraire préalable avec des procédés d'écriture propres visant à susciter le doute, l'hésitation et la croyance. Notre travail a manifesté le désir d'identifier un moment charnière entre la croyance et sa fiction, c'est-à-dire là où la représentation, l'image prend forme, se matérialise et peut devenir mythe. La mythification définitive prendra une dimension mondiale et populaire au moment de la parution du roman de Bram Stoker, *Dracula* en 1897. Intégrant des éléments de la réalité contemporaine et d'une réalité antérieure, archaïque et historique, nous serons dans le cadre d'une nouvelle dimension du vampirisme, à la source de l'intérêt horrifique (cinématographique) et de la fascination pour l'existence vampirique.

Le vampire est une légende, un mythe, une rumeur, une superstition avec des pratiques, une réalité, le sujet et l'objet d'œuvres d'art, une pensée qui reflète un rapport géographique conflictuel entre l'Est et l'Ouest, un événement délimité dans le temps et l'espace et/ou un phénomène hybride qui ne connaît pas de frontières. Le vampirisme est littéralement l'expérience des seuils (définitionnels) et un phénomène de contamination. Le vampirisme apparaît bien comme polysémique, sa définition étant caractérisée par l'imprécision de ses limites identitaires, par la multiplicité de ses interprétations y compris contemporaines, et surtout par la répétition de son aspect superstitieux qui engage un processus de contamination de la croyance. Le vampirisme est un phénomène dont va se dégager un être ethnocentré mais circulant, polymorphe mais unique, réel mais (en devenir) fictif : un être hybride *déjà* sur la frontière.

Nous parlons d'un processus de *réalisation* du vampire pour dire ce mouvement de la croyance qui circule de la réalité vers la fiction ou vice versa. L'origine du vampire le partage entre la vision surnaturelle et la réalité matérielle (celle des exhumations de corps). Bien ancré dans le monde, le vampire s'échappe dans l'imaginaire.

Le vampirisme remet en question la perception et le regard, ainsi que la fiction qui en est issue. Le vampirisme est une interrogation sur la réalité du voir : la première expérience vampirique est une expérience du et par le regard, d'un regard autochtone témoin, d'un regard médical *regardant* attestant, validant ou critiquant. Autrement dit, l'autochtone qui témoigne est une figure de spectateur *qui a vu* et les autorités qui ensuite rapportent ces témoignages, ouvrent les cercueils et *examinent* les corps, le sont tout autant. Dans *Ce que nous voyons, ce qui nous regarde*, Georges Didi-Huberman explique qu'on a fait de l'expérience du voir un exercice de la croyance introduit par la confrontation (visuelle, visible) du regard à un cadavre et donc à la mort dans le mort (projetée par le mort). Cet exercice de la croyance ou l'expérience du voir est « une vérité qui n'est ni plate ni profonde, mais qui se donne en tant que vérité superlative et invoquant, éthérée mais autoritaire. » (1992, p. 21) Voir est vrai ; voir est marqué de vérité. Le vampirisme est expérience du cadavre, du voir et de la mort. Le discours sur la hantise des esprits, sur la vampirisation-possession procède de l'expérience du cadavre qui produit des images : des autochtones enterrent les cadavres et ouvrent les cercueils pour *revoir* le cadavre. Entre le moment de l'enterrement et la réouverture du tombeau, l'image du retour cadavérique du vampire est apparue.

Le vampire *est originellement lié à la vue.* Des images propres à un imaginaire émergent rappelant la position d'un spectateur initial : à la base, les témoignages relatent une expérience visuelle et donc la parole transmet des images. Aujourd'hui, nous pouvons constater qu'une production foisonnante de films de vampires présente – et cela dès les premiers temps du cinéma – une structure formelle commune, rhétorique, dont l'enjeu principal reste la croyance d'un destinataire-spectateur-récepteur. L'importance d'une présence spectatorielle et de sa croyance dans ce foisonnement confirme la définition du vampirisme comme dépendant de la croyance d'un récepteur. La question de l'image (qui appartient à un imaginaire, qui est produite par une imagination) est d'emblée associée au vampirisme et à un récepteur, à la croyance aux vampires. Le vampire est une image, un contenant vide validé et « rempli » par une autorité, que cette autorité soit déterminée par sa qualité ou par sa quantité (une masse) : il devient une image cinématographique, un contenant rempli d'une fiction par un réalisateur, et qui dépend d'une masse spectatorielle pour interroger la croyance. S'inscrivant dans le prolongement formel, le cinéma pose la question de l'image du vampire, d'une autre façon de représenter le vampire avec des choix formels et techniques propres à l'outil cinématographique.

On peut situer le cinéma, en tant que média, au terme du processus de contamination de la croyance. La question d'une mise en scène de la croyance aux vampires constitue alors un objet de réfléxion essentiel[2]. Le vampirisme contamine et se répand dans et *par* l'art cinématographique. La croyance aux vampires n'a pas fini de circuler, véhiculée par des images diverses et variées, produites chez le lecteur et bientôt le spectateur de cinéma. Bref, il s'agit d'une histoire *à suivre...*

---

2 Ce sera un des chapitres de notre prochain livre.

ANNEXE

Le rapport Flückinger ou *Visum et Repertum* (1732)

Rapport *Visum et Repertum* ou Rapport Flückinger, signé le 26 janvier 1732. Nous traduisons de l'allemand :
À propos des ainsi nommés Vampires ou suceurs de sang, comme cela s'est produit à Medwegya, en Serbie, sur la frontière turque, le 7 janvier 1732.
Après qu'il ait été rapporté que dans le village de Medwegya, les soi-disant vampires avaient tué un certain nombre de personnes en leur suçant le sang, j'ai été envoyé sur les lieux par l'ordre du Commandant suprême local pour examiner entièrement la question, avec deux Officiers et deux Chirurgiens, commandés à cet effet ; et j'ai mené l'enquête suivante, en présence de tous les Chefs du Village, du Gorschitz, Capitaine des Heiduques à Stallath, du Hadnack, du porte-drapeau et des plus anciens Heiduques du village dont les gens ont déclaré à l'unanimité qu'il y a environ cinq ans, un Heiduque local du nom d'Arnont Paole s'est brisé le cou en tombant d'une charrette de foin. Cet homme avait au cours de sa vie souvent raconté qu'il avait été tourmenté par un vampire, près de Cassowa dans la Serbie turque, et c'est pourquoi il avait mangé de la terre de la tombe du vampire et s'était enduit de son sang, afin de se libérer de cette plaie qui le faisait souffrir. 20 ou 30 jours après sa mort plusieurs personnes se sont plaintes d'avoir été tourmentées par le même Arnont Paole, et 4 ont été tuées par lui.
Afin de mettre fin à ce mal, 40 jours après sa mort, sur les conseils du Hadnack, qui avait été présent à des événements similaires auparavant, cet Arnont Paole a été déterré et on a trouvé qu'il était entièrement parfait et non décomposé ; que de même, du sang frais lui coulait des yeux, du nez, de la bouche et des oreilles ; que son drap, sa chemise et son cercueil étaient plein de sang ; que les anciens ongles des mains et des pieds, ainsi que la peau, étaient tombés et de nouveaux avaient poussés ; et puisqu'ils ont vu de cela qu'il était un vrai Vampire, ils ont

enfoncé un pieu dans son cœur, selon leur coutume, sur quoi il poussa un petit cri, et libéra une grande quantité de sang ; sur quoi, le même jour, on brûla le corps en cendres et on les jeta dans sa tombe. Ces mêmes gens ont encore dit que tous ceux qui ont été tourmentés et tués par le Vampire doivent eux-mêmes devenir des vampires. Ils ont donc exigés qu'on traita de la même manière les quatre personnes susmentionnées. Ensuite, ils ajoutèrent également que cet Arnont Paole avait attaqué non seulement le peuple mais aussi le bétail et avait aspiré leur sang. Et puisque les gens ont utilisé la viande de ces bovins, il est évident que des vampires soient à nouveau présents ici, de sorte qu'en 3 mois, 17 jeunes et vieux ont été emportés par la mort, dont certains qui sont décédés en deux ou trois jours sans maladie antérieure. De plus, le Heiduque Joviza rapporte que sa belle-fille, du nom de Stanoika, s'est couchée il y a 15 jours, fraîche et en bonne santé, mais à minuit, elle s'est réveillée de son sommeil avec un cri, une frayeur et un tremblement terribles, et s'est plainte d'avoir été étranglée par le fils d'un Heiduque du nom de Milloe, décédé neuf semaines plus tôt, sur quoi elle avait ressenti une grande douleur dans la poitrine, qui a grandi d'heure en heure, se sentant plus mal jusqu'à ce qu'elle meure le troisième jour.

Le même après-midi, nous sommes ensuite allés au cimetière, avec les Heiduques les plus anciens du village souvent mentionnés, afin d'ouvrir les tombes suspectes et d'examiner les corps qui s'y trouvaient, après quoi, nous trouvâmes :

1. Une femme nommée Stana, âgée de vingt ans, est décédée il y a 2 mois, après une maladie de 3 jours causée par ses couches, et elle avait elle-même dit avant sa mort qu'elle s'était recouverte avec le sang d'un vampire, c'est pourquoi elle et son enfant (qui sont morts juste après la naissance et qui, à cause d'un enterrement imprudent, ont été à moitié mangés par les chiens) étaient devenus des Vampires. Elle était toute entière et intacte. Après l'ouverture du corps, on trouva une quantité de sang extravasé frais dans la poitrine. Les vaisseaux, artères et veines, ainsi que les ventricules du cœur, n'étaient pas, comme c'est habituellement le cas, remplis de sang coagulé ; et tous les viscères, c'est-à-dire les poumons, le foie, l'estomac, la rate et les intestins étaient très frais comme chez une personne en bonne santé. L'utérus était cependant très gros et très

enflammé extérieurement, parce que l'arrière-faix et les lochies y étaient restés, ce qui avait causé un pourrissement. La peau de ses mains et de ses pieds, ainsi que les anciens ongles, étaient tombés d'eux-mêmes, mais d'un autre côté, en plus d'une peau fraîche et vive, des ongles complètement nouveaux étaient apparus.

2. Il y avait une femme du nom de Miliza, âgée de 60 ans, décédée après une maladie de trois mois et enterrée 90 jours plus tôt. Dans la poitrine, beaucoup de sang liquide a été trouvé ; et le reste des viscères étaient, comme ceux mentionnés précédemment, en bon état. Pendant sa dissection, tous les Heiduques qui se tenaient autour, furent très étonnés de son corps gras et parfait, déclarant à l'unanimité qu'ils connaissaient bien la femme, depuis sa jeunesse, et que toute sa vie, elle avait eu l'air très maigre et sèche, et ils ont souligné qu'elle était arrivée à cette étonnante rondeur dans la tombe. Ils ont également dit qu'elle avait mangé de la chair des moutons qui avaient été tués par les Vampires précédents.
3. Il y avait un enfant de huit jours qui était resté dans la tombe pendant 90 jours et était également dans un état de vampirisme.
4. Le fils d'un Heiduque, nommé Milloe, âgé de 16 ans, a été déterré, est resté dans la terre pendant 9 semaines, mort après 3 jours de maladie, a été retrouvé comme les autres vampires.
5. Joachim, également fils d'un Heiduque, âgé de 17 ans, est décédé après une maladie de trois jours. Il a été enterré 8 semaines et 4 jours et a été trouvé dans un état similaire au moment de la dissection.
6. Une femme du nom de Ruscha, décédée après une maladie de dix jours et enterrée six semaines auparavant, avait beaucoup de sang frais non seulement dans la poitrine mais aussi dans le fond du ventricule. La même chose fut observée chez son enfant, qui avait 18 jours et était décédé 5 semaines auparavant.
7. Une fille de dix ans, décédée deux mois auparavant, dans un état similaire ; entière et intacte, et avait beaucoup de sang frais dans sa poitrine.
8. La femme du Hadnack a été déterrée, ainsi que son enfant. Elle était décédée depuis 7 semaines, son enfant, âgé de 8 semaines, depuis 21 jours, mais il a été constaté que la mère et l'enfant étaient complètement décomposés, bien que la terre et la tombe dans lesquelles ils se trouvaient étaient identiques à celles des vampires se trouvant à proximité.

9. Un serviteur du caporal local des Heiduques, du nom de Rhade, 23 ans, est décédé après une maladie de trois mois et a été retrouvé complètement décomposé après avoir été enterré depuis cinq semaines.
10. L'épouse du Bariactar local, ainsi que son enfant, décédé 5 semaines auparavant, étaient également complètement décomposés.
11. Avec Staniko, un Heiduque de 60 ans, décédé 6 semaines auparavant, j'ai trouvé, comme pour les autres, un sang liquide abondant dans la poitrine et l'estomac. Le corps entier était dans la condition souvent appelée de vampirisme.
12. Miloe, un Heiduque, 25 ans, qui avait reposé pendant 6 semaines dans la terre, a été retrouvé dans l'état de vampirisme mentionné.
13. Stanoicka, l'épouse d'un Heiduque, âgée de 20 ans, est décédée après une maladie de 3 jours et a été enterrée il y a 18 jours. Pendant la dissection, j'ai trouvé que son visage était assez rouge et d'une couleur vive, et, comme indiqué ci-dessus, elle avait été étranglée [et sucée au cou] par le fils d'un Heiduque, Milloe, à minuit ; on remarquait effectivement qu'elle avait sur le côté droit, sous l'oreille, une tâche bleue de la longueur d'un doigt, mêlée de sang répandu. En la sortant de la tombe, une quantité de sang frais coulait de son nez. À la dissection j'ai trouvé ; comme déjà souvent mentionné, une grande quantité de sang frais et balsamique, non seulement dans le creux de la poitrine, mais aussi dans le ventricule du cœur. Tous les viscères étaient en parfaite santé et en bon état ; la peau de tout le corps, comme les ongles des mains et des pieds, étaient pour ainsi dire tout à fait frais.

L'examen de ces corps terminé, les têtes des Vampires ont été coupées par les gitans locaux et ont été brûlées avec leurs corps, puis les cendres ont été jetées dans la rivière Morova. Les corps pourris ont été replacés en revanche dans leurs premières tombes. Toutes lesquelles choses j'atteste véritables, conjointement avec les 2 Chirurgiens qui m'ont été adjoints. *Actum ut supra* :

L.S. Johann Flückinger, Chirurgien du Régiment d'infanterie de l'honorable Baron de Fürstenbusch.
L.S. Siegele, Chirurgien de l'honorable Marull. Regiment.
L.S. Johann Friedrich Baumgarten, Chirurgien du Régiment d'infanterie de l'honorable colonel Baron de Fürstenbusch.

Nous, soussignés, certifions par la présente, que tout ce que le Chirurgien du régiment d'infanterie de l'honorable Fürstenbusch, et les deux médecins qui ont signé avec lui, ont attesté concernant les Vampires inspectés, a été trouvé en tout et chaque point conforme à la vérité ; et a été entrepris, observé et examiné en notre propre présence ; pour le confirmer, notre signature de notre propre main et production. Belgrade, 26 janvier 1732.

L.S. Büttner, lieutenant-commandant de l'honorable Régiment d'Alexandrie.

L.S. J.H. von Lindenfels, officier de l'honorable Régiment d'Alexandrie.

BIBLIOGRAPHIE

CORPUS PRINCIPAL : RAPPORTS, DISCOURS ET LITTÉRATURE DE LA CROYANCE AUX VAMPIRES

ARNAULD, Antoine et NICOLE, Pierre, *Logique de Port-Royal* [1662], *précédée d'une notice sur les travaux philosophiques d'Antoine Arnauld, et accompagnée de notes, par Charles Jourdain*, nouvelle édition, Paris, Librairie Hachette et Cie, 1874.

« Article fort extraordinaire », dans *Mercure Galant*, Paris, Chez Michel Brunet, mai 1693 p. 62-69.

BAYLE, Pierre, *Continuation des pensées diverses sur la Comète, ou reponse à plusieurs dificultez que Monsieur*** a proposées à l'Auteur*, Amsterdam, chez Herman Ûytwerf, 1732, tome premier.

BENOÎT XIV, *De revocatione Mortuorum ad vitam, seu de resucitatione*, Rome, 1749, tome IV, cap. XXI. Traduit par Ornella Volta, dans Roger Vadim, *Histoires de Vampires*, Paris, Laffont, 1961.

BILFINGER, G. B., *Élements Physices cum Disquisitione de Vampyris*, Leipzig, 1742.

BOYER D'ARGENS, Jean-Baptiste de, *Lettres Juives ou Correspondance philosophique, historique & critique, entre un juif voyageur en differens etats de l'Europe, et ses correspondans en divers endroits*, La Haye, Chez Paul Gautier, t. 5, Lettre CXXV, 1736.

BUFFON, Georges-Louis Leclerc, « La roussette, la rougette & le vampire », *Histoire naturelle générale et particulière : avec la description du Cabinet du Roy*, Paris, Imprimerie nationale, vol. 10, 1763, p. 55-95.

BUFFON, Georges-Louis Leclerc, *Histoire naturelle générale et particulière des quadrupèdes*, Paris, Imprimerie nationale, vol. 34, 1772, p. 292.

BÜRGER, Gottfried August, *Lenore*, dans Gérard de Nerval, *Faust et le second Faust de Goethe : suivis d'un choix de ballades et de poésies*, dans *Œuvres complètes I*, Paris, Michel Lévy Frères, 1868, p. 384-388.

BYRON (LORD), George Gordon, *Le Giaour, fragment d'une histoire turque* dans

Œuvres complètes de lord Byron : avec notes et commentaires, comprenant ses mémoires publies par Thomas Moore, trad. M. Paulin Paris, Paris, Dondey-Dupré Père et fils, t. 5, 1830-1831, p. 7-64.

BYRON (LORD), George Gordon, *A Fragment*, dans *The Works of Lord Byron with his letters and journals, and his life*, by Thomas Moore, London, John Murray, 1832, vol. VI, p. 339.

BYRON (LORD), George Gordon, *L'Enterrement : un fragment*, dans John Polidori, *Le Vampire*, trad. Luc Deborde, Nouméa, Éditions Humanis, 2018 (seconde edition).

CALMET, Dom Augustin, *Dissertations sur les apparitions des anges, des démons et des esprits et sur les revenans et vampires de Hongrie, de Bohême, de Moravie et de Silésie*, Paris, Chez De Bure l'aîné, 1746.

CALMET, Dom Augustin, *Traité sur les apparitions des esprits et sur les vampires ou les revenants de Hongrie, de Moravie, etc.* Avec une lettre de M. le marquis de Maffei sur la magie (Nouv. éd. rev., corr. et augm. par l'auteur) par le R. P. Dom Augustin Calmet, Paris, Chez Debure l'aîné, tome I, 1751a.

CALMET, Dom Augustin, *Traité sur les apparitions des esprits et sur les vampires ou les revenants de Hongrie, de Moravie, etc.* Avec une lettre de M. le marquis de Maffei sur la magie (Nouv. éd. rev., corr. et augm. par l'auteur) par le R. P. Dom Augustin Calmet, Paris, Chez Debure l'aîné, tome II, 1751b.

CALMET, Dom Augustin, *La Bible en latin et en français*, avec un *Commentaire littéral et critique sur tous les livres de l'Ancien et du Nouveau Testament, Bibliothèque sacrée, ou catalogue des meilleurs livres que l'on peut lire pour acquérir l'intelligence de l'Écriture*, Paris, Emery, 1707-1716.

CARACCIOLI, Louis-Antoine de, *La vie du pape Benoît XIV, Prosper Lambertini*, Paris, hôtel Serpente, 1783.

CARDANUS, Hieronimus (Jérôme Cardan), *Magica seu mirabilium historiarum de spectris et apparitionibus spirituum, item de magicis & diabolicis incantationibus, de miraculis, oraculis…*, 1597.

« De Hongrie », dans *Mercure historique et politique, contenant l'état present de l'Europe, ce qui se passe dans toutes les Cours, les interêts des Princes, & ce qu'il y a de plus curieux pour le Mois d'Octobre 1736*, à la Haye, Chez Henri Scheurleed, 1736, p. 199-203.

DEMELIUS, Christoph Friedrich, *Philosophischer Versuch, ob nicht die merckwürdige Begebenheit derer Blutsauger in Nieder-Ungarn, An. 1732 geschehen, aus denen principiis naturae, insbesondere aus der sympathia rerum naturalium und denen tribus facultatibus hominis koenne erleutert werden*, Weimar, 1732.

Dictionnaire de Trévoux, entrée « Vampire, Wampire, Oupire & Upire », Paris, La Compagnie des Libraires associés, t. VIII, 1771, p. 285.

DIDEROT, Denis, article Éclectisme, (*Hist. de la Philosophie anc. & mod.*),

Encyclopédie, ou dictionnaire raisonné des sciences, des arts et des métiers, par une société de gens de lettres, Paris, Chez Briasson, David, Le Breton, Durand, vol. V, 1755, p. 270a.

DIDEROT, Denis, article Mort, (*Médecine.*), *Encyclopédie ou dictionnaire raisonné des sciences, des arts et des métiers, par une société de gens de lettres*, À neufchastel, Chez Samuel Faulche, vol. X, 1765, p. 718b–727b.

DIPPEL, Johann Conrad (ed.), „Der Todten Essen und Trinken"("Les morts mangent et boivent"), *Geistliche Fama, mitbringend verschiedene Nachrichten und Begebenheiten von göttlichen Erweckungen, Wegen, Führungen und Erweckungen*, Sarden (Berleburg), vol. 8, 1732, p. 22-28.

DUBOSQUET, Louis, *Dissertation sur le cauchemar*, thèse de Médecine soutenue à la Faculté de Médecine de Paris, le 22 juin 1815, Paris, Éditions Didot Jeune.

« Extract from a Private Letter from Vienna » dans *The London Journal*, n° 663, Londres, samedi 11 mars 1731-1732, [3].

FLÜCKINGER, Johann, (avec L.S. J.H. Siegel, L.S. Johann Friedrich Baumgarten, L.S. Büttener, L.S. J.H. von Lindenfels,) « Rapport Flückinger », dans HAMBERGER Klaus, *Mortuus non mordet : kommentierte Dokumente zum Vampirismus 1689-1791*, Turia und Kant, 1992, p. 49-54.

FORTIS, Alberto, *Lettre de M. l'Abbe Fortis a Mylord Comte de Bude sur les mœurs et usages des Morlaques appelés monténégrins, avec figures*, Berne, Société typographique, 1778.

FRITCH, J. G., *Eines Weimarischen Medici muthmassliche Gedanken von denen Vampyren, oder sog. Blutsangern*, Leipzig, 1732.

FROMBALD, Le « Rapport de Hongrie » ou « Rapport Frombald », dans *Das Wienerische Diarium*, Vienne, 21 juillet 1725.

GARMANN, Christian Friedrich, *De miraculis mortuorum*, Lipsiae, Weidmann,. 1687.

Gazette des Gazettes, ou Journal politique, novembre 1765, Première Quinzaine, A. Bouillon, p. 14-19.

GENGELL, D., *Evers Atheism* dans *Travels of Three English Gentlemen from Venice to Hamburg, Being the Grand Tour of Germany in the Year 1734*, dans *Harleian Miscellany*, Londres, Samuel Johnson and William Oldys, 1810.

GOETHE, Johann Wolfgang von, *La Fiancée de Corinthe*, dans *Œuvres de Goethe*, trad. nouvelle par Jacques Porchat, Paris, Hachette librairie, 1880-1912, p. 82-85.

HARENBERG, Johann Christoph, *Vernünftige und Christliche Gedancken über die Vampirs oder Bluhtsaugende Todten*, Wolfenbüttel, Johann Christoph Meißner, 1733.

HIPER., « Wampirs, fait singulier et des plus extraordinaires, s'il est vrai. »,

Le Mercure de France, dédié au Roy, À Paris, Chez Guillaume Cavelier, La Veuve Pissot, Jean Denully, mai 1732, p. 890-898.

HUME, David, *Enquête sur l'entendement humain* [1748], trad. Didier Deleule, section X, Paris, Livre de poche, 1999.

JAUCOURT, Louis de (dit Chevalier de Jaucourt), article Vampire, (*Hist. des superstit.*), *Encyclopédie, ou dictionnaire raisonné des sciences, des arts et des métiers, par une société de gens de lettres*, À neufchastel, Chez Samuel Faulche, vol. XVI, 1765, p. 828b.

LA CONDAMINE, Charles Marie de, *Relation abrégée d'un voyage fait dans l'intérieur de l'Amérique méridionale depuis la côte de la mer du Sud jusqu'aux côtes du Brésil et de la Guyane, en descendant la rivière des Amazones* [*Voyage de la rivière des Amazones* ou *Voyage sur l'Amazone*], Paris, chez la Veuve Pissot, 1745.

LA VARENNE, Jean-Baptiste de, « Question physique sur une espéce de Prodige dûement attesté. », *Le Glaneur Historique, Moral, Littéraire, Galant, & Calottin*, n° 18, La Haye, lundi 3 Mars 1732.

LA VARENNE, Jean-Baptiste de, « Apendice au Vampirisme » dans *Le Glaneur Hiftorique, Moral, Littéraire, Galant, & Calottin*, n° 22, La Haye, lundi 17 Mars 1732.

LENGLET DUFRESNOY, Nicolas, *Traité historique et dogmatique sur les Apparitions, les Visions & les Révélations particulière avec Des observations sur les Dissertations du R. P. Dom Calmet, Abbé de Senones, sur les Apparitions & les Revenans*, Tome Premier, Paris, Chez Didot, 1751a.

LENGLET DUFRESNOY, Nicolas, *Traité historique et dogmatique sur les Apparitions, les Visions & les Révélations particulière avec Des observations sur les Dissertations du R. P. Dom Calmet, Abbé de Senones, sur les Apparitions & les Revenans*, Tome Second, Paris, Chez Didot, 1751b.

LINNÉ, Carl (von), *Systema naturæ per regna tria naturæ, secundum classes, ordines, genera, species, cum characteribus, differentiis, synonymis, locis [Système de la nature, en trois règnes de la Nature, divisés en classes, ordres, genres et espèces, avec les caractères, les différences, les synonymes et les localisations]*, Holmiæ, Laurentius Salvius, t. I, 1758.

LINNÉ, Carl (von), *Abrégé du système de la nature, de Linné, Histoire des mammaires ou des quadrupèdes et cétacées*, À Lyon, Chez l'Éditeur, 1805.

LOUIS, Antoine, *Lettres sur la certitude des signes de la mort, où l'on rassure les citoyens de la crainte d'être enterrés vivans. Avec des observations & des expériences sur les noyés*, Paris, Chez Michel Lambert, 1752.

MALEBRANCHE, Nicolas, *De la recherche de la vérité. Où l'on traite de la Nature de l'Esprit de l'homme, & de l'usage qu'il en doit faire pour éviter l'erreur dans les Sciences* [1674-1675], dans *Œuvres de Malebranche*, deuxième série « Recherche de la vérité », Paris, Charpentier Libraire-éditeur, 1842.

MARIGNER (seigneur du Plessis), « Traité sur les Striées de Russie », dans *Mercure Galant*, Paris, Chez Michel Brunet, février 1694, p. 13-119.

Mémoires pour l'histoire des sciences et des beaux-arts [ou Journal de Trévoux], Paris, Chez Chaubert, octobre 1746, art. XCVII, p. 579.

MEINIG, J. C., *Besondere Nachricht von denen Vampyren oder so genannten Blut-Saugern*, Leipzig, 1732.

OSSENFELDER, Heinrich August, *Der Vampir*, dans *Der Naturforscher* (Achtundvierzigstes Stück), Leipzig, Sonnabend, 25 Mai 1748.

POHLE, J. Chr. et HERTEL J.-G., *De hominibus post mortem sanguisugis vulgo sic dictis Vampyren*, Leipzig, 1732.

POLIDORI, John (attribué dans ce recueil à Lord Byron), *Le Vampire*, traduit dans *Histoires fantastiques*, (traducteur non précisé) Avignon, Amédée Chaillot, 1864, p. 5-47.

POLIDORI, John, "Extract of a Letter from Geneva." dans *The Vampyre, A Tale*, London, Sherwood, Neely and Jones, 1819.

POLIDORI, John, *The Diary of Dr. John Polidori (Relating to Byron, Shelley, etc.)*, ed. William Michael Rossetti, London, Elkin Mathews, 1911, chapitre « Villa Diodati ».

« Political Vampyres », *The Craftsman*, vol. IX, n° 307, 20 mai 1732, p. 120-129.

RANFT, Michaël, *De masticatione mortuorum in tumulis (De la mastication des morts dans leur tombeau)*, trad. du latin et présentation Danielle Sonnier, Grenoble, éd. Jérôme Millon, coll. Petite collection Atopia, 1995.

« Rapports GLASER et FLÜCKINGER », *Commercium litterarium, ad rei medicae et scientiae naturalis incrementum institutum*, Nuremberg, Societas Litteris Jo. Ernest Adelbulneri, février 1732 (p. 82-83) ; mars (XII, p. 90-92) et avril (XVIII, p. 141-144) ; également sur les vampires 1733, XIX, p. 46.

ROHR, Philippus, *Dissertatio historico-philosophica de masticatione mortuorum*, Lipsiae, typ. M. Vogtius (s. d.), Augusti 1679.

ROUSSEAU, Jean Jacques, *Jean Jacques Rousseau, citoyen de Genève, à Christophe de Beaumont, archevêque de Paris portant condamnation d'un Livre qui a pour titre : Émile, ou de l'Éducation, par J. J Rousseau, Citoyen de Genève*, [suivi de] *Mandement de Monseigneur l'archevêque de Paris, …*, Amsterdam, M. M. Rey, 1762-1763, p. 101-104.

ROUSSEAU, Jean Jacques, *Profession de foi du Vicaire savoyard*, Fribourg et Paris, éd. Pierre-Maurice Masson, 1914.

RÜDIGER, Andreas, *Physica Divina*, Francfort, typ. M. Andreae, 1716.

RYCAUT, Sir Paul, *Histoire de l'État présent de l'Église grecque*, À Amsterdam, Chez Paul Marret, 1696.

RZACZYNSKI, Gabrielis, *Historia naturalis curiosa regni Poloniae*, Sandomierz (Pologne), Sandomiriae, 1721.

SCHERTZ, Charles-Ferdinand de, *Magia posthuma per juridicum illud pro & contra suspenso nonnullibi judicio investigata à Carolo Ferdinando de Schertz, aerae salutiferae ubi paciscendum*, Olmütz, 1704.

SIDNEY, Philip, « Political Vampyres », *Appelbee's Original Weekly Journal*, Londres, samedi 27 mai 1732.

STAGG, John, *The Vampyre*, dans *The Minstrel of the North; or, Cumbrian Legends. Being a Poetical Miscellany or Legendary, Gothic, and Romantic Tales*, Manchester, Mark Wardle et J. Blacklock, 1816.

STOCK, Johann Christian, *Dissertatio Physica de Cadaveribus sanguisugis Von denen so genannten Vampyren oder Menschen-Saugern*, Jena, Litteris Hornianis, 1732.

TALLAR, Georg, *Visum Repertum Anatomico-chirurgicum, oder Gründlicher Bericht von den sogenannten Blutsäugern, Vampier, oder in der wallachischen Sprache Moroi, in der Wallachey, Siebenbürgen, und Banat : Welchen eine Eigends dahin Abgeordnete Untersuchungskommission der Löbl. K. K. Administration im Jahre 1756 erstattet hat*, Wien et Leipzig, Johann Georg Möble, 1784.

THIERS, Jean-Baptiste, *Traité des superstitions qui regardent les sacrements, selon l'Écriture sainte, les décrets des conciles et les sentiments des saints Pères et des théologiens*, Avignon, L. Chambeau, 4e édition, t. I, 1777.

TOURNEFORT, Joseph Pitton de, *Relation d'un voyage du Levant*, À Lyon, Chez Anisson et Posuel, tome premier, 1717.

URBAN, Sylvanus, « Political Vampyres », in Sylvanus Urban (ed.), *The Gentleman's Magazine or, Monthly Intelligencer*, 2, Londres, mai 1732, F. Jefferies, p. 750-752.

VAN SWIETEN, Gerard, *Remarques sur les vampyrismes de l'an 1755. Par le Baron Van Swieten faites à sa Majesté imp. Et royale, avec la version par Mr Antoine Hiltenprand*, Mayer, Augsbourg, 1755.

VOGT, Gottlob Heinrich, *Kurtzes Bedencken von den acten-mäßigen Relationen wegen deren Vampiren, oder Menschenund Vieh-Aussaugern ingleichen über das davon in Leipzig herausgekommene Raisonnement vom Welt-Geiste, an gute Fruende gesandt von Gottlob Heinrich Vogt*, Leipzig, August Martini, 1732.

VOLTAIRE, article « Vampire », *Questions sur l'Encyclopédie, par des amateurs (VIII / Privilèges – Zoroastre)*, dans *Œuvres complètes de Voltaire*, dir. Nicholas Cronk et Christiane Mervaud, Oxford, Voltaire Foundation, vol. 43, 2013, p. 416-424.

VOLTAIRE, *Correspondance*, dans *Œuvres complètes de Voltaire*, texte établi par Louis Moland, Paris, Garnier, tome 14, 1878a.

VOLTAIRE, article « Corps », *Dictionnaire philosophique II* [1764], dans *Œuvres complètes de Voltaire*, texte établi par Louis Moland, Paris, Garnier, tome 18, 1878b, p. 269-272.

VOLTAIRE, article « Job », *Dictionnaire philosophique*, dans *Œuvres complètes de Voltaire*, éd. Christiane Mervaud, Oxford, Voltaire Foundation, t. 36, 1994a, p. 243-252.

VOLTAIRE, article « Résurrection », *Dictionnaire philosophique*, dans *Œuvres complètes de Voltaire*, éd. Christiane Mervaud, Oxford, Voltaire Foundation, t. 36, 1994b, p. 490-498.

VOLTAIRE, *Correspondance*, dans *Œuvres complètes de Voltaire*, texte établi par Louis Moland, Paris, Garnier, t. 36, 1883a.

VOLTAIRE, *Correspondance*, dans *Œuvres complètes de Voltaire*, texte établi par Louis Moland, Paris, Garnier, t. 38, 1883b.

VOLTAIRE, *Correspondance*, dans *Œuvres complètes de Voltaire*, texte établi par Louis Moland, Paris, Garnier, t. 39, 1883c.

WEBSTER, John, *The Displaying of Supposed Witchcraft*, Londres, J.M. [Jonas Moore], 1677.

WINSLOW, Jacques-Bénigne, *Dissertation sur l'incertitude des signes de la mort et l'abus des enterrements et embaumements précipités*, trad. BRUHIER D'ABLAINCOURT Jacques-Jean, Paris, Chez Morel, Prault et Simon, 1742.

WOLFF, Christian, *Psychologie ou Traité sur l'âme, contenant la connaissance que nous en donne l'expérience par M. Wolf*, Amsterdam, chez Pierre Mortier, 1745.

W.S.G.E., *Curieuse und sehr wunderbare Relation, von denen sich neuer Dingen in Servien erzeigenden Blut-Saugern oder Vampyrs, aus authentischen Nachrichten mitgetheilet, und mit Historischen und Philosophischen Reflexionen begleitet*, 1732a.

W.S.G.E., *Acten-mäßige und Umständliche Relation von denen Vampiren oder Menschen-Saugern*, Leipzig, Augusto Martini, 1732b.

ZOPF (ou ZOPFF), Johann Heinrich, *Dissertatio de Vampiris Serviensibus*, Duisburg ad Rhenum, Johannis Sas, 1733.

CORPUS SECONDAIRE : LES SUPPORTS D'UNE RECHERCHE SUR LA CROYANCE AUX VAMPIRES

OUVRAGES MONOGRAPHIQUES ET COLLECTIFS

AGUERRE, Jean-Claude, *La naissance du vampire au XVIIIe siècle : en quoi l'évolution de la pensée au XVIIIe siècle a-t-elle permis l'apparition d'un mythe comme celui du vampire*, thèse soutenue sous la direction de François Chatelet, Paris 8, Institut polytechnique de philosophie, le 29 juin 1981.

ALBALAT, Antoine, *Les ennemis de l'art d'écrire*, Paris, Librairie universelle, 1905.

AUBIN, Gauthier, *Histoire du somnambulisme*, Paris, F. Malteste, t. I, 1842.

BARBER, Paul, *Vampires, Burial, and Death: Folklore and Reality*, Yale University Press, 1988.

BARGER, Andrew, *BlooDeath: The Best Vampire Short Stories 1800-1849*, Tennessee, Bottletree Books LLC, 2011.

BARTHES, Roland, *Mythologies* [1957], Paris, Seuil, 2010.

BARTHES, Roland, « L'effet de réel », dans *Communications*, 11. Recherches sémiologiques le vraisemblable, 1968, p. 84-89.

BAUDELAIRE, Charles, « Salons de 1859 », *Curiosités esthétiques*, Paris, Michel Lévy frères, 1868, p. 245-358.

BERGSON, Henri, *Les deux sources de la morale et de la religion* [1932], Paris, Félix Alcan, 1937.

BELAVAL, Yvon et BOUREL, Dominique, *Le Siècle des Lumières et la Bible*, Paris, éditions Beauchesne, 1986.

La Bible de Jérusalem, *La Sainte Bible* traduite en français sous la direction de l'École biblique de Jérusalem, Nouvelle édition entièrement revue et augmentée, 13e édition, Paris, Les éditions du Cerf, 1990.

BILGER, Nathalie, *Anomie vampirique, anémie sociale : pour une sociologie du vampire au cinéma*, Paris, l'Harmattan, coll. Logiques sociales, 2002.

BIRABEN, Jean-Noël, *Les hommes et la peste en France et dans les pays européens et méditerranéens, Tome II : Les hommes face à la peste*, Paris-La Haye, Mouton, 1976.

BIZOUARD, Joseph, *Des rapports de l'Homme avec le démon, essai historique et Philosophique*, tome sixième, Paris, Gaume frères et J. Duprey, 1864.

BOSC, Ernest, *Glossaire raisonné de la divination, de la magie et de l'occultisme*, Paris, Librairie du XXe siècle, 1910.

BRIERRE DE BOISMONT, Alexandre, *Des hallucinations, ou Histoire raisonnée des apparitions, des visions, des songes, de l'extase, du magnétisme et du somnambulisme*, Paris, Germer Baillière, Libraire-éditeur, (3e édition entièrement refondue) 1862.

BRIDIER, Sophie, *Le cauchemar. Étude d'une figure mythique*, Paris, Presses de la Sorbonne, 2002.

BRUNEL, Pierre, *Mythocritique : théorie et parcours*, Paris, Presses Universitaires de France, 1992.

BURNS, William E., *Witch hunts in Europe and America: an encyclopedia*, Greenwood (USA), Greenwood Publishing Group, 2003.

BUTLER, Erik, *Metamorphoses of the Vampire in Literature and Film: Cultural Transformations in Europe, 1732-1933*, Rochester, New-York, Camben House, 2010.

CAMPBELL, Joseph, *The Hero with a Thousand Faces*, New-York, Pantheon Press, 1949.

CAMPBELL, Joseph, *Le héros aux mille et un visages*, trad. Henri Crès, Paris, J'ai Lu, coll. J'ai Lu Bien-être, 2013.

CERTEAU, Michel DE, *La Possession de Loudun*, Paris, Julliard, collection Archives, 1970.

CICÉRON, *De la Divination*, trad. Gérard Freyburger et John Scheid, Paris, Les Belles Lettres, coll. La Roue à livres, 1992.

COLERIDGE, Samuel Taylor, *Biographia Literaria*, dans *The Rime of The Ancient Mariner*, ed. Lincoln R. Gibbs, M. A., Boston, Ginn & Company Publishers, 1898.

COLERIDGE, Samuel Taylor, « Autobiographie littéraire, chap. XIV », dans *La Ballade du Vieux Marin et autres textes*, trad. Jacques Darras, Paris, Gallimard, coll. NRF Poésie, 2007, p. 397.

CRAWFORD, Heide, *The Origins of the Literary Vampire*, Lanham, Rowman & Littlefield, 2016.

D'AQUIN, Thomas, *Sur la vérité* [1257], art. 1, trad. Gilles-Jérémie Ceausescu, CNRS éditions, 2008.

D'AUREVILLY, Barbey, *Les œuvres et les hommes : les philosophes et les écrivains religieux.* Paris, Amyot, 1860.

DELUMEAU, Jean, *La peur en Occident : Une cité assiégée (XIVe-XVIIe siècles)*, Paris, Fayard, 1978.

DE STAËL, Germaine, *De l'Allemagne* [1813], dans *Œuvres,* t. III, Paris, Lefèvre, 1838.

DIDI-HUBERMAN, Georges, *Ce que nous voyons, ce qui nous regarde*, Paris, Les éditions de Minuit, coll. Critique, 1992.

EIBL, Karl (dir.), *Goethes Lyrik 1756-1799*, Francfort-sur-le-Main, Deutscher Klassikerverlag, 1989.

ÉLIADE, Mircea, *Aspects du mythe*, Paris, Gallimard, coll. Folio, 1963.

ELLENS, Jay Harold et ROLLINS, Wayne G. (eds.), *Psychology and the Bible. A New Way to Read the Scriptures*, vol. 1 *From Freud to Kohut*, Westport, Connecticut, London, Praeger, 2004.

FAIVRE, Tony (Antoine), *Les vampires : essai historique, critique et littéraire*, Paris, éditions Losfeld, le Terrain Vague, 1962.

FAVRE, Robert, *La mort dans la littérature et la pensée françaises au siècle des Lumières*, Lyon, Presses Universitaires de Lyon, 1978.

GERARD, Emily, *The Land Beyond the Forest: Facts, Figures, and Fancies from Transylvania*, New-York, Harper & Brothers, 1888.

GIRARD, René, *La violence et le sacré*, Paris, Hachette Littératures, coll. Pluriel, 2002.

GROOM, Nick, *The Vampire: A New History*, New Haven and London, Yale University Press, 2018.

HAMILL NASSAU, Rev. Robert, *Fetichism in West Africa*, New York, Charles Scribners's sons, 1904.

HIPPOCRATE, *Traité des songes. Œuvres médicales* [-421/-377], Lyon, Éditions du Fleuve, t. 3, 1954.

HIPPOCRATE, « De la maladie sacrée », *De l'art médical*, Paris, Livre de poche, 1994, p. 125-142.

JARROT, Sabine, *Le vampire dans la littérature du XIXe au XXe siècle. De l'autre à un autre soi-même*, Paris, L'Harmattan, 1999.

KASTNER, Georges, *Les Danses des Morts. Dissertations et recherches historiques, philosophiques, littéraires et musicales sur les divers monuments de ce genre qui existent ou qui ont existé tant en France qu'à l'étranger*, Paris, Brandus et Cie éditeurs, 1852.

LE BRUN, Annie, *Les Châteaux de la subversion*, Paris, Garnier, 1982.

LECOUTEUX, Claude, *Histoire des Vampires, autopsie d'un mythe*, Paris, Imago, 1999.

LECOUTEUX, Claude et Philippe MARCQ, *Les esprits et les morts. Croyances médiévales*, Paris, Champion, 1990.

LÉVY-BRUHL, Lucien, *Primitifs* (1922-1935), Paris, Anabet éditions, 2007.

LÉVI-STRAUSS, Claude, *La pensée sauvage*, Paris, Plon, 1962.

LUTHER, Martin, *Les Propos de table de Martin Luther*, revus sur les éditions originales, et traduits pour la première fois en français par Gustave Brunet, Paris, Garnier Frères, 1844.

MAGGIOLO, Louis, *Éloge historique de D.A. Calmet, abbé de Senones*, Nancy, Grimblot, Thomas et Raybois, 1839.

MAPES, Gualteri (Gautier Map), *De nugis curialium distinctiones quinque* [1193], ed. Thomas Wright, London, Nichols for the Camden Society, 1850.

MARIGNY, Jean, *Vampires, de la légende au mythe moderne*, Paris, éditions de la Martinière, 2011.

MARIGNY, Jean, *Sang pour sang, Le Réveil des Vampires*, Paris, Gallimard, coll. Découvertes Gallimard : culture et société, 2010.

MARIGNY, Jean, *Le Vampire dans la littérature anglo-saxonne*, Lille, Atelier national de reproduction des thèses, université de Lille III ; Paris, Didier-Érudition, 1985 (thèse d'État de Lettres soutenue en 1983 à l'université de Grenoble 3.

MARÍN, Álvaro García, "Imperial Provisor Frombald's First Name – Discovered", dans *Journal of Vampire Studies*, ed. Anthony Hogg, vol. 1, n° 1, 2020.

MEZES, Adam, *Insecure Boundaries. Medical experts and the returning dead on the Southern Hasburg borderland*, dir. Laszlo Kontler et Gabor Klaniczay, Central European University History Department, 2013.

PHILIP, Reverend John, *Researches in South Africa*, vol. II, London, James Duncan, Paternoster Row, 1828.

PLANCY, Collin de, *Dictionnaire infernal. Répertoire universel des êtres, des personnages, des livres, des faits et des choses qui tiennent aux esprits, aux démons, aux sorciers, au commerce de l'enfer, aux divinations, aux maléfices, à la cabale et aux autres sciences occultes, aux prodiges, aux impostures, aux superstitions diverses et aux pronostics, aux faits actuels du spiritisme, et généralement à toutes les fausses croyances merveilleuses, surprenantes, mystérieuses et surnaturelles* [1818], sixième édition augmentée de 800 articles nouveaux, Paris, Henri Plon, Imprimeur-éditeur, 1863.

PLUTARQUE de Chéronée, « De la Superstition », *Œuvres Morales* [70 ap. JC.], Paris, Les Belles Lettres, 1985, p. 49.

RALSTON, William Shedden, *The song of Russian People*, London, Ellis & Green, 1872.

ROPER, Hugh Trevor, *The European Witch-Craze of the 16th and 17th Centuries*, Harmondsworth, Penguin, 1978.

SCHAEFFER, Jean-Marie, *Pourquoi la fiction ?*, Paris, Seuil, coll. Poétique, 1999.

SEMPÈRE, Emmanuelle, *De la merveille à l'inquiétude, le registre du fantastique dans la fiction narrative au* XVIII*e* *siècle*, Bordeaux, P.U.B., 2009.

SOLOVIOVA-HORVILLE, Daniela, *Les vampires. Du folklore slave à la littérature occidentale*, Paris, L'Harmattan, 2011.

SUTHERLAND, John, *Curiosities of Literature*, London, Random House, 2008.

SWANTON BELLOC, Louise, *Lord Byron*, Paris, A.-A. Renouard, 1824.

TAINE, Hippolyte-Adolphe, *Histoire de la littérature anglaise*, Paris, Hachette, t. 4, 1878.

THOMASIUS, Christian, *Introductio ad philosophiam aulicam*, Leipzig, 1688 (facsim. Hildesheim, 1993).

THOMASIUS, Christian, *Versuch vom Wesen des Geistes*, Halle, Rengerischer Buchladen, 1699.

TODOROV, Tzvetan, *Introduction à la littérature fantastique*. Paris, Seuil, coll. Points, éditions de 1970 et 2015 consultées.

VALLS DE GOMIS, Estelle, *Le vampire au fil des siècles : Enquête autour d'un mythe*, Le Coudray-Macouard, Cheminements Éditions, 2005.

VILLENEUVE, Roland, *Loups-Garous et Vampires*, Paris, Éditions J'ai lu, 1970.

VOLTA, Ornella, *Le Vampire, la mort, le sang, la peur*, Paris, Jean-Jacques Pauvert, Bibliothèque international d'érotologie, nº 8, 1962.

WALCH, Johann Georg, *Philosophisches Lexicon*, Leipzig, Joh. Friedrich Gleditschens, 1726.

WALCH, Johann Georg, *Einleitung in die Philosphie*, Leipzig, 1730.

YOVANOVITCH, Voyslav M., *« La Guzla » de Prosper Mérimée : étude d'histoire romantique*, Paris, Hachette, 1911.

ARTICLES

ANGELIER, François, « Je bois, ceci est ton sang… », dans *Dracula : de la mort à la vie*, dir. Charles Grivel, Paris, L'Herne, coll. Cahiers de l'Herne, 1997, p. 129-141.

ANTONOWICZ, Kaja, « La tresse et la corde : les vampires du *Manuscrit trouvé à Saragosse* de Jean Potocki », dans Michel Porret et François Rosset (éd.), *Le Jardin de l'esprit. Textes offerts à Bronisław Baczko*, Genève, Droz, 1995, p. 11-25.

BANDERIER, Gilles, « Dom Calmet et l'"autre Europe" », dans *Dom Augustin Calmet, Un itinéraire intellectuel*, Paris, éditions Riveneuve, 2008, p. 407-418.

BANDERIER, Gilles, « Un cas particulier de "tolérance" : Voltaire et dom Calmet », dans *Voltaire, la tolérance et la justice*, ed. John Renwick, Paris, Peeters, 2011, p. 35-63.

BAZIN, Jean, « Les fantômes de Mme du Deffand : exercices sur la croyance », *Critique*, n° 529-530 (*Sciences humaines : sens social*), 1991, p. 492-511.

BOHN, Thomas M., „Das Gespenst von Lublau : Michael Kaspareks Verwandlung vom Wiedergänger zum Blutsauger", *Spiegel der Forschung*, Université de Giessen, vol. 26, n° 2, déc. 2009, p. 78-83.

BOURGEON, Jean-Louis, « La peur d'être enterré vivant : mythe ou réalité ? », *Revue d'histoire moderne et contemporaine*, n° 30-1, 1983/1, p. 139-153.

CAILLOIS, Roger, « Les Démons de Midi : II. Les Démons (suite) », *Revue de l'histoire des Religions*, vol. 116, 1937a, p. 54-83.

CAILLOIS, Roger, « …suite et fin », *Revue de l'histoire des Religions*, vol. 116, 1937b, p. 143-186.

CARLIER, Camille, « De nouvelles tombes de "vampires" découvertes en Pologne », *maxisciences.com*, 15 juillet 2013. Consultable sur :http://www.maxisciences.com/vampire/de-nouvelles-tombes-de-vampires-decouvertes-en-pologne_art30175.html [dernière consultation : 25/11/2020].

COLE, Phillip, "Rousseau and the Vampires : Toward a Political Philosophy of the Undead", dans *Zombies, Vampires, and Philosophy: New Life for the Undead*, ed. Richard Greene et K. Silem Mohammad, Chicago, Ill., Open Court, 2010, p. 186-196.

DIMI, Milan V., « Vampiromania in the Eighteenth Century : The Other side of the Enlightenment », *Man and Nature / L'Homme et la nature, Actes de la Société canadienne d'étude du dix-huitième siècle / Proceedings of the Canadian Society for Eighteenth-Century Studies*, Robert James Merrett (dir.), Montréal, Canadian Society for Eighteenth-Century Studies, vol. 3, 1984, p. 1-22.

DORDEVIĆ, Tihomir R., « Vampir i druga bića u našem narodnom verovanju i predanju », dans *Srpski Etnografski zbornik*, vol. 66, Belgrad/Beograd, Srpska akademija nauka, 1953, p. 149-219.

DUPONT, Florence, « Pestes d'hier, pestes d'aujourd'hui », *Histoire, économie & société*, 1984, vol. 3, n° 4, p. 511-524.

DURAND, Gilbert, « Le voyage et la chambre dans l'œuvre de Xavier de Maistre », *Romantisme* 4 « Voyager doit être un travail sérieux », Paris, Flammarion, 1972, p. 76-89.

EIGELDINGER, Frédéric S., « Jean-Jacques et les vampires », *Rousseau Studies*, 1, 2013.

FAIVRE, Antoine, « Du vampire villageois au discours des clercs », *Les vampires*, dir. A. Faivre et J. Marigny, Paris, Albin Michel, 1993, p. 45-74.

FOUCAULT, Michel, « Des espaces autres » (conférence au Cercle d'études architecturales, le 14 mars 1967), dans *Dits et écrits 1954-1988*, Paris, éd. D. Defert et F. Ewald, vol. IV : 1980-1988, 1994, p. 752-762.

FRAYLIN, Christopher et WOKLER, Robert, "From the orang-utan to the vampire : towards an antropology of Rousseau" dans *Rousseau after 200 years. Proccedeings of the Cambridge Bicentennial Colloquium*, éd. Ralph Alexander Leigh, Cambridge, Cambridge University Press, 1982, p. 109-129.

GÖRRES, Joseph von, « Über Vampyre und Vampyrisirte » [1840], dans Diether Sturm et Klaus Voelker, *Von denen Vampiren oder Menschensaugern (Dichtungen und Dokumente)*, Munich, Carl Hanser, 1968.

GOULEMOT, Jean-Marie, « Démons, merveilles et philosophie à l'âge classique », dans *Annales. Économies, Sociétés, Civilisations*, 35e année, n. 6, 1980, p. 1223-1250.

HABERT, O., « Orphisme et Christianisme », *La Croix*, mercredi 6 juillet 1938, p. 4.

HOCK, Stephan (ou Stephen selon les versions), « Die vampyrsagen und ihre verwertung in der deutschen Literatur » dans *Forschimgen zur neueren Litteraturgeschkhte* 17, Berlin, 1900, p. 1-133.

HUET, Marie-Hélène, "Deadly Fears : Dom Augustin Calmet's Vampires and the Rule Over Death", *Eighteenth-Century Life*, 21, mai 1997, p. 222-232.

JACQUIER, Claire, « Farouches vertus : peur et désir chez quelques héroïnes de roman au XVIIIe siècle », dans *La Peur au XVIIIe siècle*, éd. Jacques Berchtold et Michel Porret, Paris, Droz, coll. Recherches et Rencontres, 1994, p. 135-151.

JETTÉ, Père Julius (S.J.), « On the Medicine-Men of the Ten'a (Déné) », *Journal of the Royal Anthropological Institute of Great Britain and Ireland*, vol. 37, 1907, p. 157-188.

KLANICZAY, Gabor, « Decline of witches and rise of vampires in 18th century Habsburg monarchy », *Ethnologica Europea*, 17, 1987, p. 165-180.

KLAPPER, Joseph, "Die schlesischen Geschichten von den schädigenden Toten", dans *Mittheilungen der schlesischen Gesellschaft für Volkskunde* 11, 1909, p. 58-93.

KÖPECZI, Béla, « Un scandale des Lumières : les vampires », dans Raymond Trousson (dir.), *Thèmes et figures du siècle des Lumières : mélanges offerts à Roland Mortier*, Genève, Droz, 1980, p. 122-135.

LECOUTEUX, Claude, « Le cauchemar dans les croyances populaires européennes », dans *Le cauchemar. Mythologie, folklore, Arts et Littérature*, dir. Bernard Terramorsi, Paris, Le Publieur, 2003, p. 75-86.

LECOUTEUX, Claude, « Typologie de quelques morts malfaisants », dans *Cahiers slaves*, n° 3, La mort et ses représentations (Monde slave et Europe du Nord), 2001, p. 227-244.

MANFREDI, Gianfranco, « Voltaire et les vampires », *Multitudes*, vol. 33, no. 2, 2008, p. 91-99.

MARIGNY, Jean, « L'évolution d'une espèce », *Le Magazine littéraire*, n° 529, mars 2013, p. 57.

MARK, Joshua J., « Histoire de fantômes antique : Philinnion et Mâchâtes », trad. Babeth Étiève-Cartwright, *Ancient History Encyclopedia*, 24 janvier 2019. Consultable sur : https://www.ancient.eu/trans/fr/2-763/histoire-de-fantomes-antique-philinnion-et-machate/ [Dernière consultation : 11/01/2021]

MARTIN, Christophe, « Tombeaux du féminin. Notes sur l'espace et le corps chez l'abbé Prévost », Littérature n° 103, octobre 1996, p. 20-31.

ORESKOVIC, Luc, « Le thème des lycanthropes et des vampires, de dom Calmet à l'abbé de Fortis : une approche des pays de confins », dans *Dix-huitième siècle*, n° 42, 2010, p. 265-283.

PATEL, Samir S., « Plague Vampire Exorcism », *archive.archaeology.org*, 2009. Consultable sur : http://archive.archaeology.org/online/features/halloween/plague.html [dernière consultation : 25/07/20].

PETERSEN, Niels K., "Visum et repertum", *magiaposthuma.blogspot.fr*, 20 septembre 2008a. Consultable sur http://magiaposthuma.blogspot.fr/2008/09/visum-et-repertum.html [dernière consultation le 03/01/2021].

PETERSEN, Niels K., "Kottwitz and Kucklina", *magiaposthuma.blogspot.fr*, 21 Septembre 2008b. Consultable sur http://magiaposthuma.blogspot.fr/2008/09/kottwitz-and-kucklina.html [dernière consultation le 03/01/2021].

PETERSEN, Niels K., "In search of Georg Tallar and other borderland vampire investigators", *magiaposthuma.blogspot.fr*, 21 avril 2014. Consultable sur http://magiaposthuma.blogspot.fr/2014/04/in-search-of-georg-tallar-and-other.html [dernière consultation le 03/01/2021].

PORSET, Charles, « Vampires et Lumières », *SVEC*, n° 266, 1989, p. 125-150.

RICŒUR, Paul, « Croyance », *Encyclopaedia Universalis*, Vol. 5, 1968, p. 171-176.

SCHAUB, Hagen, « Geyer, Stebler, Tharsander, Hellmund, Berger und Charisius », *Blutspuren : Die Geschichte der Vampire. Auf den Spuren eines*

Mythos, Graz, Leykam Buchverlagsgesellschaft m.b.H. Nfg. & Co KG, 2008, p. 150-152.

SCHWARZBACH, Bertram Eugene, « Dom Augustin Calmet : homme des Lumières malgré lui ? », dans *Dix-huitième Siècle*, n° 34 « Christianisme et Lumières », 2002, p. 451-463.

SHEA, Rachel Hartigan, « Des "vampires" déterrés en Pologne », *nationalgeographic.fr*, 30 décembre 2015. Consultable sur : http://www.nationalgeographic.fr/25455-des-vampires-deterres-en-pologne/ [dernière consultation : 25/11/2020].

SOLOVIOVA-HORVILLE, Daniela, « Les métamorphoses du vampire : du folklore slave au mythe littéraire », dans *Dracula : l'œuvre de Bram Stoker et le film de Francis Ford Coppola*, dir. Gilles Ménégaldo et Dominique Sipière, Ellipses, Paris, 2005, p. 33-43.

TERRAMORSI, Bernard, « Portraits du revenant de poids. Un aperçu du cauchemar en peinture », dans Bernard Terramorsi (dir.), *Le cauchemar. Mythologie, folklore, Arts et Littérature*, Paris, Le Publieur, 2003, p. 109-138.

TERRAMORSI, Bernard, « La figure mythique du cauchemar. Une écrasante présence », *Cahiers de recherches médiévales*, n° 11, 2004, p. 46-55.

VAX, Louis, « Dom Calmet et les Vampires », dans *Aspects du Classicisme et de la Spiritualité : mélanges en l'honneur de Jacques Hennequin*, réunis et publ. par Alain Cullière, Paris, Klincksieck, 1995, p. 423-436.

VENTURINO, Diego, « Dom Calmet, "historiographe des vampires" ? », dans *Dom Augustin Calmet, Un itinéraire intellectuel* [actes de colloque, Nancy, 18-20 octobre 2007], dir. Philippe Martin et Fabienne Henryot, Paris, Riveneuve éd., 2008, p. 235-248.

VIDAL, Fernando, « Tel 'la glace d'un miroir'. Le témoignage des miracles dans la canonisation des Lumières », *Dix-huitième siècle*, n° 39 « Le Témoignage », janvier 2007, p. 77-98.

VIEGNES, Michel, « Postérités de "La Fiancée de Corinthe" ('*Die Braut von Korinth*') : Goethe et l'imaginaire de la morte amoureuse », *Fabula / Les colloques*, Goethe, le mythe et la science. Regards croisés dans les littératures européennes, 5 juin 2019. Consultable sur : http://www.fabula.org/colloques/document6192.php [Dernière consultation : 20/12/2020]

WILSON, Katharina M., « The History of the Word *Vampire* », *Journal of the History of Ideas*, Oct.-Dec. 1985, vol. 46, n° 4, p. 577-583.

ŒUVRES LITTÉRAIRES CITÉES

BÉRARD, Cyprien, *Lord Ruthven ou les Vampires*, Paris, Chez Ladvocat, 1820

COLERIDGE, Samuel Taylor, *Christabel, &c.*, Londres, John Murray, 1816.

DUMAS, Alexandre, *Mes mémoires*, Paris, Lévy Frères, Troisième série, 1863.

GAUTIER, Théophile, *La Morte amoureuse* dans *Contes fantastiques*, Paris, José Corti, 1986, p. 77-117.

GLIŠIĆ, Milovan, *Posle devedeset godina (90 ans plus tard)* [1880], DOO Media Art Content, 2015.

ÉLIADE, Mircea, *Mademoiselle Christina*, Paris, 10-18, 1981.

KING, Stephen, *Ça* (*It*, 1986), Paris, Albin Michel, 1988.

LE FANU, Joseph Sheridan, *Carmilla* dans *In a Glass Darkly*, London, R. Bentley & Son, vol. 3, 1872, p. 47-270.

LE FANU, Joseph Sheridan, *Carmilla*, trad. Gaïd Girard, Paris, Babel, Fantastiques, 1996.

MAUPASSANT, Guy DE, *Le Horla*, Paris, Paul Ollendorff, 1887.

MAUPASSANT, Guy de, *Lui ?*, dans *Les Sœurs Rondoli* [1883], Paris, Albin Michel, 1927.

MÉRIMÉE, Prosper, *La Guzla : ou choix de poésies illyriques, recueillies dans la Dalmatie, la Bosnie, la Croatie et l'Herzégowine*, Paris, Chez F.-G. Levrault, 1827.

PHILOSTRATE, *Vie d'Appollonios de Thyane*, trad. P. Grimal dans *Romans grecs et latins*, Paris, coll. Pléiade, 1963.

SOUTHEY, Robert, *The Old Woman of Berkeley* [1798], dans *The Poetical Works of Robert Southey*, vol. VI, Londres, Longman, 1838, p. 74-84.

TIECK, Johann Ludwig, *Wake Not the Dead* [1800] dans *Popular Tales and Romances of the Northern Nations in three volumes*, vol. I, London, Printed for W. Simpkin and R. Marshall, p. 233-293.

TOLSTOÏ, Alexeï, *La Famille du Vurdalak* précédé de *Le Rendez-vous dans trois cents ans* et suivi d'*Oupires*, traduction et préface de Paul Lequesne, Paris, Éditions L'Âge d'Homme, 1993.

DICTIONNAIRES

Définition de « Dûment », extraite du Centre National de Ressources Textuelles et Lexicales (en ligne). Consultable sur http://www.cnrtl.fr/definition/d%C3%BBment [Dernière consultation : 12/01/2021].

Définition de « Définir », extraite du Centre National de Ressources Textuelles et Lexicales (en ligne). Consultable sur http://www.cnrtl.fr/etymologie/d%C3%A9finir/verbe [Dernière consultation : 12/01/2021].

Définition de « Heiduque », extraite du Centre National de Ressources Textuelles et Lexicales (en ligne). Consultable sur http://www.cnrtl.fr/definition/heiduque [Dernière consultation : 12/01/2021].

Dictionnaire grec-français, français-grec, dir. Nathalie Lanckriet, Chennevières-sur-Marne, Assimil, 2009.

Grand dictionnaire étymologique & historique du français, dir. Henri Mitterand et Albert Dauzat, Paris, Larousse, 2011.

La Curne de Sainte-Palaye, Jean-Baptiste de, Mouchet Georges-Jean, *Glossaire de l'ancienne langue françoise, depuis son origine jusqu'au siècle de Louis XIV*, 1775-1777.

Laurianu, Auguste Trebon et Massimu, J. C., *Dictionariulu Limbei Romane*, Bucarest, Noua Typographia a Laboratoriloru Romani, t. II, 1871-1876.

Le Petit Larousse illustré (Grand Format), Paris, Larousse, coll. Millésime, 100e édition (anniversaire), 2005.

Littré, Émile, entrée « corybantisme », *Dictionnaire de la Langue française*, Paris, Librairie Hachette et Cie, 1873, t. I, p. 825.

Rey, Alain (dir.), *Dictionnaire historique de la langue française*, Paris, Le Robert, nouvelle édition juillet 2010.

Voltaire, article « Apocryphes », *Questions sur l'Encyclopédie, par des amateurs (II / A – Aristée)*, dans *Œuvres complètes de Voltaire*, dir. Nicholas Cronk et Christiane Mervaud, Oxford, Voltaire Foundation, vol. 38, 2007, p. 449-486.

ŒUVRES PICTURALES CITÉES

Exposition « *Mythes* fondateurs. D'Hercule à Dark Vador », Petite galerie du Louvre, du 17 octobre 2015 au 4 juillet 2016.

Füssli, Johann Heinrich, *The Nightmare (Le Cauchemar)*, Huile sur toile, Institute of Fine Arts, Detroit, 1781.

INDEX DES NOMS D'AUTEURS

AGRIPPA DE NETTESHEIM, Henri-Cornelius : 106
AGUERRE, Jean-Claude : 15, 28, 50, 54-56, 58, 85, 251
ALBALAT, Antoine : 174, 251
ANGELIER, François : 74-76, 118, 256
ANTONOWICZ, Kaja : 68, 197, 203, 256
ARNAULD, Antoine : 99, 245

BANDERIER, Gilles : 123, 140, 256
BARBER, Paul : 74, 105, 252
BARTHES, Roland : 32, 156, 163, 202, 252
BAUDELAIRE, Charles : 167-168
BAYLE, Pierre : 52, 245
BAZIN, Jean : 72, 256
BEAUMONT, Christophe de : 17, 89, 92-93, 249
BELAVAL, Yvon : 165-166, 252
BELLOC, Louise Swanton : 215
BENOÎT XIV : 104, 119-121, 245-246
BERGSON, Henri : 168, 252
BILGER, Nathalie : 77, 108, 252
BIRABEN, Jean-Noël : 84, 252
BLAKE, William : 156
BORRINI, Matteo : 70
BOSC, Ernest : 114, 252
BOUREL, Dominique : 165-166, 252
BOURGEON, Jean-Louis : 48-49, 256
BOYER D'ARGENS, Jean-Baptiste : 16, 50, 59, 71, 89, 106-107, 176, 178, 182, 245
BRIDIER, Sophie : 109, 111, 252
BRIERRE DE BOISMONT, Alexandre : 111, 252
BRUHIER D'ABLAINCOURT, Jacques-Jean : 47, 251
BRUNEL, Pierre : 163, 252
BUFFON, Georges-Louis Leclerc : 66-69, 245
BÜRGER, Gottfried August : 17, 175, 184-185, 188-193, 217, 245
BUTLER, Erik : 179

CAILLOIS, Roger : 59, 256
CALMET, Dom Augustin : 9, 17, 22, 33, 39, 47-48, 53-55, 57-60, 63-66, 71, 73-75, 77, 82, 87, 89, 93, 96, 102, 107, 115-117, 119, 121-144, 148-149, 155, 164, 169, 176, 183, 188, 190, 192, 202, 225, 233, 246, 248, 254, 256-259, 266
CAMPBELL, Joseph : 163, 252-253
CARACCIOLI, Louis-Antoine de : 104, 246
CARL, Johan Samuel : 86
CATHELINOT, Dom Ildephonse : 137
CERTEAU, Michel de : 50, 253
CICÉRON : 84, 90, 112, 253
COLE, Phillip : 29, 93, 256
COLERIDGE, Samuel Taylor : 203-204
COLLIN DE PLANCY, Jacques : 22, 60, 108-109, 143, 210, 219, 255
COMTE, Auguste : 167
CONDAMINE, Charles Marie de la : 67, 248
CRAWFORD, Heide : 178, 180-181, 189, 191, 193-194, 253

D'AQUIN, Thomas : 9, 154, 253

DEFFAND, Madame du : 9, 256
DELUMEAU, Jean : 49
DEMELIUS, Christoph Friedrich : 101, 144
DIDEROT, Denis : 47, 140, 144, 246-247
DIDI-HUBERMAN, Georges : 236, 253
DIPPEL, Johann Conrad : 144, 247
DORDEVIĆ, Tihomir R. : 57, 256
DUBOSQUET, Louis : 110, 247
DUFRESNOY, Lenglet : 137-138, 248
DUMAS, Alexandre : 11, 259
DUPONT, Florence : 84, 257
DURAND, Gilbert : 163, 257

EIGELDINGER, Frédéric S. : 91, 93, 257
ÉLIADE, Mircea : 10, 163, 234, 253, 260
EUXODOS : 146

FABER, Henri : 12
FAIVRE, Antoine : 14, 25, 28-30, 38, 45, 54, 116, 121, 144-146, 177, 253, 257
FANGÉ, Dom Augustin : 123
FLÜCKINGER, Johann : 33-35, 38-41, 45, 57, 71, 73, 77, 82, 95, 100-101, 146, 153, 181, 214, 228, 232, 239, 242, 247, 249, 265, 266
FORTIS, Alberto : 149, 247, 258
FOUCAULT, Michel : 48-49, 257
FRAYLIN, Christopher : 93, 96, 149, 257
FROMBALD, Ernst : 30-32, 35, 38, 41, 54, 57, 59, 73, 82, 100, 190, 232, 247, 254
FÜSSLI, Heinrich : 59, 110-111, 156, 261

GAUTIER, Théophile : 189, 198, 260
GIRARD, René : 154-158, 253
GLASER : 33-34, 39, 41, 101, 228, 249, 265
GLIŠIĆ, Milovan : 32, 260
GOETHE, Johann Wolfgang von : 17, 61, 165, 175, 185, 194, 196-203, 214, 223, 235, 245, 247, 253, 259
GÖRRES, Joseph von : 146, 257
GOULEMOT, Jean-Marie : 126, 257
GOYA, Francisco de : 111
GROOM, Nick : 211, 253

HAMBERGER, Klaus : 34, 57, 71, 101, 247
HARENBERG, Johann Christoph : 101, 116, 247
HÉRODOTE : 68, 115, 128
HIPER : 40, 57, 247
HIPPOCRATE : 109, 111-112, 254
HOCK, Stephan : 34, 51-52, 58, 257
HUET, Marie-Hélène : 73, 257
HUET, Pierre-Daniel : 60
HUME, David : 97-99, 248

JARROT, Sabine : 91, 254
JAUCOURT, Louis de (Chevalier) : 139, 248
JETTÉ, Julius : 161, 257
JUNG, Carl Gustav : 163, 165

KASTNER, Georges : 114, 254
KING, Stephen : 61, 173, 260
KLANICZAY, Gabor : 105, 254, 257
KLAPPER, Josef : 59, 257
KÖPECZI, Béla : 57, 66, 137, 258

LAMB, Caroline : 222, 226
LANCIFI : 102
LA VARENNE, Jean-Baptiste de : 40-41, 45, 55, 74, 171-172, 248
LE BRUN, Annie : 144, 254
LECOUTEUX, Claude : 21, 58-61, 109, 111, 254, 258
LE FANU, Joseph Sheridan : 60, 203, 260
LÉVI-STRAUSS, Claude : 155, 254
LÉVY-BRUHL, Lucien : 149-153, 170, 254
LINNÉ, Carl : 66, 69, 248
LITTRÉ, Émile : 113, 261
LORD BYRON : 13, 17, 61, 189, 204, 205, 214-217, 219-224, 226-228, 245-246, 249, 255
LOUIS, Antoine : 47, 248
LUTHER, Martin : 149-150, 254

MALEBRANCHE, Nicolas : 84, 87, 248
MANFREDI, Gianfranco : 65, 119, 142, 258
MAP, Gautier : 54, 254

MARCQ, Philippe : 111, 254
MARIE-THÉRÈSE D'AUTRICHE : 104-105
MARIGNER, Seigneur du Plessis : 26-28, 64, 166, 249
MARIGNY, Jean : 15, 53-54, 103, 177-178, 184, 254, 257-258
MARTIN, Christophe : 198, 201, 258
MAUPASSANT, Guy de : 10, 61, 173, 260
MÉRIMÉE, Prosper : 33-34, 255, 260
MEZES, Adam : 105, 254
MUNCH, Edvard : 28
MYLIUS, Christlob : 178, 181

NASSAU, Robert Hamill : 151-152, 254
NERVAL, Gérard de : 184, 245
NICOLE, Pierre : 99, 245
NODIER, Charles : 12

ORESKOVIC, Luc : 46, 104, 118-119, 258
OSSENFELDER, Heinrich Augustin von : 17, 175, 178-184, 191-192, 249

PETERSEN, Niels K. : 39-40, 105, 258
PHILIP, John : 149, 254
PHILOSTRATE : 59, 166, 260
PHLEGON DE TRALLES : 197
PLUTARQUE : 84, 128, 255
POHL, J. S. : 101
POLIDORI, John : 12-13, 17, 110, 204-205, 222-224, 226-229, 246, 249
PUTONEUS : 101

RALSTON, William Shedden : 55-56, 255
RANFT, Michaël : 17, 25, 30, 32, 54, 57, 59, 70, 77, 82-88, 106, 112-113, 144, 146-147, 151, 153, 169-170, 176, 182, 190, 192, 233, 249, 265
REY, Alain : 49, 73, 84, 108, 112, 261
RICŒUR, Paul : 11, 258
ROUSSEAU, Jean-Jacques : 12, 17, 62, 87, 89-93, 96-97, 99, 119, 139, 149, 156, 202, 233, 249, 256-257, 265
RÜDIGER, Andreas : 145, 249
RYCAUT, Paul : 61-63, 249
RZACZYNSKI, Gabrielis : 21, 249

SCHAEFFER, Jean-Marie : 165, 255
SCHERTZ, Charles-Ferdinand de : 58, 250
SCHWARZBACH, Bertram Eugene : 123, 259
SEMPÈRE, Emmanuelle : 47, 124-134, 255
SHEA, Rachel Hartigan : 70-71, 259
SHELLEY, Mary : 110, 223-224, 249
SOLOVIOVA-HORVILLE, Daniela : 14, 255, 259
SONNIER, Danielle : 32, 57, 82, 85, 113, 249
STAËL, Germaine de : 187, 191-193, 196, 253
STAGG, John : 17, 205-206, 210-213, 221, 250
STOCK, Johann Christian : 101, 108, 250
STOKER, Bram : 175, 185, 189-190, 197, 222, 235-236, 259
STUCK, Franz von : 156
SUMMERS, Montague : 51, 58
SWIETEN, Gerhard van : 104-105, 120, 250

TAILLEUR, Olivier Guy : 58
TALLAR, Georg : 105, 258
TERRAMORSI, Bernard : 109, 258-259
THIERS, Jean-Baptiste : 154, 250
THOMASIUS, Christian : 145, 255
TODOROV, Tzvetan : 175-176, 255
TOURNEFORT, Joseph Pitton de : 63, 103, 214, 220, 250

VALLS DE GOMIS, Estelle : 14, 177, 200, 255
VAX, Louis : 15, 99, 259
VENTURINO, Diego : 104, 124, 128-129, 259
VIDAL, Fernando : 120, 259
VIEGNES, Michel : 200-201, 259
VILLENEUVE, Roland : 53
VOGT, Gottlob Heinrich : 101, 144, 250
VOLTAIRE : 12, 17, 22, 44, 54, 65-66, 82,

97, 116, 119, 121-123, 139-143, 165, 183, 202, 224, 233, 250-251, 256, 258, 261, 266

WALCH, Johann Georg : 145, 255
WILSON, Katharina M. : 51-52, 259
WINSLOW, Jacques-Bénigne : 47, 102, 251
WOKLER, Robert : 93, 96, 149
WOLFF, Christian : 145, 173, 251
W.S.G.E. : 61, 146, 251

YOVANOVITCH, Voyslav M. : 33, 57-58, 255

ZACCHIAS, Pierre : 102
ZOPF, Johann Heinrich : 61, 101, 121, 251

TABLE DES MATIÈRES

INTRODUCTION 11

DES FAITS, DES MOTS ET DES ACTES

Naissance d'une fiction 21

Réalité des faits et naissance d'un savoir sur les vampires : les rapports de témoignages 23

Circonstances intérieures et circonstances extérieures 23

Les rapports Glaser et Flückinger 33

Transmissions et processus d(e ré)écriture (métaphorique) 41

Réalité(s) des mots et noms du vampire 50

Réalité matérielle : des actes et des objets 70

DISCOURS DE SAVOIR ET CONSTRUCTION D'UN IMAGINAIRE 79

Le discours des philosophes : sur l'autorité qui *réalise* le phénomène 81

Le discours de Michaël Ranft 82

La lettre de Jean-Jacques Rousseau 89

Le discours des médecins : réalités du corps et de l'esprit des vampirisés 100

Sur l'état des corps dans leur cercueil 100

Sur la maladie psychique et les troubles (sexuels) du corps 106

Le discours des religieux : le vampirisme comme superstition ou transcendance de la Nature 116

Imputrescibilité des corps et interprétations 116

Dom Augustin Calmet *vs* Voltaire : le vraisemblable contre le rationnel 121
Le discours ésotérique : croire en la possibilité magique de la Nature 144
Un discours anthropologique 148
Pensée primitive contre regard civilisé 149
La masse contre le bouc émissaire (ouverture) 154

POSTÉRITÉ LITTÉRAIRE ET MYTHIFICATION 161
Le tombeau vide et le remplissage fictionnel 165
L'aube d'une littérature « épidémique » de la croyance aux vampires 174
Poésie allemande : naissance d'un vampire romantique et d'une figure antagoniste du Christ 177
Littérature anglaise et vampirisation des « infidèles » 205

CONCLUSION 231

ANNEXE
Le rapport Flückinger ou *Visum et Repertum* (1732) 239

BIBLIOGRAPHIE 245

INDEX DES NOMS D'AUTEURS 263

DANS LA MÊME COLLECTION

1. Caroline JACOT GRAPA, *Dans le vif du sujet. Diderot, corps et âme*, 2009
2. Léonard BURNAND, *Les Pamphlets contre Necker. Médias et imaginaire politique au* XVIIIe *siècle*, 2009
3. Christophe MARTIN, *« Éducations négatives ». Fictions d'expérimentation pédagogique au dix-huitième siècle*, 2016
4. Marie-Florence SGUAITAMATTI, *Le Dialogue et le conte dans la poétique de Crébillon*, 2010
5. Maëlle LEVACHER, *Buffon et ses lecteurs. Les complicités de l'*Histoire naturelle, 2011
6. Laure CHALLANDES, *L'âme a-t-elle un sexe ?. Formes et paradoxes de la distinction sexuelle dans l'œuvre de Jean-Jacques Rousseau*, 2011
7. *Voltaire à l'opéra*, études réunies par François JACOB, 2011
8. René SIGRIST, *La Nature à l'épreuve. Les débuts de l'expérimentation à Genève (1670-1790)*, 2011
9. Jean-Christophe IGALENS, *Casanova. L'écrivain en ses fictions*, 2011
10. Stéphanie LOUBÈRE, *Leçons d'amour des Lumières*, 2011
11. Morihiko KOSHI, *Les Images de soi chez Rousseau. L'autobiographie comme politique*, 2011
12. Christof SCHÖCH, *La Description double dans le roman français des Lumières (1760-1800)*, 2011
13. Fabrice CHASSOT, *Le Dialogue scientifique au* XVIIIe *siècle. Postérité de Fontenelle et vulgarisation des sciences*, 2011
14. Rudy LE MENTHÉOUR, *La Manufacture de maladies. La dissidence hygiénique de Jean-Jacques Rousseau*, 2012
15. Christine HAMMANN-DÉCOPPET, *Déplaire au public : le cas Rousseau*, 2012
16. Noémie JOUHAUD, *L'Aventure éditoriale de Jean-Jacques Rousseau*, 2012
17. *La Question sexuelle. Interrogations de la sexualité dans l'œuvre et la pensée de Rousseau*, sous la direction de Jean-Luc GUICHET, 2012
18. Audrey GUITTON, *L'Autre lointain en dialogue. La quête de la voix idéale au siècle des Lumières*, 2012
19. Guilhem FARRUGIA, *Bonheur et fiction chez Rousseau*, 2012
20. Arnaud TRIPET, *Jean-Jacques Rousseau : la tension et le rythme*, 2012
21. Sergey ZANIN, *Société idéale et horizon d'utopie chez J.-J. Rousseau*, 2012
22. Jean-Christophe ABRAMOVICI, *Encre de sang. Sade écrivain*, 2013
23. Florence LOTTERIE, *Le Genre des Lumières. Femme et philosophe au* XVIIIe *siècle*, 2013
24. *Penser l'homme. Treize études sur Jean-Jacques Rousseau*, sous la direction de Claude HABIB et Pierre MANENT, avec la collaboration de Christophe LITWIN, 2013
25. Eleonora BARRIA-PONCET, *L'Italie de Montesquieu. Entre lectures et voyage*, 2013
26. Lucien NOUIS, *De l'infini des bibliothèques au livre unique. L'archive épurée au* XVIIIe *siècle*, 2013

27. Fumie KAWAMURA, *Diderot et la chimie. Science, pensée et écriture*, 2013
28. Charles VINCENT, *Diderot en quête d'éthique (1773-1784)*, 2014
29. Cyril FRANCÈS, *Casanova. La mémoire du désir*, 2014
30. Chiara GAMBACORTI, *Sade : une esthétique de la duplicité. Autour des romans historiques sadiens*, 2014
31. *Philosophie de Rousseau*, sous la direction de Blaise BACHOFEN, Bruno BERNARDI, André CHARRAK et Florent GUÉNARD, 2014
32. Stéphanie GÉHANNE GAVOTY, *L'Affaire clémentine. Une fraude pieuse à l'ère des Lumières*, 2014
33. Jacques GUILHEMBET, *L'Œuvre romanesque de Marivaux. Le parti pris du concret*, 2014
34. Élise PAVY-GUILBERT, *L'Image et la Langue. Diderot à l'épreuve du langage dans les* Salons, 2014
35. Vincenzo DE SANTIS, *Le Théâtre de Louis Lemercier entre Lumières et romantisme*, 2015
36. Martin WÅHLBERG, *La Scène de musique dans le roman du XVIIIe siècle*, 2015
37. Jocelyn HUCHETTE, *La gaieté, caractère français ?. Représenter la nation au siècle des Lumières (1715-1789)*, 2015
38. Sophie LEFAY, *L'Éloquence des pierres. Usages littéraires de l'inscription au XVIIIe siècle*, 2015
39. Rachel DANON, *Les Voix du marronnage dans la littérature française du XVIIIe siècle*, 2015
40. Valentina VESTRONI, *Jardins romanesques au XVIIIe siècle*, 2016
41. Alain SANDRIER, *Les Lumières du miracle*, 2015
42. Łukasz SZKOPIŃSKI, *L'Œuvre romanesque de François Guillaume Ducray-Duminil*, 2015
43. Magali FOURGNAUD, *Le Conte à visée morale et philosophique. De Fénelon à Voltaire*, 2016
44. Érik LEBORGNE, *L'Humour noir des Lumières*, 2018
45. Stéphanie FOURNIER, *Rire au théâtre à Paris à la fin du XVIIIe siècle*, 2016
46. Catherine CESSAC, *La Duchesse du Maine (1676-1753). Entre rêve politique et réalité poétique*, 2016
47. Antonio TRAMPUS, *La Naissance du langage politique moderne. L'héritage des Lumières de Filangieri à Constant*, 2017
48. Olivier RITZ, *Les Métaphores naturelles dans le débat sur la Révolution*, 2016
49. Guillaume SIMIAND, *Casanova dans l'Europe des aventuriers*, 2016
50. Sadek NEAIMI, *La Superstition raisonnable. La mythologie pharaonique au siècle des Lumières*, 2016
51. David DIOP, *Rhétorique nègre au XVIIIe siècle. Des récits de voyage à la littérature abolitionniste*, 2018
52. Jean GOLDZINK et Gérard GENGEMBRE, *Madame de Staël, la femme qui osait penser*, 2017
53. Andrew S. CURRAN, *L'Anatomie de la noirceur. Science et esclavage à l'âge des Lumières*, traduction de Patrick GRAILLE, 2017

54. Fabrice MOULIN, *Embellir, bâtir, demeurer. L'architecture dans la littérature des Lumières*, 2017
55. Philippe SARRASIN ROBICHAUD, *L'Homme-clavecin, une analogie diderotienne*, 2017
56. Shelly CHARLES, *Pamela ou les Vertus du roman. D'une poétique à sa réception*, 2018
57. Michèle VALLENTHINI, *Sade dans l'histoire. Du temps de la fiction à la fiction du temps*, 2019
58. Yann PIOT, *Jean-Antoine Nollet, artisan expérimentateur. Un discours technique au* XVIIIe *siècle*, 2018
59. Sergey ZANIN, *Utopisme et idées politiques Visite de Pierre-Paul Joachim Henri Lemercier de La Rivière à Saint-Pétersbourg. Avec la publication des inédits*, 2018
60. Richard FLAMEIN, *Voltaire à Ferney. Adresse à la postérité moderne (1758-2015)*, 2018
61. Benjamin HOFFMANN, *L'Amérique posthume. Réinventions littéraires de l'Amérique à la fin du* XVIIIe *siècle*, 2019
62. Renan LARUE, *Le Végétarisme des Lumières. L'abstinence de viande dans la France du* XVIIIe *siècle*, 2019
63. Florence MAGNOT-OGILVY, *Le Roman et les Échanges au* XVIIIe *siècle. Pertes et profits dans la fiction des Lumières*, 2020
64. Séverine DENIEUL, *Casanova. Le moraliste et ses masques*, 2020
65. Gérard LAHOUATI, *Avec Casanova. Penser, songer et rire*, 2020
66. Michèle SAJOUS D'ORIA, *La Participation dramatique. Spectacle et espace théâtral (1730-1830)*, 2020
67. Jean GOLDZINK et Florence CHAPIRO, *Le Sang du récit. Essai sur les passions romanesques du* XVIIe *au* XIXe *siècles*, 2020
68. Julien TÉCHER, *Les Usages de l'expérience de pensée au* XVIIIe *siècle*, 2020
69. Ariane Viktoria FICHTL, *La Radicalisation de l'idéal républicain. Modèles antiques et la Révolution française*, 2020
70. Else JONGENEEL, *L'Illustration en majesté. L'édition Curmer de* Paul et Virginie *et* La Chaumière indienne, 2020
71. Clémence AZNAVOUR, *Les Corps de Marivaux*, 2021
72. Jean-François PERRIN, *Politique du renonçant. Le dernier Rousseau*, 2021
73. Frédéric MARTY, *Louise Dupin. Défendre l'égalité des sexes en 1750*, 2020
74. Lise ANDRIES, *Bandits, pirates et hors-la-loi au temps des Lumières*, 2021
75. Flora AMANN, *Sourds et muets. Entre savoir et fiction au tournant des Lumières (1776-1815)*, 2021
76. Florence DUJOUR-PELLETIER, *Le Fil de Marianne. Narrer au féminin, de Villedieu à Diderot*, 2021
77. Johanna LENNE-CORNUEZ, *Être à sa place. La formation du sujet dans la philosophie morale de Rousseau*, 2021
78. Pierre SAINT-AMAND, *Suite libertine. Vies du* XVIIIe *siècle*, 2021
79. Armelle ST-MARTIN, *Sade, la Révolution et la finance*, 2021

IMPRIM'VERT®

Achevé d'imprimer par Corlet,
Condé-en-Normandie (Calvados),
en Avril 2022
N° d'impression : 175874 - dépôt légal : Avril 2022
Imprimé en France